U0594801

田
字
格
公益

吾乡吾土的探索与实践

肖诗坚　著

A JOURNEY OF EXPERIMENTAL EDUCATION AND EXPLORATION IN MY HOMELAND

图书在版编目（CIP）数据

吾乡吾土的探索与实践 / 肖诗坚著 . -- 贵阳 : 孔学堂书局, 2025. 3. --（吾乡吾土 / 肖诗坚主编）.

ISBN 978-7-80770-623-6

Ⅰ. G773

中国国家版本馆 CIP 数据核字第 202467MA10 号

吾 乡 吾 土　　肖诗坚　主编

吾乡吾土的探索与实践　　肖诗坚　著

WUXIANG WUTU DE TANSUO YU SHIJIAN

责任编辑：黄　艳　胡　馨
封面设计：梁诗吉
版式设计：潘伊莎
责任印制：张　莹　刘思妤

出版发行：贵州日报当代融媒体集团
　　　　　孔学堂书局
地　　址：贵阳市乌当区大坡路26号
印　　刷：北京世纪恒宇印刷有限公司
开　　本：787mm × 1092mm　1/16
字　　数：270千字
印　　张：18.75
版　　次：2025年3月第1版
印　　次：2025年3月第1次印刷
书　　号：ISBN 978-7-80770-623-6
定　　价：58.00元

“路漫漫其修远兮，吾将上下而求索。”

— 屈原 —

这本书不是坐在书斋里在电脑上一个字一个字敲出来的，而是坚韧不拔的肖诗坚用自己的双腿在贵州山坡上一步一步踏出来的——或者说，这是肖诗坚用自己并不年轻的生命，写在高山之上、蓝天之下的青春诗篇，是她和乡村孩子们在云飞雾绕、桃红柳绿的田野上编织的教育童话。怀着感情写，必然打动读者的感情；带着实践写，必然启发教师的实践。该书不只是叙述与抒情，还富于思辨与探索——环境、课堂、制度、文化……一切关注或者立志从事当代乡村教育的人，捧读这本书便走进了田字格学校，从中获得思想，汲取智慧，想到自己的教育，充满自信地走向未来。我真诚地向肖诗坚表达敬意，且同样真诚地向全国的读者推荐这本书。

——全国优秀教育工作者，苏州大学教育哲学博士、新教育研究院院长　李镇西

一些孩子在乡土中出生、成长、接受教育，如同另外一些儿童在城市里出生、成长、接受教育一样。

乡土，它的含义中，一定会包含这样一个侧面：人在这里被偏爱式地扎根。这里有原汁原味的自然，人们生活了成百上千年的村落被大山环抱着。在这里，早晨看着朝阳冉冉升起，傍晚远望远方山谷升起炊烟，而当夜幕降临后，则又会看到一重又一重的山隙中逸出或明或暗的灯火。这里的孩童们在捉迷藏，他们在山坡上爬上爬下，小小年纪就帮着爷爷奶奶筹划生计。

这里的教育资源，就如同这里营造出来的艺术氛围一样深厚而绚烂，它可以让孩子们先扎根，再朝现代都市生活的方向疯长。高高的顶、深扎的根，一个都不少。

而本书的作者肖诗坚校长，正是那位把自己的整个生命都投入进来，发掘大山乡土教育潜力的一位探索者。她在这里建成示范小学，吸收学生过来读书，开设并不断发展包含乡土课在内的一系列课程。

正是探索者本人，将她的整个教育思路，将过往实践的一幕幕场景，将孩子们的作品以及对未来的前瞻，全部描绘在本书中。

那些想开展乡土课和希望乡土课可以被创造得更为精彩的老师，可以从中吸纳丰富的教育营养，然后滋养自己以人为本、扎根自然、面向未来的教育灵魂。

——北京师范大学社会发展与公共政策学院教授、北京师范大学社会公益研究中心主任、北京七悦社会公益服务中心理事长　陶传进

我对中国西部农村减贫发展与乡村教育的关注，说来与诗坚校长有着“不期而遇”的缘分，即肇始于1984年国务院农村发展研究中心。那时，她是中心的研究人员，我们则承接了中心的研究课题。

四十年来，我和团队在西部地区调研，乡村教育问题一直是调研关注的重点，也是痛点。长期积累下来的，是深深的无力、无奈与无望。即使是少数因撤点并校后果严重而又在地重建的小学，仍然缺乏最根本的教育资源。记得2020年调研校园美丽、设施现代的独龙江中心小学，也产生出对乡土教材、乡土人本教育缺失的忧虑：这样的小学教育，对独龙族、独龙江的可持续发展，作用是什么呢？

四十年过去了，摆在世人面前的这本《吾乡吾土的探索与实践》，呈现出一个团队从教育理念形成到历经八年艰辛而智慧的探索实践，最终以开放式文本为载体，系统性、总体性呈现乡村小学教育知识体系创新，堪称伟大的作品。在这本书中，我又发现了我与诗坚校长的“交集”。不过这一次是她带领着她的团队，与地方政府、行业部门多年合作后奉献给中国教育的力量和希望，由可见可行的关于生命成长的路径来标识。

“为什么我的眼里常含泪水，因为我对这片土地爱得深沉。”在一本书的后记中，我曾借用艾青的这句诗，表达对陆学艺、钱理群两位先生的崇敬之情。在此，同样借用这句诗向肖诗坚校长和她的团队致敬。

——贵州民族大学教授、博士生导师　孙兆霞

中国发展研究基金会是国务院发展研究中心下属机构，于2020年和田字格公益联合开启“乡土村小”项目。

如今，“乡土村小”项目已拓展至贵州省毕节市七星关区、黔西南布依族苗族自治州贞丰县、遵义市务川县等地，广受乡村师生欢迎。县域试点反馈与多轮迭代打磨，充分验证了这套课程贴合乡村教育需求；专家团队的两轮评估，也凸显了乡土课在提升教师能力、融洽师生关系、增进儿童家乡认同、减少校园欺凌等方面的积极成效。

本书的付梓出版，承载万千期许。盼它为更多乡村教师提供有力的支持，惠及更多乡村儿童，为我国乡村振兴事业贡献一份力量。愿各界携手翻开此书，共赴乡村教育的明媚未来。

——中国发展研究基金会儿童发展研究院项目主任　张晓姗

在贵州高原的夜色中收到贵阳至常州航班取消的消息时，我们五个教育人正捧着肖诗坚老师的《吾乡吾土的探索与实践》，辗转重庆的航程里，延误的五小时竟成了最珍贵的教育现场——翻动的书页间，田字格小学的课程图谱徐徐展开，那些沾着泥土芬芳的教育实践令人心潮澎湃。

当谈到立人堂的清风穿廊而过时，恍惚间竟听见鸟鸣与童声的和鸣——这种教育现场才有的天籁，让几位老师不时泪目。在标准化教育大行其道的今天，兴隆大山里的教育者守护住了“教育即生长”的原始浪漫：孩子们在四季轮回中认识草木荣枯，在晨圈活动里感知时间流淌，他们的学习轨迹如同山间溪流，既有自然赋予的节奏，又不失奔向远方的力量。

田字格“在地化教育”的珍贵样本，让我们看见教育回归生命本真的可能——不是用知识填满孩子，而是点燃他们生命的火焰。

——常州市教师发展学院师训研究室主任　陆卫平

与肖诗坚老师的初遇始于《大山里的未来学校》。书中平实温暖的文字记录着贵州山区办学的点滴，那些扎根土地的教育故事让我深受触动。去年暮春，我以教育观察者身份随北京向荣公益基金会走进“乡土教育家”培训现场，五天的沉浸式学习让我真切触摸到教育理想落地生根的力量。而今展读《吾乡吾土的探索与实践》墨香犹存的新卷，既感清泉涤心的震撼，又尝芒刺在背的惭愧。震撼于肖老师团队将乡土基因解码为课程密码的智慧，以教育人类学视角重构乡村课堂的胆识；惭愧的是，作为躬耕乡土课程七载的研究者，当我还在学术的泥沼中跋涉时，他们已在大山深处培育出可复制的教育经验与范本。肖老师这份“把心种在乡土里”的赤诚，这份“将星火燃作灯塔”的胸襟，何尝不是新时代乡村教育吾辈同仁的楷模？乡村教育振兴从来不是孤独的远征，而是一场需要万千萤火汇聚的星河之约。未来，请允许我们与您一起同行！

——东北师范大学心理学院教授、博士生导师　王海英

听闻田字格公益的肖诗坚老师又出了新书《吾乡吾土的探索与实践》，第一时间购买阅读，因为正好这学期我们学校正在开展“吾乡吾土”乡土课程，这本书正如及时雨，对我的课程教学有了全方位的指导。我是一位语文老师，乡土课程的设计中很多是跨学科的融合，如融合美术、数学、自然、科学等学科，这对我的综合素养提出了更高的要求。每次上课前，我都需要充分备课，反复磨练，以期待达到更好的效果。但毋庸置疑，“吾乡吾土”乡土课程，是目前我班级最受欢迎的课程，没有之一。

——广西壮族自治区桂林市平乐县阳发实验学校教师　陈　娟

读了肖诗坚校长的《吾乡吾土的探索与实践》这本书，犹如一缕曙光照射到乡村教育，尤其是我们这种乡村薄弱学校的身上。肖校长带领田字格团队扎根乡村近八年的奉献精神，值得每一个教育人学习。在细读这本书后，我深知乡土教育是以乡土文化和实际生活为基础开展的一种教育形式。乡土教育对于培养学生的爱乡爱土情感、增强乡土认同感、提升实践能力和创新精神等方面具有重要意义。

——贵州省遵义市务川仡佬族苗族自治县砚山中心学校校长　曾文渲

忆江南·读肖诗坚《吾乡吾土的探索与实践》

吾乡土，
君梦赋村隅。
娄岭山中培秀竹，
牂牁江畔育蕖芙。
仁爱化春萸。

田字格，
信念绘宏图。
宽纵雏鹰翔广宇，
且将薪火照茅庐。
当代晏阳初。

——贵州师范学院教授　王先华

序一：上下求索，永远进击，绝不回头

——大变革时代农村教育理念与实践的重构

钱理群

我读肖诗坚 2024 年完成的集大成之作《吾乡吾土的探索与实践》，首先注意到的是，书中引人注目地写着屈原的名言“路漫漫其修远兮，吾将上下而求索”；书的后记结尾又意味深长地回到这一屈原名言上。

我的心为之一动：它勾起了我的深远回忆。57 年前的 1967 年，我和我的一位贵州学生一起参加“文革”串联，作“长江万里行”。我就在游轮上，面对茫茫大海，高喊“路漫漫其修远兮，吾将上下而求索”；学生也紧接着高呼“文革”中盛传的毛泽东早年警句“在命运面前，碰得头破血流，也绝不回头”。以后我又加上一句鲁迅的名言“永远进击”。35 年后的 2002 年，在北大上“最后一课”时，就将这三句话“上下求索”“永远进击”“绝不回头”作为自己一生的座右铭，传递给学生。近年我在晚年回顾、总结时，又将其命名为“钱理群之‘立德’”，这三句话就和我的生命纠缠为一体了。

现在，万万没有想到，我在肖诗坚——她和我年龄有差距，不是同代人——这里，找到了共鸣：这是奇迹，也自有因缘。而且我们又有共同求索的命题：中国的教育，特别是乡村教育。这就成“历史性的相遇”了。

一

我早在 20 世纪末，就介入了中国的中小学教育。2005 年 9 月又在西部农村教育论坛上，作了《我的农村教育理念和理想》的发言，宣布要将自己对中国教育的介入，“由城市教育转向乡村教育”。理由有二：其一，中国的教育已经落入“城市中心主义”的应试教育的误区，乡村教育成了与乡村无关的教育，构成了根本性的教育危机。其二，我同时又期待，教育相对落后的农村，“或许还存在着某种应试教育没有完全占领的空间，为进行理想主义教育提供某种可能性”。[1]

我作出这样的选择，又使自己陷入困境：自己出身社会上层，完全脱离农村，又进入老年，已经无力直接参与农村教育改革实践，就只有“等待”时机。

足足等了 11 年，2016 年底，或许是因为同是北大人，肖诗坚找到了我说打算去贵州办学，开始“乡土人本教育新探索”，我表示支持她的选择。

2016 年 12 月，肖诗坚的上海浦东新区田字格志愿服务社（以下简称“田字格”或“田字格公益”）团队开始着手在正安办乡村创新学校，并于 2020 年写出了最初的总结：《大山里的未来学校》。我几乎是毫不犹豫地欣然为之作序，也因此有了参与农村教育“新求索”的机会，而且一发不可收拾。

2021 年 5 月出席《大山里的未来学校》新书发布会，作《关于中国教育的新思考》的发言[2]，指出，肖诗坚团队的实验，走的是“全球化时代的教育改革之路”；中国乡村教育改革的创始人、实践者已是“一代新人”。

1　参见钱理群：《我的农村教育理念和理想》，载《我的教师梦：钱理群教育讲演录》，华东师范大学出版社 2008 年版，第 209—238 页。

2　参见公众号“田字格公益”于 2021 年 6 月 6 日发布的文章《新书发布会 | 独家全文报道·钱理群：乡土文化及农村教育》。

2022年12月31日在线上举行的中国三十人教育论坛“教育跨年演讲”中，我特意谈到，自己刚刚经历疫情管控，被封闭在家20多天，陷于极度困惑、焦虑之中，突然看到肖诗坚团队提出的“立足乡土，敬爱自然，回归人本，走向未来”的新教育理念，“心突然落地”了，“睡了一个踏实觉”。我的讲话题目就是《脚踏大地，仰望星空，有希望》。[1]我还特地谈到，肖诗坚团队的乡村教育改革特别吸引我，是因为她的实验地全在贵州。我也是自由出入于北大与贵州之间，这是我与诗坚又一个相通之处。

现在，肖诗坚要对她的乡村教育实验作总结，以便作更广泛的推广，我们又有了一次合作的机会。

二

仔细读完这部集大成之作，不仅许多内容都是我所不知，或知之不详的，还强烈感到，或许我们应该在一个更广阔的视野下，来观察与讨论肖诗坚团队所进行的农村教育改革的新探求的意义与价值。

一个不可回避的无情事实是：从2012年肖诗坚团队开启哈喇河乡田字格小学教育改革新求索到2024年作全面总结，不过12年的时间，中国的时代、历史，却经历了巨大变迁。在经历了2020年以来的疫情大灾难以后，现在又到了“历史大变革前夕”的关键时刻。中国的教育，特别是农村教育，也面临着更为严峻的危机。在这个问题上，肖诗坚和我，也自有共识。在我们看来，在当下历史大变革时代，中国农村教育的危机主要有：中国乡村小学在校生规模大幅度下降，教育城镇化速度远大于城镇

1 参见公众号“中国教育三十人论坛”于2023年1月2日发布的文章《北大教授钱理群寄语教育人：做小事情 想大问题》。

化速度。有研究者预测，到 2035 年乡村小学在校生将从 2020 年的 2501 万减少到 829 万，降幅高达 66.85%。根据教育部 2021 年的数据，中国有 81547 所村级学校，平均每所学校有 276 名学生。据此推算，2035 年中国农村将只剩下大约 3 万所乡村小学。[1] 结果更是无情："中国教育的城镇化……一旦隔断了乡村孩子的根，就难以复苏。一旦乡村失去了教育，其振兴之路将愈加艰难。"[2]

这背后隐含的，是更深层面的当下中国"乡村振兴"的危机。如一位乡村建设直接参与者的观察与研究，当下中国的"扶贫""建设新农村"，实际上是一个"国家主义的乡村建设"。由此产生的是根本性的担忧：当下中国国家主义的乡村建设，会不会导致"新的乡村破坏"？[3]

于是，就有了这样的"郑重呼吁"："乡村振兴，从乡村教育振兴做起，从保住村小做起"，"中国教育的生机或许就在乡村"。[4]

同样不可忽视的，是农村的年轻一代"失根的危机"。我早就注意到，中国（包括农村）的中青年一代（大概包括 60 后、70 后、80 后、90 后、00 后）成长、生活于工业化、高科技、全球化的时代，就获得了在城乡之间、国内外流动的权利，这自然是一个历史的进步，但也因此产生生命何以存在的危机。他们（包括农村中青年）逐渐对生育，滋养自己的"脚下的土地"，土地上的地理（自然）、历史文化，以及厮守其中的父老乡亲，在认识、感情，乃至心理上产生陌生感、疏离感，失去了精神，以至失去生命的联系。逃离土地，远走他乡、异国，就走上了永远的心灵的不归路；即使不离乡

---

1 参见肖诗坚：《中国乡村教育：数字·故事与未来》，2023 年 10 月 6 日首发于公众号"新校长传媒"，同日，肖诗坚在个人公众号"诗坚"发表该文章，略有修改。本段数据参见张立龙、史毅、胡咏梅：《2021—2035 年城乡学龄人口变化趋势与特征——基于第七次全国人口普查数据的预测》，《教育研究》2022 年第 12 期；中华人民共和国教育部官网 2021 年教育统计数据。

2 引自本书，以后的引文如无特别注明，也均引自本书。

3 参见钱理群：《直面更为丰富和复杂的中国问题与中国经验——读潘家恩：〈回嵌乡土——现代化进程中的乡村建设〉》，载《八十自述》，香港城市大学出版社 2021 年版，第 217—228 页。

4 参见肖诗坚：《中国乡村教育：数字·故事与未来》。

土，也失去了自我存在的基本依据，陷于生命的虚空。很多农村的孩子跟随来城市打工的父母，成了所谓“农（民工）三代”，但城市并不接纳他们，乡村也回不去了，成了“悬浮的一代”，就很容易坠入城市与乡村的陷阱。这是十分可怕的。

问题的严重性还在于，我们正生活在“历史大变革前夕”。人的生存条件处于前所未有的极度困境，不少人的精神状态也几乎达到崩溃。而农村的学生在面对学习和生活压力时，往往得不到足够的情感支撑。一方面，留守儿童及离异家庭儿童，早已失去了家庭的温暖和生存依赖；另一方面，乡村教师，因工作量过大，也无法对学生提供个性化的心理辅导，导致学生容易产生自我否定、自卑，甚至强烈的失落感，也就不可避免地产生高抑郁率、自杀率。这些都是我们必须正视、直面的“教育人生”。

我们必须面对的，还有“AI 技术正悄然改变我们的生活，教育领域也迎来了深刻变革。孩子们可以轻松获取全球知识，视野和认知边界大大拓宽。然而，这也引发了我们的思考：在人工智能和数字化教育盛行的今天，乡村教育是否还能保持其地位？”

在这个关系乡村教育的生存、发展，当下最为迫切，不可回避的关键问题上，我和肖诗坚的认识也高度一致：“人性与生命的光辉是 AI 无法替代的。乡村教育不仅传承地方文化，更培养孩子们对家乡、文化和自然的认同与尊重。它让孩子们和自然密切接触，培养其对环境和生命的敬畏与责任感，这是任何科技都无法替代的。”“人本教育才是教育的真正灵魂，虽然现代科技日益精进，但它始终应当围绕以人为本的崇高教育目标服务，成为我们探索未知、拓展视野的工具，而不能取代人与人之间温馨的纽带、思想的激荡以及智慧的交融。”乡村教育将在高科技时代获得更广阔的发展空间！

三

同样不可忽略的是，肖诗坚的田字格乡村教育探索实验从2010年机构成立至2024年的14年间，从志愿者支教到自觉开启乡村教育新实践，再到在政府支持下，开启乡土人本教育县域推广，最终形成成熟的教育理念与实践，明确提出“立足乡土，敬爱自然，回归人本，走向未来”的全新的中国乡村教育理念、实践模式。而我自己也在这一时期，思考在历史巨变中，“中国向何处去，世界向何处去，人类向何处去，我们自己向何处去”。其中一个重要方面，就是中国与世界的思想、文化、教育的未来新去向。思考、探求的一个重要成果，就是提出了“回归人的生命本真状态”的新理想，并由此提出了“五大回归”的新理念：回归童年、回归自然、回归家庭、回归日常生活、回归内心。在仔细研读肖诗坚的集大成之作以后，我惊喜地发现：我们的思考、探求又走到了一起。由此产生了六大共识：

其一，“立足乡土”，培养“有根”的孩子。根就在“脚下的土地”——土地上的地理（自然）、历史、文化，耕耘其上的父老乡亲，并落实到“儿童的生活地”。“生活地”代表“特定的文化和自然环境，是他们自我认同的重要根基”。“教育应该尊重并融入当地的文化与自然”，以及当地的“社会生活”。扩大孩子的视野，培养对天地、万物和人间生活的关注。

其二，“热爱自然”。有三个要点：不以人类文明为唯一标准评价自然，从生态系统的总体性、可持续性出发，理解人与自然的关系；强调与自然“直接接触”，体会人与自然的密切关系，尊重所有的生命；注意“开发学生的感官，即他们的视觉、听觉、味觉、嗅觉与触觉，特别是视觉与听觉”，培育“会看的眼睛，会听的耳朵”，孩子也就能自觉地“发现自然，享受自然”。

其三，“回归人本”。重新发现与开掘人的生命的原始面貌，回归生命的本真状态。由此形成的儿童教育观，就是“保护儿童天性”，“要把天性、本能提升到自觉”，“从自然人变成文化人，由自在的人变成自为的人”。

这就有了四大“回归”。除了前文讨论的“和大自然融为一体的天性”，还有“爱（真、善、美）的天性的保护和提升”，自有一个从初级阶段向高级、成熟阶段发展的过程。从“被爱”提升到“爱人”，逐步发展到“关心他人，以及同他人统一”的“爱别人”“创造爱”，从“以血缘为中心的爱，发展到对他人、人类的爱”的“博爱”境界。

不可忽视的，还有“好奇心、直觉、想象力的保护和提升”。例如，丰富的“宇宙基本物质元素（金、木、水、火、土）的想象”，“对基本图形（圆形、方形、三角形……，以及点、线）的想象”等，还要引导孩子进行“虚构的想象性写作”。

还有“玩的天性”。不仅要培养孩子“好玩”的心情，还要有“会玩”的本领，更要思考“玩背后的意义”，进入“自由自在境界”。

还要“突出母语教育”。中国的汉语具有“装饰性、游戏性与音乐性”，是与儿童的天性相通的，也是中国的中小学教育，包括乡土教育得天独厚之处。在这方面是大有可为的。[1]

其四，家庭、家族教育与全球视野。在乡土教育、地方教育之外，不可忽视的还有“家庭、家族教育”。中国自古就有“亲子共读”的家庭教育的“诗教传统”，这是培养“有根”的孩子的一个基本途径。这却恰恰是当下乡土教育根本性的弱势所在，我们的教育对象有不少留守儿童，他们失去了与父母共生、共读的权利。我们所能做的，就是在学生中自觉地倡导“家庭、家族文化传统”的调查、讨论与研究，引导孩子走进村庄，访问各家各户，体验作为家庭、家族与乡土文化重要组成部分的节庆、民

1　“六大共识”的部分引用参见钱理群：《圆人生最后一梦——与金波先生对话》，载《八十自述》，第179—196页。

俗活动。同时，我们也要尽可能创造条件让留守儿童有机会与外出的父母相互交流。

生活在全球化的时代，我们的乡村教育也有培养孩子“全球视野”的任务与使命。正在逐渐深入农村的技术提供了相应的条件，我们在这方面大有文章可做。除了通过互联网与外省乃至国外直接交往，还有“本土与世界接轨的学习和议题讨论”，如可持续发展、环境保护等。这方面的发展余地还相当大。

其五，人本教育的本质，就是“生命教育”。而如鲁迅所说，中国传统中的生命观所欠缺的，就是“个体”的概念，传统生命观强调人是家庭、家族的人，民族的人，社会的人，国家的人；我们的应试教育更是强制灌输个体生命无条件地为社会、国家、民族利益作牺牲的国家意识形态。正因为如此，我们今天的教育（包括乡村教育）就必须突出每一个学生的“个体生命的培育”；同时也要注意培育孩子生命中“个体性与群体性的和谐发展”。

而生命教育的目的，不仅要培育孩子“身体”的健康，更要养育其“内心”的丰厚与善良。这就决定了儿童的生命教育最终要落实到“回归内心”，提升其内心世界的广度与深度。这才能为孩子（特别是农村的孩子）一生的长期发展奠定坚实的基础。

其六，“走向未来”。这正是肖诗坚团队所进行的田字格乡村教育 14 年求索理论与实践的真正价值与意义所在。一方面，这样的乡村教育培养出来的农村孩子，处于全球化与后全球化时代的历史巨变中，能够“走出大山能生存，留在大山能生活，面向未来能生长”，成为“三能”后代。另一方面，他们所开创的农村教育的新理念、新实践，也同样属于“未来”，是乡村教育，以至整个教育的全新“重构”。

四

肖诗坚乡村教育求索的最大特色，在于其所奉行的是“知行合一”的原则，是“理想与现实的交织”，不但有自觉的理念设计，更有自觉的实践行为。而其教育实践，又不限于单纯的知识学习传授，而是一个“体验、学习、创造与行动、分享、联结与升华”的过程。在教育实践（课程的设置、课程内容的开拓、教学方法、仪式的设计，以至教育节奏的掌控……）的探求上，可谓下足了功夫，也就开创了许多极富想象力与创造力的课程。这是最吸引我，让我最感兴趣的。

这是“大山中的课”：“大山·家”（走进深居山中之家）、“山中万物”（引导孩子直接感受太阳的力量、溪流的清凉等）、“山中田事”（体验体力劳动的别有情趣）、“山中百居”（观察、探究山间房屋的设计、构建）。

这是农耕课：学生直接耕田、种地。我就多次收到孩子种植的大米，好新鲜！

这是日修课：设有诵读经典的晨诵、晨礼、暮省、古训……通过对传统书院教育的借鉴、模拟，追求与自然的和谐、人与人之间的和谐，以及自己内心的和谐。

这是网上天文课：请北京天文台、复旦大学专家远程给孩子上天文课，让孩子通过网络走出大山，与外界互动，也让世界了解乡村孩子及其家乡。

这是公共议事课：每周学生在课堂上讨论一次学校的各种事务，成立学生生活管理委员会、学生会等自己的管理组织并公开竞选。这是自觉的“教育民主”实验：师生共同参与、决策学校大小事务，从有话语权上升到有管理权、执行权，从议政到参政，意义深远。我注意到一个细节，公共议事课安排在“立人堂”上课，意味着课程的设置目标就是要将学生锤炼成“学习、生活和思想的主人”。这就为农村孩子一生的成长奠定了基础：始终把个人的命运牢牢掌握在自己手里。

五

肖诗坚团队的农村教育求索，从支教到教育体制改革，必然由民间教育实验发展到“与国家教育系统的轨道相结合”，得到体制内力量更高程度的支持。

2022 年，在贵州正安县教育体育局的授权下，成立了“正安县乡土课程工作室”。此前，教体局还授予田字格小学教育实验一系列优厚政策：可自主招生，开设自己研发的乡土人本特色课程，不干涉学校相应的人事权、财务权等。

也是在 2022 年，正安县的教育实验推广、移植到贞丰县，打造了一所具有民族（布依族）特色的乡土人本教育示范学校，在贞丰县开启了“1+N”模式：“1”指田字格必克实验小学（以下简称“必克田小”），“N”指在贞丰县各校普及乡土主题课（以下简称“乡土课”）。到 2024 年，田字格公益的乡土课已经在贵州省的正安县、贞丰县、毕节市七星关区和务川县等地共计百余所学校得到不同程度的推广，肖诗坚团队也就成了“民间公益团队、地方政府及国家级基金会（即中国发展研究基金会，详见第七章）三方协作的典范”。这也就证实了我的预测：边远山区的农村可以为理想主义的教育实验提供更自由的发展空间。

肖诗坚团队的教育实验，依靠韧性与智慧，不仅完满实现了自己的教育理念，而且还“呈现出一份可观的考试成绩”，为地方政府和社会所认同。最后实现了“表里的双赢”：这恐怕并非偶然，其中的历史经验还有待进一步研究与总结。

问题的复杂性还在于，肖诗坚团队对农村教育新途径的求索，在得到认同、接受的同时，又会产生期待过高、拔苗助长的风险。

肖诗坚团队，以及一切历史变革时期的教育（农村教育）实验者、重构者将如何看待和应对这样的成功带来的新危机，坚持自身求索、发展之路，不致陷入新的泥坑？这是一个严峻的历史性的考验。

我也因此更深切地懂得了肖诗坚在她的集大成之作的开头、结尾标明她“路漫漫其修远兮，吾将上下而求索”初心的良苦用心：正是要表明她自己，以及包括我在内的一切独立的改革创新者要坚持到底的意志和决心，一辈子“上下求索，永远进击，绝不回头”！

“虽千万人，吾往矣！”

2024 年 11 月 15 日—12 月 1 日

（钱理群，北京大学中文系资深教授，当代中国著名人文学者）

序二：写在乡村大地上的教育诗

杨东平

在中国乡村教育的改革中，田字格学校是一个特殊的存在，一个创新成长的样板，令人赞誉和感佩。2019 年，我曾经去过在贵州正安县的第一所田字格学校——田字格兴隆实验小学（以下简称“兴隆田小”），深为感叹和震撼。为诗坚的这本新书作序，实属义不容辞。

令人赞叹的是，田字格从没有停顿止步，而是一步一个脚印，在不断地建设发展。实验学校从一所扩大为三所，学校的声誉也在不断增长。经两个第三方教育机构评估，取得了不俗的教改成果。本书所着重展示的学校的课程变革，可谓是筚路蓝缕，事无巨细，一一道来八年探索的不寻常！

田字格最具正面意义的，是强大而清晰的教育理念：保住乡村教育的根。田字格的使命是“共创乡土人本教育，推动乡村教育公平”。生动体现其教育愿景的，是田字格的“学生画像”：这些学生不仅拥有“健康的体魄，健全的人格，未来的视野，独立的思想”，而且“走出大山能生存，留在大山能生活，面向未来能生长”。这与许多乡村教育所奉行的“走出大山”的单一价值相比，理念的先进性显而易见。

比理念更困难的是实践。我们看到大量理念与行动脱节的例子，不落地的理念逐渐飘逝。田字格的可贵之处，就在于踏实深入的改革探索，通过最基础的课程改革，打造适合乡村儿童的乡土课程，从而打破传统教育的束缚，让乡村教育真正为乡村儿童及乡村发展服务。在这些年的农村教育实践中，鲜有有理念、有课程、有方法的乡村教育模式。兴隆田小的乡土人本主题课就算不是第一，至少也是遥遥领先的。

2017 年 4 月起，田字格启动研发并开设乡土人本主题课的计划，第一阶段源自早期支教阶段的教育认知，他们深知乡村教育需要有与当地环境相适应的课程体系。第二阶段是田字格从支教走向系统化的教学机制改革，形成了以兴隆田小为探索基地的乡土人本教育模式。第三阶段则持续至今，通过与国家教育系统的轨道相结合，打造乡村教育的示范校，从而实现表里的双赢。参与行动探索的不仅包含兴隆田小，也包含必克田小和兴义市田字格万峰林民族实验学校（以下简称“峰林田小”）。

包含本书的“吾乡吾土”丛书是田字格乡土人本 8 年历程的见证，我称之为“出兴隆记”，记载了乡土人本教育实践如何从一个学校萌发，走向该县的若干所学校，以及走出兴隆，在贵州省的正安县、贞丰县、务川县、毕节市七星关区等地共计百余所学校中得到应用。从民间自发的小微学校的创新出发，走向其他区域的学校发展，这在近年来我国乡村教育的实践中是前所未有的。

如作者所述，这套资料的特质，是基于长期、广泛且深入的实践。它具有专业性和紧密围绕乡村儿童实际生活的系统性，且教学内容具有连续性和相关性，因而也具有很高的操作性。

肖诗坚是勤于思考之人。她不断地搜索整理教育理念，力图更为清晰准确地表达。她用“立足乡土，敬爱自然，回归人本，走向未来”这 16 个字高度概括乡土人本教育，为能更好地在实践中将理念落地，又提出“兴隆六观”，也即“乡土人本教育六大价值观”：乡土观、自然观、生命观、学习观、师生观、未来观。通过多年的实践，田字格总结出孩子们应当具备的“十大品格”：友爱、尊重、向善、分享、感恩、进取、自信、独立、担当和志愿。当学生具备了这些品格后，他们将在社会中自信前行，成为有担当、有责任感的人。

研发新课程的过程，也是酝酿新教学的过程。首先形成的是主题式教学，从学生生活实际出发，使课程内容结构化，采用大主题教学，勇于探索跨学科融合。该教学的核心目标是将教育与乡村儿童的日常生活深度融合，贴近儿童的实际需求，激发他们的学习兴趣与热情。主题式教学法以“主题”为核心，从乡村孩子们的实际生活出发，“近取诸身，远取诸物”。以其切身所经验的鸟兽草木、乡土文化为根基，再推广到宇宙人生中的万物万理。课程改革的成果，具体体现在“大山 · 家 · 我的行动改善计划”主题课，显示了田字格在真实学习、情景教学以及乡村教育领域的重大突破与成就，进而形成了乡土人本教育的“体验学习五步教学法”（即体验、学习、创造与行动、分享、联结与升华），构成师生对知识与技能、能力与情感的培养及学习，形成良性上升的学习闭环。

具体的课程结构是“1+5 课程模式”，“1”是基础课（包含语文、数学、英语、计算机、体育、道德与法治等基础学科），按照国家课纲要求授课，教授学生必备知识与技能，形成生存立足的基本素养。“5”是五类特色课程，有日修课、轴心课、共同生活课、自主修习课、行动与分享。在轴心课中，有乡土课及生命研究课等。

乡土课理应使更多的农村孩子受惠，所以，在开发之初就确立了“低成本、易复制、可传播”的原则，让乡村教师“易学、易教、易上手”。本书重点讲述了乡土课如何从兴隆田小的一个探索性课程，发展成为可推广、可服务多县域多所学校的课程。

乡土课是田字格乡土人本“1+5 课程模式”中的轴心课程，是专为中国乡村小学特别是贵州山区村小定制开发、培养乡村孩子综合素养的跨学科融合课程。从 2019 年开始，四所田字格乡土人本种子学校（以下简称“种子学校”，详见第七章）的乡土课逐渐走出兴隆扩散开来，至 2020 年秋季，田字格公益、正安县教育局[1]及中国发展研究基金会已在正安县的 25 所村小启动“乡土村小”项目。2022 年 11 月，“正安县乡土课程工作室”

1　即“正安县教体局”。因 2022 年 10 月名称更换，本书中出现“正安县教育局”均指“正安县教体局”。

正式成立。截止到2024春季学期，“乡土村小”项目已在正安县、毕节市七星关区、务川县三地同时开展，覆盖88所村小，有536名乡土课教师参与项目中，超1.5万名孩子受益。它的进一步撒播，是2022年春季学期田字格公益和黔西南布依族苗族自治州贞丰县教育局合作的“贞丰N校”项目。“乡土村小”与“贞丰N校”共同构成了“乡土N校”项目。到2024年春季学期，“乡土N校”项目覆盖了贵州省遵义市正安县、遵义市务川县、毕节市七星关区、黔西南布依族苗族自治州贞丰县共105所村小，约有680多名教师参与到乡土课的教学中，超2万名孩子受益。这一过程中改变的不仅是乡村学生，还有乡村教师。在大约5年的运行过程中，累计近700名种子教师加入乡土课的教学，实施了户外教学、小组合作、游戏教学、分享展示、创作活动等各个环节的教学。这样的传播效果令人叹为观止。

肖诗坚说，只有从泥土中长出的乡村教育，才能在乡村大地上开花结果。田字格的乡土人本教育无疑已经深深扎根，将进一步开花结果，对中国乡村教育产生更多深远的影响！

2024年11月21日

（杨东平，二十一世纪教育研究院名誉理事长，国家教育咨询委员会委员，北京理工大学教授，田字格公益顾问）

序三：于大山深处探索未来

俞敏洪

正在进行“俞你同行”川滇横断之旅，车行至颠簸的梅里雪山路间，收到北大师妹肖诗坚的邀请，请我为她的新书写序。诗坚目前作为田字格公益的创始人，在贵州省遵义市正安县的山间小学做乡村教育一线研究，已近八年。我非常了解她工作的不易和意义，所以即使人在旅途，也义不容辞地把作序一事应承下来。

诗坚人如其名，有着坚定的意志和诗人般的浪漫。作为北大社会学系早期的毕业生，毕业后在国务院农村发展研究中心工作，几年后留学丹麦，成为跨国公司的中国区高管及东亚大区总监，工作业绩斐然。而在2017年，五十多岁的她重新出发，毅然决然离开繁华的上海，拉着行李，和团队直奔贵州，驻扎在遵义市正安县的山间小学成为小学校长，开始在山间教书育人，探索中国乡村教育的未来可能，这一干，已近八年。没有坚定的信念和浪漫的家国情怀，是很难坚持下来的。

在近八年的时间内，她和她的团队不仅培育了很多孩子，更把教育中的经验总结成一个个的教案、教材、案例，凝结成了一套十四本的系列图书，把田字格乡土人本教育的实践课程，翔实地记录、整理，从而给出了适合中国乡村教育，适合中国乡村教师备课、研课的一整套落地方案。

国家十多年来，不断地给各地尤其是偏远地区倾注资金和资源，致力于改善基础教育环境。近年来，很多地区的基础教育设施不断完善，虽然硬件有了，但更需要能够落地的教材、教案，以及符合乡村孩子实际情况的教学方法。为确保这些资源能够真正惠及乡村孩子和教师，这套图书给出了教师实际教学过程中的参考和方案。

这套图书具备专业性、系统性和实践性的特点，专门为乡村儿童设计，所选主题紧密围绕乡村学生的实际生活，确保主题及教学内容具有连续性和相关性。历经时间沉淀，这些教学资源不仅在兴隆田小，而且在贵州省的正安县、贞丰县、务川县、毕节市七星关区等地共计百余所学校中得到应用。这些都是众多田字格教师在无数次课堂实践中打磨的成果。

不同于我们传统想法里的乡村课程，诗坚的教学团队给出了乡村课程的另一种可能。公共议事课上孩子们讨论“校服选择”“老师违反校规如何处理”等的议题，让孩子们内化出民主的风气和独立思考的能力；生命研究课上，“植物为什么会变色”“喝的水一定干净吗”这类问题激发了孩子们敢于大胆质询的精神，滋养了他们多元思辨的能力；修复学校破败房舍也可以成为一个系列课程，将老建筑变成校舍，在老建筑里体会贵州本地建筑风格；“大山梦工场”等主题课程不仅打破学科限制，也让孩子们更好地了解自己脚下的这片土地。

这些老师不但解决山区孩子“有学上”的问题，更解决“上好学”的问题，使乡村孩子们从实际生活出发，从乡土文化出发，在学习读、写、算及网络技能的基础上，健全对外界、对自我的认知。在大山里的小小教室中，伴随每个主题教学，老师打破学科限制，逐渐培养孩子走出大山的能力、应对外界社会的能力和自身价值判断的能力。希望孩子们无论最终是“走出去”还是“留下来”，都能通过这样富有启发性的课堂学习，拥有一项作为人最宝贵的权利——更多选择的权利！

在写下上述文字的时候，我还在川滇横断之旅怒江段的旅途中，这里离诗坚奋斗着的贵州省正安县不算遥远。滇贵的地理位置相邻，拥有着相似的地貌和景色。抬头看着远处白云围绕山巅，竟对诗坚生出些许羡慕，她和她的老师们每日在群山环绕间，和孩子们在一起，和自然在一起，在琅琅读书声中，听山风在校舍之间轻舞，见证孩子们的点滴成长。在那个和《格林童话》名字一样的贵州省正安县格林镇，每天都做着热爱的事，做着对孩子、对社会有益的事，应该很幸福吧！衷心地希望这套图书，能帮助到其他乡村的老师，帮助到那些愿意为中国乡村孩子出力的人！

2024 年 11 月

时　怒江丙中洛　皎月初升

（俞敏洪，新东方教育科技集团董事长，田字格公益理事）

序四：如何触动人类思想的基本能力？

刘云杉

肖诗坚在做一项什么样的工作？“大山里的未来学校”——这所学校绝非平地而起，它接续着何种传统，回应着什么问题？

在教育史上，裴斯泰洛齐（Pestalozzi）是绕不开的人物，他奠定了欧洲平民教育的传统，他提出心（heart）、手（hand）、脑（head）这三个教育要素，遵循动心、动手、动脑的教育秩序以触动人类思想的基本能力。

裴斯泰洛齐将他斗争的靶子勾勒成一场“教育滑稽剧”：（教师的）教学是把（概念的）定义魔术般灌入像机器之神的孩子的头脑中，或者像舞台提词员那样把定义吹入孩子的耳朵之中。在这种教学中，不触动人类思想的基本能力而使之处于睡眠状态，单词被填鸭式地灌到睡眠的能力上；于是，便造就了做梦的人。他们不自然地、不连贯地做着梦，因为填入打着呵欠的人们的那些词汇是一大二玄，于是学生们梦想着世界上的一切东西，只是他们没有熟睡和做梦而已……[1]

这出教育滑稽剧一直在上演。肖诗坚要做的事情是，把孩子们从睡梦中唤醒，触动人类思想的基本能力。她的工作不是鲁迅式冲破铁笼子的呐喊，而是小处着手，润物无声。她用心耕耘着自己的：

1 ［瑞士］裴斯泰洛齐：《裴斯泰洛齐教育论著选》，夏之莲选编，人民教育出版社 2001 年版，第 157 页。

半亩方塘

肖诗坚早年在丹麦留学八年，她未必具体地考察过丹麦民众教育，但她领会了民众教育的精髓。丹麦民众学校很富于家庭意味：校长和他的夫人像家长，学生像子女。他们合桌会餐，谈谈笑笑，很是快乐。[1]

“学校家庭化”，儿童不能失去家庭生活的热情，相互间要建立家庭般友爱的精神。我两次去兴隆田小，均住在学校，简朴的宿舍里有孩子从山上随手采来的野花。不大的校园，我和他们都生活在彼此的关注中。肖校长、老师们、同学们、圈养的鸡鸭、溜达的鹅狗、学校围墙上的蔷薇花……这些人、物、事，既是熟稔日常，又如此亲切可爱。

每天清晨，老师、学生、访问的客人，都吃同样的饭菜；孩子们排队先吃，老师们后吃；食物是简单的面条或米线，但有热汤，有肉末。重要的是，所有的人，吃的都是同样的饭菜！没有特殊，没有隐蔽，平等、亲密，又有礼貌地进食。

随后是忙碌且有序的“晨作”，老师和孩子都各自在忙自己的“活计”：浇水、扫除，每个人都知道自己的职责是什么，整个校园忙碌却有序。接着是“晨礼”，师生相互鞠躬，老师面带微笑呼唤学生的名字：“××同学，早上好！”学生鞠躬回应：“××老师，早上好！”跟同学一一问候过，教师们相互之间再鞠躬问好。

这是每天必做的仪式，看似有些行为艺术的色彩，但日久天长，教师的亲切中有庄重，学生的羞涩中有大方，调皮中有自律，机灵中有责任。滴水穿石，尊重、友善和平等，学校的教育精神具形化在师生每天的关切

---

1 参见梁漱溟：《丹麦的教育与我们的教育》，载《梁漱溟教育论著选》，人民教育出版社1994年版，第71页。

与细小的变化中。

接着是“晨诵”。老师充满激情地说：“每一天的太阳都是新的。”学生说：“每一天的我们也是新的。”师生一起：“让我们一起，伴随着晨光，开启我们今天的学习旅程……”

天光云影

每一天，都是庄重的，师生将生命交付给彼此。中国人常言“感应”，心灵之间有感有应，有唱有和。西洋巴洛克弦乐器常有十四根弦，其中有七根拉弦、七根共振弦，共振弦不能用弓拉，用弓在拉弦上拉才会发出声音，借助物理上的共振，赋予乐器特有的悦耳声调。

在教育中，拉弦是教师表率式的生活方式，共振弦是孩子同样的生活方式。教师要调动自己的内心生活才能唤醒孩子心灵的、精神的力量。[1] 敬与爱、服从、感恩、信赖，这是既朴素又高尚的情感技能，既不是抽象的说教，也不是干巴的纪律，它是风气与风尚，如同风一般，万状而无状，万形而无形。儿童原本是善感的，是什么使这些原本清澈如水的心灵板结成块，看不见天光云影呢？

四月，邻村的老人去世。唢呐声响，杜鹃啼血，不时打扰教室中的授课。老师和孩子们不可能无感。下午放学后，校长和老师，分别带着学生们，尊重风俗，一队一队，分批分次，去老人的灵堂，祭拜告别。

“悲悯生命，知其脆弱。”“生也有涯，脆弱宝贵；生命独特，璀璨

1 ［瑞士］阿·布律迈尔：《裴斯泰洛齐与当代教育》，顾正祥译，中央编译出版社 2013 年版，第 151—152 页。

明亮。”

由近及远，由具体而抽象，人的感受力的形成有其规律。远的生死，抽象的生命观，需要切近的人与事和推己及人的情感共鸣，才能在孩子的心中生根。

近又如何能远呢？远才能有“见”有“识”，否则便是见而不识，无知无觉。乡村的孩子如何从日常的劳作中获得经验？怎样才能不仅有外在的实践，也有反省的内在经验？这需要教学，需要天光、云影投射给孩子的想象力，需要思维的工具，想象的翅膀。

在“春”的日主题教学中[1]，如何从寻常中看到风景？首先要充分调动学生的身体感受，去看、摸、闻、听、感受（风，悄悄地，软绵绵的）。这时，教师要给脚手架——“造句”，孩子们就成了诗人：

春天的草像毛毛虫，
春天的草像草裙，
春天的太阳像红苹果，
春天的花像许多星星开在树上，
春天的花像地毯，
春天的雨像巨人的汗水。

师生们共同沉浸在一个充满活力与创造力的学习环境中，丝毫未觉疲倦。

这之后再继续学古诗，《咏柳》《春居》……天地大美，这春色，千百年前如此，千百年后也如此，人生虽不过百年，却用审美的鉴赏力，

1　这是兴隆田小2018年秋季学期“我的家乡美如画”单元之“春”日主题的课堂实录。该堂课以绘本《春》引导学生学习感受及观察的表达，在借助“太阳图”（思维导图）梳理视觉、听觉、触觉等感官感受后，学生分组创作诗歌，描绘他们眼中的春天，最后学唱古诗《春日》。因篇幅原因，该课堂实录最终未选入本书。

接续了既神秘又具体的无限，“千江有水千江月”。

天光，这“光”是教育赋予人的精神力。云影既是远的，又是近的；抽象也能化为身边的切近。

源头活水

乡土为根，这根既要把生命的种子埋下，更要扎根在乡土之中。

天地课堂，万物为师。肖诗坚接手一所新学校，改造校园的第一件事，就是拆除水泥围墙，拆除防盗窗，增加绿化面积。兴隆田小，有百草园、茶园和两个斜坡的花园，经年的看护下，校园不仅是植物的天堂，也是小动物的家园，引来了鸟儿筑巢，夜晚有萤火虫，白天有学生带来的狗……亲近自然，感受自然，这校园，既是自然的，又是人为的精心设计。它是乡土的，也是人文的。

土育万物，乡承文化。兴隆田小的立人堂与风雨廊，必克田小以代表布依族文化的蓝色为基调，满校园的紫兰草、密蒙花、枫香叶……乡土有具体的情境性、地方性，田字格的学校因地制宜，挖掘、激活，甚至再造乡村的文化，让学校成为乡土文化的符号，成为充满情感与记忆的所在。“血脉相连，挚爱莫忘”。

乡土上的孩子呢？有别于大班大校，有别于“管、刷、考”的手段，田字格的教学，“听语善问，尊重殊相”“亦师亦友，共学共长”，他们动心、动手、动脑，心、手、脑和谐且有序地发展。我看到他们，脸上有笑，身上有汗，心里有爱，眼里有光，腿上有劲。

他们当然能走向未来，因为历史滋养着他们，现实锻造着他们。“大山里的未来学校”，不仅是未来的，也不仅是大山的。

兴隆田小日修课的开餐辞：

“大地赋予种子生命，阳光让种子发芽，雨露滋润万物……”

2024 年 12 月 14 日

（刘云杉，北京大学教育学院副院长、教授，田字格公益顾问）

前言：以乡土为根，以生命为歌

《吾乡吾土的探索与实践》一书，详尽记载了我与团队在贵州省遵义市正安县兴隆田小等三所典范学校[1]和开展乡土课的项目学校的深入探索与实践历程。它不仅是对如何将乡土智慧与生命哲学融合于教育实践的记录，也是田字格十四载风雨兼程的缩影，更是我们对教育未来的美好憧憬与深情告白。

田字格的乡土人本教育，不以城市教育为参照，也不追逐规模化的目标，而是深深地扎根于乡村的真实生活中，矢志不渝地追逐回归人本的教育理想。乡土大地赋予了孩子们无尽的灵感，教会他们认识自然、理解生命，让他们在田野中思考、在山林中创造。人本教育的思想理念，是为乡村的孩子们营造一个充满尊重、平等与民主的成长环境。

教育的本质是什么？十四年的探索让我明白，真正的乡村教育是与大地共生、与生命共舞。它关乎知识的传递，更重要的是帮助孩子们在这片土地上找到属于自己的根，发现他们独特的生命力。这正是乡土人本教育的核心：以乡土为根，扎根于文化与历史；以生命为歌，尊重孩子们独特的成长节奏；以世界为舞台，让他们自信走向未来。

共创，是田字格乡土人本教育的重要理念与践行原则。我们不是独奏，而是一场乡村教育的大合唱。教师和学生一起设计课程，志愿者将远方的资源带来，家长默默支持，专家与政府提供指导方向，每一个人都是乡土人本教育的参与者与共创者。正是这份共创精神，推动着田字格在这片土地上不断深耕，培育着这片教育的土壤。

1 除了兴隆田小，另外两所典范学校分别是必克田小和峰林田小。“典范学校”介绍详见第四章。

我们的故事才刚刚开始。每当我看到孩子们在学校与田野间穿梭，从胆怯走向自信，从沉默无言走向善于表达，我的内心总是充满感激。乡村的孩子们理应拥有追求美好未来的权利，他们不仅能在大山中生存，更应怀揣走向世界的梦想。乡土人本教育的真正意义在于，它唤醒了无数儿童和教师的生命。孩子们那一双双清澈、闪亮的眼睛，老师们熬夜奋战的身影，都是我们在教育道路上不断前行的最美见证。

未来，我们将诚邀更多的共创者加入这场关于乡土人本教育的旅程，共同帮助乡村孩子找到属于自己的方向，同时讲述更多动人的乡村教育故事。通过这些故事，我们希望能有更多人看到乡土人本教育的力量，见证那些大山深处的探索与奇迹。每一位教育工作者的使命，就是为孩子们搭建通向未来的桥梁，指引他们发现前行的方向。愿更多共创者加入我们，在这片乡土中播种希望，让孩子们以乡土为根，以生命为本，自信地走向未来。

乡土人本教育历经十四载春秋，从无到有，终于形成有理念、有课程、有方法、有实践的一种教育模式，即乡土人本教育模式。今天，我们借由“吾乡吾土”丛书，将乡土人本教育的理念、教学方法、课程教案及学生任务单（即“探索手册”）悉数呈现，毫无保留地分享给所有致力于乡村教育的同仁。我们真诚希望，这套丛书能对教育创新，特别是乡村教育的探索有所裨益，若如此，我们将深感荣幸。

同时，我们也深知，尽管我们已倾尽全力，但乡土人本教育模式的理论与实践仍有诸多不足，本书亦非尽善尽美，我们诚挚地期待各位的批评指正与宝贵建议。

肖诗坚
2024 年 10 月 24 日凌晨

目录

第一部分

上下求索

从未来回望，虽道阻且长，但田字格的每一步探索都闪耀着理想的光芒。

——肖诗坚

2012年，作者在贵州威宁县从哈喇河徒步去田字格小学（原图见第8页）

第一章　摸索：乡村教育之路

一、兴隆启程——田字格创新教育的起点

2017年3月8日，一个春意渐浓的日子，田艳莉、王莹、孔美和我——自称田字格“铿锵玫瑰”的四位女性，分别说服了各自的家人，毅然决然地告别了上海的繁华与喧嚣，带着对乡村教育的无限憧憬与坚定信念，踏上了一段不同寻常的旅程。

我们从东向西飞抵重庆机场，再辗转坐上南下的大巴，颠簸着来到贵州省遵义市正安县。我们拖着行李，挤进了一辆破旧的五菱小面包车，这辆车不仅载着我们的行李，也载着我们对乡村教育的无限热情，一头扎进了黔北连绵的群山里。车子沿着崎岖的山路一路颠簸，时不时有石子从轮胎下弹出，车尾扬起一片尘土。车内的我们，不厌其烦地和司机确认：“师傅，我们要去的地方是正安县格林镇兴隆村完全小学吗？”

五菱小面包车在贵州蜿蜒起伏的盘山路上穿梭。沿途，油菜花、李子花和桃花争相盛开，仿佛画卷一般。然而，我们无暇欣赏这如画的风景，注意力全在脚下的路。这条路，仅三米宽，铺满石子，仿佛盘旋在绿野中的一条蜿蜒小蛇，独具自然之美，但行驶其间却是对司机驾驶技术和乘客心理素质的考验。轮胎与石子摩擦发出的声响、偶尔传来的打滑声，以及行驶在悬崖边的惊险瞬间，让我们不时发出惊呼。然而，正是这条充满挑战的路，更加坚定了我们的信念。我们清楚，这条曲折的山路，正如我们即将踏上的乡村教育之路，虽充满艰辛，但前途光明。

经过一条河和五座山后，我们终于抵达了正安县格林镇兴隆村完全小

学（以下简称“兴隆村完全小学”）。一下车，孔美就蹲在路边翻江倒海地吐了起来，王莹虽然面色苍白，但依然坚强地表示可以自己搬行李，而田艳莉和我，因经常跑贵州大山，显得精神饱满，下车后环顾四周，兴奋不已。

这里群山环抱，绿意盎然，近处的油菜花开得正盛，远处的桃花与李子花在新绿中灿烂绽放。兴隆村完全小学静静伫立在这片秀丽的山峦之间，仿佛在等待我们的到来。

我们到达时已是傍晚，雷永校长热情地来到校门口迎接我们，帮我们提行李，并带领我们简单地参观了学校。

学校外围，一道高耸的水泥墙将它与村庄隔开，灰色的铁管大门紧闭。踏入校门，需先登十几级台阶，进门后是一条蜿蜒而上的步道，周围高低错落的植物掩映着三栋主体建筑——教学楼、学生宿舍楼和教师公租房。学校的水泥操场位于教师公租房下，通过堡坎（一种防止土壤侵蚀和滑坡的工程结构）形成错落的空间。

雷校长介绍，这是一所规模虽小但设施相对完备的村级小学，拥有八十余名学生和十余位教职工。学生大多来自周边村庄，常常是同一家庭的兄弟姐妹都在此就读。兴隆村完全小学因地理位置优越和自然环境优美而备受关注，它距离县城仅八公里，学校汇聚了本镇的教育资源，特别是那些即将退休、教学成绩显著的老教师和老校长也被分配至此，令这所小学在师资力量上显得格外强大。

当天傍晚，学校一片静谧，教室的灯光仍然明亮，学生们还在上晚自习。那一刻，教室里的师生或许还未曾预见到，这个春天，一场由田字格引领的乡土人本教育革命，正在这所看似普通的乡村小学悄然拉开序幕，而更令人难以预料的是，接下来几年，通过全校师生的不懈努力与探索，这座大山深处的小学将逐步蜕变，成为中国乡村教育创新领域中的一个典范——大山里的未来学校。

二、乌蒙山记忆——山区办学的坚守与启示

田字格办学的起点，要追溯到2012年春天的哈喇河乡那多组。那多组位于贵州省毕节市威宁彝族回族苗族自治县哈喇河乡，坐落于海拔约2100米的高山上，那里生活条件极其艰苦，年平均气温仅有15摄氏度。那多组没有学校，300多户村民的孩子要上学，必须翻越七座大山，穿越时而平缓、时而湍急的哈喇河，才能抵达哈喇河乡小学。对于那多组的孩子而言，去学校学习知识的道路既漫长又充满艰险。大多数孩子因为路途遥远而放弃读书，只有少数几个村里的孩子，在本村读过高中的马老师的草房里，简单地学习识字和算数。

2012年春天，一位名叫小雨的志愿者感动了我。这位大学毕业生偶然来到哈喇河乡，目睹了当地教育的困境，心受震撼，并立下心愿，要为村民修建一所学校。她的热忱和决心深深打动了我，在她的感召下，田字格决定参与这一行动。经过多次协商，田字格、村民和政府三方达成共识：田字格出资，村民出工，政府提供土地资源，大家共同努力建设一所真正的学校。

历经八个月的艰苦奋斗，一座崭新的学校——哈喇河乡田字格小学，终于在乌蒙山上的哈喇河乡拔地而起。这所学校不仅有两层教学楼，还有简易的食堂、小型操场，以及全村第一个男女分设的厕所。至此，田字格在贵州这片土地上正式拉开了支教助学的序幕。

图1-1 田字格中营教学点（哈喇河乡田字格小学）修建时的照片

2012 年冬天，首任校长孙宁生，这位来自南京外国语学校的退休高级教师，怀揣着对教育的深厚情感，来到了这所位于深山中的学校，开始了他的乡村教育旅程。他曾在日记中记录下了那段不平凡的岁月：

> 2013 年 1 月 10 日至 2014 年 1 月 8 日，我受上海“田字格助学”[1]机构的委派，到贵州省威宁彝族回族苗族自治县哈喇河乡河边村的中营教学点（后名为哈喇河乡田字格小学）担任首任校长。
>
> 哈喇河乡河边村是回族村，处于乌蒙山腹地的深山里，海拔 2100 多米，山高坡陡，交通十分不便，离村子最近的公办小学也要走两个小时山路。2012 年下半年，田字格斥资 20 万，再（加）上一些志愿者集资的 7 万元，在哈喇河乡河边村那多村民组开始修建教学楼。[2]

1 作者在 2010 年成立公益机构时，将其命名为“田字格助学”，2017 年改为“田字格公益”，详见本章结尾。

2 引自中国民主同盟南京市委员会官网《田字格小学的学生们：李江满、李江茶兄妹》（原文有删改），该文章为孙宁生校长的支教生活记录。

这所由田字格、村民和政府共同筹建的小学，成功解决了 140 多名回族儿童上学难的问题。对于这些孩子而言，终于有了一所不用翻山越岭就能上学的学校。

在孙宁生校长之后，田字格陆续派遣了多位校长和支教老师，李隆虎、田艳莉、陈瑜等人相继来到这片高原之地担任校长，20 多位支教老师也先后加入。尽管他们需要适应高山艰苦的生活条件和回族特有的生活习惯，但都成功肩负起了教育的重任。与此同时，田字格通过持续培养本土教师，为学校的长远发展奠定了坚实的基础。本村上过高中的马月和村里唯一的大学生李江勤，自 2012 年起便与田字格一起成长，成了学校的中坚力量。随着本土教师的逐步成长，学校的教学质量和管理水平也稳步提升。

2018 年，本县教师马永宏接任校长，标志着学校管理的本土化基本完成。田字格逐渐停止了支教老师的派遣，学校的教学和管理由有地方编制的教师全面接管。如今，这所学校依然为数十名孩子提供着基本的义务教育。

在哈喇河乡田字格小学多年的实践中，田字格在极其艰苦的条件下，不仅完成了基本教学任务，还不断探索新的教育方式。尽管哈喇河乡自然资源匮乏，但它的民族文化和历史底蕴深厚。田字格曾与本土教师共同开发校本课程，试图将回族的传统文化融入教学。然而，面对师资不足、本土教师知识储备不足、支教老师不稳定的现实，课程开发的尝试很快搁浅。

这段办学经验让田字格深刻认识到，只有通过外界专业且持续的帮助与引导，本土教师才能完成校本课程的开发与实施。

图1-2　2012年，作者在贵州威宁县从哈喇河徒步去田字格小学

三、“村小1+1项目支教”——教育创新的萌芽

若要探讨田字格在兴隆田小办学之前，哪些经历对后续田字格的课程开发产生了直接影响，就不得不提及“村小 1+1 项目支教”的探索实践。

2012—2016 年，田字格主要以助学组织的身份运作，专注两个主要模式：一是组织“一对一”经济资助，直接对因经济困难而无法完成学业，但具有强烈读书意愿的高中生进行经济资助；二是通过组织培训并派遣支教老师，帮助解决乡村特别是村级小学及教学点教师资源匮乏的问题。

2014 年，在国家实施“特岗计划”[1] 等政策的背景下，贵州省乡村地区教师不足的问题得到了部分解决。然而，田字格很快意识到，尽管许多乡村学校的教师资源有所补充，但传统的教学方式依然局限于课本内容，导致教育资源未能得到充分利用。例如，尽管一些学校接受了大量的图书捐赠，但由于缺乏专业的阅读指导，这些书籍要么被闲置，要么未能发挥应有的教育作用。同时，科学探究类课程对乡村教师来说是一大挑战，很多教师只能照本宣科，甚至跳过这些内容，学生对周围事物的好奇心和探究欲望因此无法得到充分满足。

面对这些问题，田字格及时调整了支教方向，从单纯解决山区孩子“有学上”的问题，转向帮助乡村学生“上好学”。2015 年，田字格在正安县正式推出“村小 1+1 项目支教”模式。这一模式下，田字格向每个申请了“村小 1+1 项目支教”的学校派遣两位支教老师，他们不再承担语文、数学、英语等主课教学任务，而是一位支教老师负责教授阅读课并组织阅读活动，另一位则负责教授探索课。每个项目点，由两位支教老师搭档与当地教师紧密合作，共同提高乡村学生的阅读能力和探究能力，并通过丰富的教学活动开阔孩子们的视野。

基于前期哈喇河乡田字格小学的办学经验，田字格开始研发自己的课程。

这一时期，田字格组织了一支由义工（兼职义务为田字格提供服务的志愿者）组成的阅读研发团队。该团队由儿童阅读推广人邱德懿老师、义

1 农村义务教育阶段学校教师特设岗位计划（以下简称“特岗计划”），始于 2006 年，由教育部、财政部、原人事部、中央编办联合启动实施，每年通过公开招考选聘数万名高校毕业生到中西部贫困县农村学校任教。（来源：中华人民共和国教育部官网）

工刘蘅以及上海市世外小学“世外故事妈妈团队”董小璐等人[1]组成，负责开发阅读课程。这些义工以“爱”和“尊重”为出发点，通过组织孩子们阅读生动感人的绘本故事和开放式讨论，帮助孩子们理解生命的价值。

阅读研发团队明确主题，根据主题精心挑选能够与山区儿童认知衔接的绘本，再研发阅读教案，并提供丰富的阅读方案及相关的配套活动。阅读主题十分丰富，且常常结合乡村学生的生活实际，从中秋赏月的秋日观察，到感恩家人的情感教育，再到艺术大舞台的表演和家乡戏剧的欣赏，内容丰富多彩。这些阅读课不仅开阔了学生的视野，提升了他们的阅读能力，还为孩子们带来了丰富的生活体验。

与此同时，曾经的支教老师武晟然、有理工科背景的资深义工赵辉和历届优秀支教老师共同合作，进行探索课课程的开发。历经 2 年 4 个学期的努力，这个团队共开发了近 40 个教案及课程包。这些课程融合了项目式学习和主题教学的元素，让学生在实践中产生对科学的兴趣与热爱。根据 2016 年的资料，探索课的主题包括“人与植物”“绿豆芽实验”“树叶拓印”“身边的动物”“感知家乡的自然”“寻找生活中的水”等，这些主题与儿童的日常生活紧密相关，帮助他们从身边事物展开学习与探究，可谓是后期乡土人本主题课的雏形。

“村小 1+1 项目支教”在正安县赢得了乡村学校校长及师生的广泛好评，众多学校积极申请加入。至 2016 年，田字格在正安、威宁等地的支教点已扩充至 13 个，并配备了超过 20 位的支教老师，为当地乡村教育注入了新的活力。这一阶段，田字格的阅读课和探索课已经开始融入诸多的乡土元素与生活实际，并勇敢地尝试跨学科融合。尽管当时的探索尚显稚嫩，但其中展现出的勇气和创新精神无疑是值得赞扬的。

2012—2016 年，田字格深入乡村教育领域开始摸索。其间，田字格历经了从助学至支教办学的曲折过程，虽然未来前景尚不明朗，但通过这

1　当时几位来自上海市世外小学（原为上海市世界外国语小学）“世外故事妈妈团队”的家长参与了阅读课程的研发。“世外故事妈妈团队”由家长志愿者组成，她们以生命教育理论为基础，通过讲述绘本故事的方式，培养儿童的阅读兴趣与良好品格。（来源：上海世外小学官网）

一时期的艰辛探索，田字格认识到自身的局限，也掌握了乡村教育的实际需求。而办学实践又为田字格积攒了丰富的经验，尽管首次尝试开发校本课程未能达到预期，却让田字格明白乡村教师在课程本地化方面亟需外界援助。随后，田字格迅速调整支教策略，落地实施了“村小1+1项目支教”。这一举措不仅深化了田字格与地方的联系，也为后续乡土人本主题课的开发奠定了坚实的基础。

田字格机构名称中的“田字格”有何含义？

2010年，作者正式将创立的公益组织命名为“田字格助学”，取名“田字格”基于以下三点考量：

首先，每个中国小学生开始学习书写汉字时，都是在田字格上练习的，因此田字格代表了基础教育的重要性。

其次，田字格是一个极具中国特色的符号，在田字格上一笔一画地书写汉字极具中国文化特征。

最后，“田”字本身也寓意着田地和乡村。

因此，“田字格”不仅代表着基础教育，还蕴含着中国特色，并与乡村紧密相连。所以，田字格有个口号：一笔一画，我们在田字格上书写明天。

2016年，田字格在上海正式注册，注册名称为“上海浦东新区田字格志愿服务社”。

2017年，田字格的公益方向不再仅局限于助学，因此，机构名称也从“田字格助学”改为“田字格公益”。

作者在拙作《大山里的未来学校》（2021年由人民日报出版社出版）中，对田字格从2010—2017年机构的发展历程做过更详细的记录，本书将不再赘述。

兴隆田小的学生挂的梦想牌（原图见第27页）

乡村教育属于村庄与大地，教育者要走进村庄获取灵感，脚踏大地汲取力量。

——肖诗坚

第二章　萌发：乡土人本教育的开启

若以时间轴为鉴，2012—2016年，田字格尚处于初步摸索乡村教育的朦胧阶段，其核心活动围绕着资助贫困生与支教项目的执行与推进，虽努力不懈，却未触及中国乡村教育问题的根本解决之道。自2016年12月4日首次在招募公告中提出“走出大山能生存，留在大山能生活”的学生培养总目标起，田字格就开始步入了乡土人本教育探索期。本书的开篇描绘了2017年3月8日这一天，“铿锵四玫瑰”携带行李抵达兴隆村完全小学开启长期驻扎的情景，这一日后来成了我们驻扎村小、开启田字格乡土人本教育探索的纪念日。随后的2017年春季学期是办学筹备期，同年9月，学校正式以“田字格兴隆实验小学”的名字迎接新学期的到来，田字格正式进入班级教学。

在探索期，田字格反思了摸索阶段目标迷茫与人力分散的问题，果断割舍了所有的支教点，转而全力投入创办一所创新实验小学——田字格兴隆实验小学，从而探索出了一套有理念、有课程、有方法的乡土人本教育模式。而在办学伊始，田字格即与贵州省正安县教育局达成共识，携手并进，将兴隆田小定位为未来的乡村教师培训基地，同时，它也将是田字格乡土人本教育的研发基地。这一战略定位，为乡土人本教育的后续推广与发展奠定了坚实的基础。

对我个人而言，摸索期与探索期的显著差异在于角色的转变与投入的深度。在摸索期，我以协调者身份，统筹支教团队及义工团队，通过定期、不定期往返贵州与上海出差的形式来推进工作落实，完成选拔、培训、支教、现场咨询、解决问题等工作。而进入探索期，我则作为全职驻校管理者，带领团队扎根兴隆田小，与师生同甘共苦，共同生活在教育一线，甚至在初创前几年，我鲜少返乡探亲，倒是家人会常来学校探望。

本章将聚焦 2017—2018 年探索期的两大乡土人本主题课的实践，通过一系列活动案例，生动地说明主题式教学的丰富性，为后续篇章全面诠释乡土人本教育模式做铺垫。

一、乡土人本教育初问世

2016 年 8 月，和往年一样，我与田字格义工们又完成了一次紧张的为期一周的支教培训，参加培训的多是年轻、充满朝气、对教育充满憧憬的支教老师。培训内容依旧涵盖了从如何适应生活到掌握教学基本知识的一系列课程，日程也像过往一样紧张，从早到晚进行高强度集训。然而，这熟悉的一切并没有减弱我心中的感慨和不安。

结束了培训，站在火车站的进站口，目送着一群年轻支教老师的身影渐行渐远，我心中感慨万千。我知道，这些年轻人即将面对的是一段艰苦且充满挑战的旅程，而我自己也即将踏上另一条具有多重身份的陪伴之路。一周之后，我会赶赴支教点，去解决新支教老师们在教学和生活中遇到的种种问题：如何适应乡村生活，如何更好地与地方教师配合，如何与学生建立关系，如何备好每一堂课，甚至如何处理好个人的情感问题，等等。虽然这些问题已经在支教手册中有所回答，但每一批新来的支教老师依然会遇到相似的困惑和相同的问题。

随着田字格在乡村教育领域不断深耕，我日益意识到，支教远不能解决现有的乡村教育模式存在的问题。我们长期在乡村一线，能深刻感受到，当前以追赶城市教育为目标的乡村教育模式，无法有效应对乡村儿童面临的生活问题和乡村教育的困境。更重要的是，这种教育模式无法唤醒孩子们的内在生命力，无法让他们在乡土环境中找到归属感和自我。而教育的一个主要目标不就是建立儿童的归属感，找到生活的意义，找到生命的价值吗?

作为一名教育公益人，我走访了许多乡村学校，乡村教师们对教育远景的普遍迷茫与对职业的倦怠让我深感痛心。偶尔，我能遇到一些对教育有热情、对孩子有耐心、对教学有钻研精神的教师，但这样的教师实在为数不多，更多的教师则在日复一日的重复工作中失去了对教育的热情。田字格当时派出的支教老师有三四十人，这些年轻人虽充满热情，但流动性大，且缺乏足够的专业训练。这一切让我思考，是否有一条路可以帮助乡村教师成长而不依赖支教老师? 现实令我醒悟，乡村教育迫切需要找到一种适合当前乡村教育现状的解决方案，需要适应现有乡村教师群体，而这显然不是靠支教老师就能做到的。

送走支教团队后，我着手查阅并广泛阅读国内外各类教育书籍及资料，其中对我影响最大的当数约翰·杜威（John Dewey）、陶行知、晏阳初、玛利亚·蒙特梭利（Maria Montessori）以及主张人本主义的卡尔·罗杰斯（Carl Rogers）。随着阅读和学习的日渐深入，我长久以来混沌的思绪骤然变得明朗。同时我也注意到，关于乡村教育怎么做，中国是缺乏具体指导思想的。陶行知的“做中学”显然是一个指导纲要，但是课程怎么设置、课程怎么施教，课程又如何满足现有的教育需求，我都找不到现成的可以借鉴的理论和案例。乡村教育长期以来存在的问题是乡村没有属于自己的教育，只是简单复制城市教育。

我们是否应当将城市的教育体系全盘复制到中国的乡村呢? 答案无疑是否定的。中国乡村迫切需要构建一套独具特色的教育体系，其宗旨、形态及内涵均应迥异于城市教育。这样的教育应当深深植根于乡村的土壤之中，而非仅仅对城市模式的简单复制。

田字格的使命不在于解决支教问题或解决几个乡村学校缺少老师的问题，而是要探索出一条真正契合中国乡村实际的教育模式。探索这个新的教育模式，需要我亲自带领一支专业的团队深入乡村，专心花上几年时间，驻扎在校，和那里的师生捆绑在一起，一脚土一脚泥地构建出一个既尊重乡土，又能帮助孩子们走向未来的教育。

渐渐地，一个坚定的念头在我心中萌发：我要选择一所村级小学作为实践的“田野”，精耕细作，通过亲身教学，探索出一个真正契合中国乡村实际的教育模式。

这个想法很快得到遵义市正安县教育系统的一些领导支持。2016 年 11 月中旬，正安县教育局对这一新思路表示了支持，决定与田字格正式合作，在格林镇兴隆村共同创建兴隆田小。正安县的这一行动不仅体现了县领导的战略远见与果敢开明，还为田字格乡村教育的探索及创新铺平了道路。我很荣幸能被任命为这所实验学校的校长。

多年过去，仍有人问我，田字格学校为何选择落地正安县？我将原因归结为三点：

首先，田字格在正安县已有深厚的实践根基。到 2017 年，田字格已在当地设立了 13 个支教点，资助了近千人次的贫困高中生，与地方政府和教育部门建立了深厚的信任关系。其次，正安县虽地处偏远，但具有文化底蕴，并汇聚了一批思想开放、勇于实践的先驱者。县教育局的韦延海主任，市政协的冯其伟、刘飞以及已故的简祖奎等领导就是具有开拓精神、敢为天下先之人，他们为田字格在正安县办学提供了不可或缺的支持。最后，选择兴隆村完全小学，更像是命运的指引。

2016 年 10 月初，我萌生了在贵州选址办学的想法。10 月中旬，田字格支教团队在正安县团建，我随团队从县城徒步前往当时的支教点兴隆村完全小学。一路上，我们艰难地翻山越岭，跨过溪流，走过田野，历经 2 个多小时后，队伍爬上了一座山岗，映入我眼帘的是蓝天之下青黛相间的连绵群山和金黄的稻田，稻田中央，鲜艳的五星红旗迎风飘扬。而那旗帜下，正是美丽的兴隆村完全小学。那一刻，我被眼前秀美而充满希望的景色所震撼，一个强烈的念头涌上心头：我要在这里开始我的办学探索。

事实上，办学的思路已在我心中酝酿多年，所以当正安县的机遇出现后，这份多年筹划的办学计划得以顺势启动。所谓“时也，命也”，在适当的时机到来时，一切自然会顺势展开。田字格，一个集教育公益与行动探索于一体的组织，自始便积极面对挑战，一直走在致力于探寻乡村教育发展出路的路上。从田字格成立起，我与团队就不断学习各种教育理论，参访国内外学校，寻找可能的办学机会，深入思考办学理念、指导方针以及课程设置。因此，与正安县教育局签署意向协议后，仅仅一周时间，田字格便迅速发布了《寻找乡村教育的开拓者》招募公告（2016年12月4日）。招募公告原文如下：

[田字格助学]公益组织与贵州省正安县政府合作，本着“立足农村，走向未来”的宗旨，在格林镇建立“兴隆田字格小学”。该校将采用适合农村子弟的教育模式，培养全面发展的适应21世纪未来的农村子弟，并同时在实践中培养农村新教育人才。

我们相信，好的教育要以学生为中心，而学习素材应与学习者已有经验相连接，并通过学生实践加以内化与深化。农村孩子的教育应该建立在与其生活密切相关的经验世界中，而不是简单地将割裂的知识及技能加以传授和传播。兴隆田字格小学将采用更有创意与效能的新型教学方式，结合兴隆当地乡土特征进行教学。

我们还相信，教育不能与生活环境相脱离，教育的过程应是一个兼顾理想与现实的平衡发展过程。对于目前农村现状而言，体制教育仍然是广大农村子弟必走之路，因此农村教育创新也必须充分考虑到农村子弟的教育选择的局限性，教育创新只是为农村子弟多开启一扇窗而不是关闭一道门。因此，田字格小学也会在教学设计中充分依据现有国家教育大纲的要求及一般小学生必备的能力技能培养需求。

我们的办校理念　立足农村，走向未来。

我们的教学方式　我们的教学将以“主题”为核心。所谓“近取诸身，远取诸物”。我们主题的选择将先从乡村孩子们的实际生活出发，以其切身所经验的鸟兽草木、乡土文化为根基，再推广到宇宙人生中的万物万理。在每个主题的教学中，老师将会打破学科限制，以学生为主体，引领孩子们自主学习，从而培养出其对事物的感受力、对生命的敬畏、对各种自然规律的理解力，以及行事的逻辑能力。

我们要培养的孩子 我们希望，在第一层面上，未来本校的毕业生将“走出大山能生存，留在大山能生活”，他们会具备基本的读、写、算及网络技能，同时还具备主动学习、与他人合作、善于沟通表达等进入现代社会所必须具备的能力；在可能的更高层面上，他们是重视生命质量的现代人，在精神上，是独立自主的自由人，他们具备热爱生活、热爱乡土、关心社会的情操及道德品行。

图2-1 招募公告的配图（图中授课的老师为田字格首位支教老师蒋曦）

招募公告不仅深刻揭示了乡村教育的现状与挑战，更明确表达了当时田字格的学生培养目标：走出大山能生存，留在大山能生活。而达到这一目标的方式则是通过打破传统教育的束缚，让乡村教育真正为乡村儿童及乡村发展服务。

招募公告提出“立足农村，走向未来”的办学理念，并提出了一个全新的教育模式——将乡土文化融入日常教学中，通过跨学科，让学生在体验、学习、创造、分享与升华的过程中，不仅掌握知识与技能，更能够深刻理解家乡的文化与历史，从而培养出对家乡的深厚情感与责任。这样的教学模式，既是对传统教育方式的革新，也是对乡村教育未来的积极探索。

但是，招募公告只是说出了办学的方向，具体的课程落地、理念落地、课程开发和办学过程中涉及的方方面面尚不可知，一切仍需“摸着石头过河”。

二、选择主题式教学，打造连贯的学习旅程

2017 年的那个春天，美景与忙碌交织出一幅令人难忘的画卷。兴隆村的春天美得令人心醉，报春花、油桐花、油菜花竞相绽放，水田波光粼粼，山间云雾缭绕……这一切都让我们赞叹不已，也激发了我们将这些美景与当地文化融入课程的灵感。为了给学生们带来更具启发性和实用性的教学内容，我们深入研究教育学和心理学，探寻适合乡村孩子的教学模式。我们明白，要让乡村的孩子们真正受益，就必须结合兴隆村的实际情况，为他们量身定制既富有趣味又贴近生活的课程。于是我们深入村落，向村民讨教并与之交流，探寻兴隆村深厚的历史文化底蕴，力求将这些宝贵的乡土资源融入课程中。

在筹备过程中，我们发现已有的可供乡村教师直接使用的系统的乡村教育教材并不多见。百度帮不上太大的忙，知网这个汇集了学术论文的网站仅可以找到一些零散的研究论文。兰州大学有教授在研究复式班教

学[1]，个别支教机构也在探索，21 世纪教育研究院及北京天下溪教育研究所（现更名为北京天下溪教育咨询中心）也在积极推动乡村教育创新的探索，但是没有太多可以参考和学习的系统性的乡村教学案例，我们需要自己摸索，从头做起。于是，我们不惜自费前往海内外各类学校参访学习，汲取先进的教育理念和教学经验。幸运的是，我们得到了魏智渊、丁建红、苏坡等海内外教育界专家的鼎力相助，他们不仅分享了宝贵的教学经验与成功案例，还为我们提供了详尽的指导与建议。在他们的帮助下，我们更加深刻地认识到教育不仅是知识的传授，更是对孩子们综合素质与创造力的培养。

在外学习时，我们参访了几所以主题式教学闻名的小学，他们的教学让我们受益匪浅。记得我们在一间以主题式教学闻名的乡村小学进行了为期三天的跟岗学习，发现其主题涉猎范围很广，从铁路史、昆虫到大山大河、历史文化，都是学习的主题。学校除了数学课，大部分科目都紧密围绕主题开展，从语文到科学、艺术课都是如此。为了深入探索主题，学校甚至还根据课程需求安排了学生外出考察，组织长达数周的户外骑行。我们见到这个学校的学生，训练有素，极具探索与合作精神，每个孩子都散发着一种自信、从容、友善的气质。该校的实践也让我们认识到，孩子周边的人、事、物，即乡土及自然资源，它们都是乡村教育的宝贵财富，只要善于发掘和利用，就能为孩子们提供丰富多彩的学习体验。

从各地参访学习回来之后，2017 年 4 月的一天，我们聚在被我们命名为“战情室”的办公室里又开启了热烈的探讨。讨论之后，我们明确了原则，首先要启动研发并开设乡土人本主题课程的计划。该计划的核心目标是将教育与乡村儿童的日常生活深度融合，以尊重乡村儿童生活地为原则，贴近乡村儿童的实际需求，激发他们的学习兴趣与热情，为乡村儿童带来有趣及有意义的学习。

1　复式班教学：复式教学（combined instruction）是把两个或两个以上年级的学生编成一班，由一位教师用不同的教材，在同一节课里对不同年级的学生进行教学的组织形式。教师给一个年级讲课，让其他年级学生做作业或复习，并有计划地交替进行。

图2-2　2017年，魏智渊老师在“战情室”给田字格老师们培训，从左到右为彭红、阿朱、王莹、田艳莉、孔美、魏智渊

名词解释

主题式教学

主题式教学通过选定一个和学生日常生活或兴趣相关的主题来整合不同学科的教学内容，跨越不同的次主题，让知识贯穿于课程和儿童的成长历程中，并通过主题有机地联系在一起，从而使学生能够在更广泛的背景下体验、理解并构建知识与技能，并与周边世界建立情感联结。

主题式教学可以使用多种教学资源与方法，如项目式学习、合作学习和体验学习，以增强学生的参与感和学习效果，同时，主题式教学还可以促进学生对知识的深层理解，提高他们解决实际问题的能力，并帮助他们在真实世界中应用所学的知识。

当我们选择从乡村学生的日常生活中汲取教学内容时，主题式教学便显露出其独特的优势。

首先，儿童的认知发展具有整体性，这一特点在乡村儿童的学习中尤为重要。根据让·皮亚杰（Jean Piaget）的认知发展理论，儿童是通过全身心的感官体验来认识世界的，而不是孤立地理解事物。乡村儿童的日常生活充满了具体、立体的感官体验，苹果不仅是一个水果，它是孩子们在田野里亲手采摘的、带有自然气息和甘甜味道的整体存在。从整体到部分的认知过程，恰好与主题式教学的核心理念高度契合：通过围绕一个核心主题展开学习，先帮助学生理解事物的整体特征，再逐步引导他们拆解出其中的独立概念。

其次，乡村教育面临的一大挑战是师资力量不足，但又要坚持分科教学，且要开足开齐教学科目。事实上，传统教学方式常将知识割裂成不同学科，难以展现知识间的内在联系。例如，学生在语文课上学习“苹果”的生字，在数学课学习苹果的形状和数量，在科学课了解苹果的生长过程。而主题式教学能为学生提供整体化的学习框架，使课堂内容紧密关联生活经验。例如，以“苹果的一生”为主题，学生不仅能学习相关歌曲，还能通过了解苹果生长过程学习自然科学知识，并通过实地考察苹果树的生长环境，在体验中学习、观察中思考。若在苹果丰收季，学生还能在摘苹果的过程中学习数字和形状，体验丰收的喜悦。这种教学不仅能让知识“活”起来，使儿童更深刻地理解知识的具体意义，同时也能有效利用师资力量。

主题式教学可以为学生创造丰富的学习情境，能够有效地激发学生的学习兴趣，学生在教师的引导下完成从具体到抽象、从简单到复杂的知识建构过程。通过围绕一个核心主题展开学习，儿童能够在实际情境中获得更加深刻的理解，让学习变得更有意义。

乡村儿童往往生活在相对封闭的村庄，学科知识的应用性和现实联系显得尤为重要。主题式教学提倡在实际情境中解决实际问题，以真正帮助儿童在做中学，让所学知识得以内化和应用。主题式教学能够灵活地整合各学科知识，并通过多种活动形式，如田野考察、农耕劳作、自然观察等，来调动学生的不同感官及智能，这对乡村教育来说，既能激发学生的学习兴趣，又能有效提升他们的实际操作能力和思维能力。

确定了主题教学的形式后，我们也深知实施主题式教学面临的挑战。我们需要精心挑选与学生生活密切相关的主题，并设计跨学科整合的教学活动，这些活动不仅要覆盖必要的知识，还要与学生的生活经验相结合。此外，教师需要具备跨学科整合的技能和创新教学的能力，这要求他们在教学设计和实施过程中展现出更高的灵活性和创造力，对在传统师范学校接受分科教学而不是全科培养的教师而言，是个不小的挑战。

有鉴于此，我们在起始就确立了主题式教学研发的几个关键原则。

原则一：主题从学生生活实际出发，课程内容结构化，让知识的难度和广度循序渐进，以品质培养及能力培养为主要的教学目标。依此原则，2017 年的主题课，全校共用了一个主题。课程涵盖了一至五年级，同一主题包含语文的基础知识、科学的探索精神、美术的创意思维、综合实践及音乐素养等，但各年级需根据课纲要求再确定教学目标。团队在深入讨论后，结合当地的乡土特色与资源以及田字格的教育理念，最终将这门课程命名为“乡土人本主题课”。

原则二：采用大主题教学，即一个学期确定一个大主题，围绕大主题展开教学活动。大主题下分一级主题、二级主题及日主题。一级主题类似于单元，是大概念下的初级概念，二级主题是一级主题之下的概念或活动，日主题一般是一次教学活动需要完成的教学内容。

原则三：勇于探索跨学科融合。鉴于苏坡老师团队的宝贵经验，我们审慎决定，仅保留英语与数学为独立教学学科，其余学科则统一融入一个大主题框架中。团队四位核心成员，各自拥有独特的专业背景：肖诗坚，社会学、国际商务；王莹，社会学、教育学；孔美，师范教育，政治学；田艳莉，理工科。这样多元化的组合，赋予了我们团队非常广的跨学科视野，在集体备课时，我们常是手抓语文、科学、美术和音乐等十余种教材与课纲，同时还要翻看、研读《正安县志》《正安文史》等丰富的地方文献，力求教学内容紧跟国家课纲又具有地方性。

三、乡土人本主题课："大山梦工场"

（一）走进田野，寻找灵感

在确立了主题式教学作为主要的教学形式并确定了基本原则后，我们迎来了首个关键挑战——遴选一个能够贯穿整个学期、引领整个学校创新课程的"开启主题"。在脑力激荡的讨论中，大家抛出的主题非常多，记得有"大山里的家""贵州的桥""正安的古镇""我爱我家"等，每一个主题都闪耀着独特的魅力与价值，等待着我们去探索。

然而，在激烈的讨论过程中，我们也意识到我们追求的不仅是对知识的探索、风物的发现，更是孩子们心灵的触动与视野的拓展。我们要的是一个能够激发师生对未来无限憧憬、对创新教学满怀期待的主题，这种期待超越了对课程的简单向往，更是对自我成长与生命探索的深切渴望。但是，经过多日的争执与讨论，我们仍难以在主题的选择上达成共识。

一日，漫步山间，我们遇见了几个村里的学生。我们就和学生在田野间一边玩一边聊。闲谈中，我们了解到由于兴隆完全小学坐落在群山之间，交通不便，当时学校的大多数学生去过最远的地方是一千米外的太平村，他们甚至未曾踏足仅八千米外（到县城的山路格外崎岖，仅有一条供小车通过的蜿蜒山路）的县城。我们意识到，这些美丽的大山不仅限制了孩子们对知识的探索，还阻碍了他们开阔视野，更制约了他们的梦想起飞。这一刻，我们心中涌动的不仅是感慨，更是责任与使命。对于这些生活在偏远封闭山区乡村的孩子们来说，为他们开启一扇通往广阔世界的大门，是我们责无旁贷的使命。我们所说的通往广阔世界的大门，绝非仅对都市霓虹与高楼林立的向往，那是一种外在的、表面的吸引，无法触及孩子的生命深处。我们深切期望赋予孩子们的，是一种包容万物、关怀天下的宽广胸怀，一种无畏无惧、敢于有梦想并勇于追求更高理想的壮志豪情，以及一种超越地域限制、跨越山水阻碍的志存高远。正如后来兴隆田小的校歌所唱："脚踏泥土，胸怀梦想。"

此刻，灵感乍现，我们一致决定将主题与主题课程定名为"大山梦工场"，这个名字瞬间点燃了大家的热情，它恰如其分地映射了我们的期望与愿景——在这片被巍峨群山环抱的土地上，师生携手共筑一个让梦想启航的圣地。在这里，我们勇敢地向大山倾诉心声，倾听彼此的梦想，共同追逐理想，共同探索未知的广阔天地。

鉴于团队初次涉足乡土人本课程及创新教育，尚处萌芽阶段，为确保教学工作顺利开展，我们审慎决定，在 2017 年秋季第一学期，全校集中力量，只开发一个核心主题，同时精心规划差异化的年级教学目标与内容，确保各年级课程既能体现内容的连贯性，又能兼顾内容的丰富性、适宜性与深度。[1] 我们深信，每个孩子都是独一无二的宝贵个体，因此，在课程设计上，我们遵循年级差异化原则，力求让每个年龄段的孩子都能在自己最适合的节奏中，深切感受并体验"梦想"的无穷力量。以"梦想"为圆心，我们层层递进，精心策划了一系列主题教学活动，引领孩子们一步步深入探索梦想的奥秘。

（二）"大山梦工场"主题活动

历经一个夏季紧锣密鼓的筹备，九月金秋时节，我们终于迎来了开学盛典，并同步启动了"大山梦工场"创新主题教学。此次主题教学，无论是活动设计、形式展现，还是内容编排，对全体师生而言均属首次探索，每一项活动的精彩瞬间都深深镌刻在我的记忆中，至今依旧清晰如昨：

从字源谈梦想。从"梦"和"想"的字源引导学生初步理解什么是梦想。

千人千梦访谈。让学生采访老师、父母和爷爷奶奶等亲人，询问"你

1 具体规划参见附件一："大山梦工场"主题学期计划。

们有过梦想吗？”“你们的梦想是什么？”等。通过采访，学生们知道了“原来我的爸爸也有过理想”，他们了解到“不远千里来此支教的老师的梦想，就是为了帮助山里的孩子们实现自己的梦想”。

千人千梦研学。千人千梦研学是兴隆田小的首次研学活动，是我们第一次正式打开“围墙”、打开校门让学生走出学校的重大活动。学生兴奋，教师紧张，但师生都共同期待。教师要踩点，联系好村主任和村民，还要进行安全训练。学生反复演习如何应对突发事件，并撰写采访大纲，排练采访流程。活动当天，学生扛着旗子，唱着校歌，走进村庄采访老乡、手工艺人、“种菜大王”……学生还走进村委会，采访村干部，了解他们过去和现在的梦想——原来每个人都有过或依然有梦想。

说梦想，挂梦想牌。活动当天，每位师生都有一个小木牌，可以在上面写画自己的梦想。放学时，隆重的挂梦想牌仪式开始了，高年级学生在音乐的伴奏下，用中英文朗诵“I Have a Dream”的片段：“我有一个梦想。我梦想有一天，幽谷上升，高山下降，坎坷曲折之路成坦途，阳光披露，满照人间。I have a dream. That one day every valley shall be exalted, and every hill and mountain shall be made low, the rough places will be made plain, and the crooked places will be made straight, and the sunshine shall be revealed and all flesh shall see it together.”（原文有删改）然后，每位师生在众人面前勇敢地大声说出自己的梦想。最后，在全校师生的见证下将自己的梦想牌挂在一个直径80厘米的小斗笠上。当所有人将自己的梦想牌挂好以后，在兴隆任教二十余载的陈忠明老师在大家的热烈掌声中缓缓将斗笠拉起，吊在一楼的天花板下面。

自此以后，那顶承载着无数梦想牌的斗笠，一直在教学楼一楼静静地守护着兴隆的师生。每年，新加入的师生都会沿袭传统，举行挂梦想牌的仪式。无论是风吹还是雨打，当梦想牌在风雨中轻轻碰撞时，发出的清脆悦耳的叮当声仿佛在温柔地鞭策我们：要坚持不懈地努力啊，因为梦想，万一哪天就实现了呢！

图2-3　兴隆田小的学生在挂梦想牌

了解山中万物的梦想。儿童的世界充满了灵性与感知。在那段时光里，孩子们举目所及，漫山遍野皆是勃勃生机，这些事物仿佛在对孩子们说，我们每一个生命体都有独特的存在意义，都有自己的不懈追求。这正是“万物皆有灵，生命皆有感”的体现，或许每个生命来到这世间，都肩负着它特有的使命。

孩子们说，大地有它的梦想，梦想着哺育万物，让生命之树常青，于是，他们满怀敬意地撰写了《土地宣言》，向这位滋养万物的母亲致敬。

土地宣言

大地母亲，我们感谢您！我在此宣誓，今后，我会每天看望您，陪伴您，照顾您！我不打农药，不施化肥，会以环保的方式对待您！我会用自己勤劳的双手将您装扮得更加美丽！我会温柔对您，珍惜您，爱护您！让我们一起努力，实现您的梦想，也实现我们的梦想——让世界变得更美好的梦想！

2017年兴隆田小全体师生

孩子们说，水稻也有梦想，它们渴望硕果累累，将丰收的喜悦无私地馈赠给人间。为此，孩子们以纯真的心灵创作了《水稻的梦想》，歌颂着稻谷的辛勤与奉献。一年级的阿富说：“水稻的梦想是长得大大的，让人吃起来香香的。”五、六年级的孩子们则赋予种子更丰富的梦想，“飞起来去旅行”“让世界更美丽”“让土地更健康”“化为泥土”等。

孩子们说，巍峨的大山亦有它的梦想，它梦想着屹立不倒，守护着脚下的土地与生灵，庇护着自然界的和谐与安宁。于是，孩子们心怀崇敬，写下了《大山的梦想》，以期能够传达出那份雄浑与安宁的力量。

而每个孩子都可以有自己的梦想，可以是成为宇航员，可以是成为美食家，也可以是做一个平凡的人，甚至一位二年级的小朋友对着镜头说，他的梦想是去非洲大草原，“做一头狮子，在草原上走来走去”。没有人会嘲笑他的梦想，因为每个人都懂得：你尊重别人的梦想，别人也会尊重你的梦想。

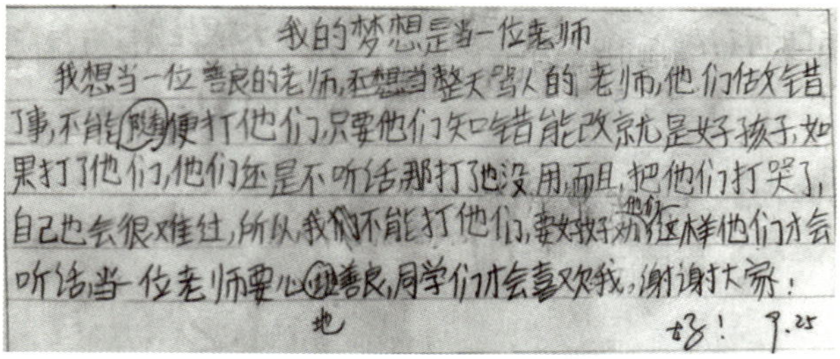

我的梦想是当一位老师

我想当一位善良的老师，不想当整天骂人的老师，他们做错事，不能随便打他们，只要他们知错能改就是好孩子，如果打了他们，他们还是不听话那打也没用，而且，把他们打哭了，自己也会很难过，所以我们不能打他们，要教好他们，这样他们才会听话，当一位老师要心地善良，同学们才会喜欢我，谢谢大家！

好！ 9.25

图2-4 《我的梦想是当一位老师》［作者：翁晓彤（2017年，四年级）］

嘉年华。学期结束时，师生以欢庆的形式将一学期所学内容进行展示。2017 年秋季学期嘉年华的戏剧《圣贤的奇幻之旅》[1] 则是该学期及“大山梦工场”主题的高潮部分。学生在教师的指导下，将自己的梦想和故事融入戏剧表演中。全校一至六年级学生全部参演，他们通过角色扮演、台词朗诵、场景布置等方式，生动地分享了过去一个学期的学习收获，展现了乡村学生的梦想和追求。

1　该剧的剧本详见附件二：《圣贤的奇幻之旅》剧本。

此外，学校还邀请了北京大学社会学系教授、县领导、村主任等嘉宾参加了该学期的嘉年华活动，学生们用从山里采来的带着露珠的鲜花为嘉宾们献上了最真挚的祝福。这次活动不仅让学生们真切感受到了自己与外界的紧密联系，也让他们更加珍惜自己的乡土文化和梦想。他们在活动中用家乡话朗诵了一首《我的家乡在正安》的小诗，声情并茂，感染了众多现场嘉宾。

我的家乡在正安

天楼外，芙蓉畔，
我的家乡在正安。
春有飞鸟唱，
夏季花满天，
秋日繁星多，
冬来不冷寒。

黔北岭，云雨沥，
我的家乡美味多。
竹笋白茶野木瓜，
天然食材遍山野，
苕粉豆干辣米皮，
民间智慧传钵衣。
山路弯，古道长，
我的家乡有尹珍，
尹珍苦学知感恩，
学识渊博讲仁义，
回乡办学是圣贤。

我学尹珍爱家乡，

学习万物求真理，

快快长大有理想，

不忘家乡走四方。

通过实施“大山梦工场”课程，我们深切地感受到主题式教学在乡村教育中的巨大潜力。一个学期的探索，让我们明确要继续探索和完善这一教学形式，为更多的乡村孩子带去丰富多彩、有意义的学习体验。

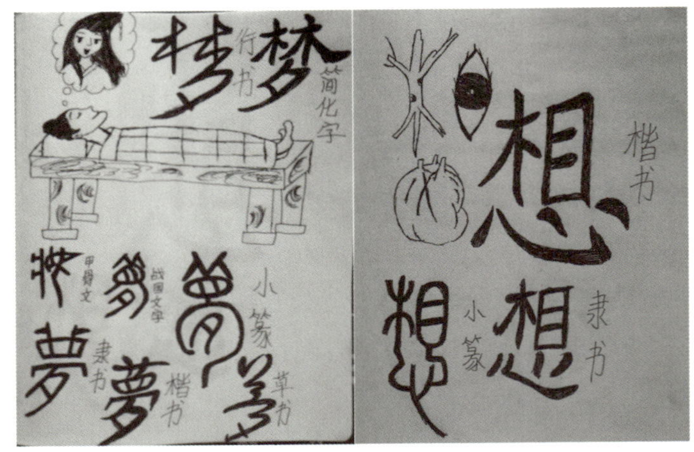

图2-5　学生创作的“梦”和“想”的字源

如今，回首过往，我们依然对这个主题的确定深感欣慰与感激。正是在“大山梦工场”的引领下，师生们共同经历了一段充满热情与活力的探索之旅。全校师生与田字格都沉浸于这一新颖教学形式的实践中，共同感受生命与生活紧密相连的深刻意义，这份体验让每个人都充满了无尽的兴奋与期待。

四、乡土人本主题课：“大山·家”

（一）走进村庄，发现“家”

通过一个学期“大山梦工场”的学习与探索，孩子们看见了他人五彩斑斓的梦想，也拥有了自己的梦想，对未来充满了憧憬，师生一起摩拳擦掌，准备为了实现梦想大干一场。接下来的问题来了，梦想的船该从何处启航，又如何破浪前行？

我清楚地记得，2017 年 12 月 19 日隆重而热闹的嘉年华活动刚结束，田字格所有的老师就迫不及待地聚集在校长办公室，进行了为期一周的讨论。那个冬天很冷，校长室里除了“铿锵四玫瑰”，还有蒋燕、田松、杨海伦、阿朱等团队伙伴，大家围坐一堂，搓着手，烤着火，在激动地复盘、认真地总结之后，开始热烈地讨论下学期的主题。连续几日，我们从清晨讨论到深夜，广袤的土地、巍峨的大山、神奇的万物……每一个主题都如磁石般吸引着我们的心，让我们恨不得立刻带着孩子们去探索学习。然而，这些主题最终都因为没能通过我们的灵魂拷问而被淘汰，这个灵魂拷问就是：这个主题是当下和孩子们的生活与生命最密切相关的吗？这个主题与孩子们刚刚拥有的梦想有具体的联结吗？它在未来整体教学框架中占据什么位置？它的延续性如何？

讨论了几天，我们也没有找到合适的主题。我们决定走进村里，去感受孩子们的真实世界，到生活中寻找答案。我们相信，走进生活，走进村庄，走近孩子，一定可以帮助我们找到答案。

过年前的村庄最有烟火气。还没进村，我们就闻到四溢飘散的柏香味，这是村里人在烧柏树枝制作熏腊肉。此时人们将漂泊在外的心“安”在家里，家家户户都在忙碌，有的在杀猪，有的在用柏树枝熏腊肉，有的在准备年货。外出打工的人也都陆续回来了，孩子们脸上也洋溢着见到亲人的笑容。

他们手里拿着父母从外地带回的各种玩具，穿着新衣服，在村里跑来跑去。老人们忙个不停，一些传统节日前要准备的事宜，如清理灶台、摆祖宗牌位、贴对联，年轻人已经不擅长了。老人们一边干一边嘴里抱怨着“现在的年轻人啥也不会干了”，但是脸上依然洋溢着幸福，毕竟一家人团圆了。

经过一圈深入的走访，我们心中的答案逐渐清晰。村里处处洋溢着喜庆的气氛，这样热闹的场景和飘香的熏腊肉固然吸引人，但更让人感动的是那份浓浓的“家”的味道。对于乡村孩子而言，家不仅仅是一个居住的地方，更是他们梦想启航的起点，是情感的依托和精神的港湾。于是，我们决定将下学期的主题聚焦为与“家”相关的内容。

在乡村生活与教学的一年里，我也逐渐洞悉了乡村孩子与“家”之间那份深厚的情感纽带。多数乡村孩子的小学教育是在他们深爱的家乡完成的，但随着城市化的浪潮涌动，部分经济条件得到改善的乡村孩子在小学阶段就踏上了离乡之路。我留意到一个有趣的现象：当这些孩子的家庭迁移至县城，他们鲜少提及“我搬家了”，而是强调“我家在县城买了房子了”。即便我追问这是否意味着真正“搬家”，他们仍会坚定地回答：“我们在县城买了房子了。”很显然，在乡村孩子眼中，县城的房子不是家，即使是个更现代化的房子，但没有“家”的温暖与意义。

在村里，我们偶遇了两个去县城读书的孩子，当我们询问他们回来干什么时，他们一边跑一边说：“我们回家看看爷爷奶奶。”两个孩子都自然地用了“家”这个词，这一幕让我更加深切地体会到，尽管这些孩子在县城有居住的房屋，但他们心中的“家”依然深深地扎根在乡村。

回到学校后，我进一步与更多孩子展开了关于“家”的对话。我发现，当孩子们谈论起家时，他们会将家人、房子和玩伴紧密地联系在一起。当我问起他们的家在哪里时，他们通常会描述一个具体的场景：走过某个地方会有个房子，房子里住着爷爷、奶奶、姑姑、阿婆，还有小狗。孩子们在描述家的位置时也非常细致入微，会提到门口有块石头、有棵树等标志性特征。如果让他们画自己的家，无一例外地，几乎所有的孩子都会画出一个房子，房子里有几个亲人，房子外面则有山、树和花。有些孩子还会

图2-6　兴隆田小学生作品：《大山·家》

图2-7　兴隆田小学生作品：《我的家》

画上自己的玩伴，并告诉我这是住在村里不远处的几个小伙伴。

这些有趣的对话及画面，逐渐让我对于乡村儿童心中的“家”有了更为透彻的理解：家，远非仅仅一座房屋所能涵盖，它是与房屋及其周遭环境紧密相连的一个整体的综合概念。在这个综合体内，不仅包含了房屋内的亲人、来访的亲友、嬉戏的玩伴和亲切的邻里，还涵盖了周围熟悉的自然环境。尤为重要的是，家还蕴藏着无数温馨的情感与珍贵的记忆，这些非物质的元素同样是家不可或缺的一部分。

基于上述认识，我归纳出乡村儿童对“家”的情感及认知具有以下特点：

首先，儿童对世界的认知具有整体性。家，一座静态的房屋，是儿童身份认同的起点，是他们感知自己作为家庭成员的载体。这座房屋与亲情的温暖相互交织，共同在儿童心中构筑起坚实的家的概念。在乡村儿童的心中，家与亲人及周围环境是浑然一体的。

其次，乡村儿童的家是一个深深植根于地域并充满归属感的港湾。它与家庭、出生地以及浸润其中的社会文化紧密相连。通过这座房屋，儿童被纳入一个充满归属感的家庭，并进而扩展到小社群之中，这个社群可能是家门口的几户人家，也可能是整个村庄。通过与家以及周边环境的互动，儿童建立起强烈的归属感及自我认知。

最后，儿童通过对家的认知了解自己及社会。在家这个亲密的环境中，儿童通过嬉戏以及与周围环境、人的交流，逐渐建立起自我身份的认知。他们明白自己属于哪个家庭、哪个村庄，并在这个过程中逐渐了解社会的运作。乡村孩子经常参加村里的酒席、葬礼等活动，这些村庄的日常活动不仅巩固了他们的自我身份，还使他们对世界有了初步的理解与认知。

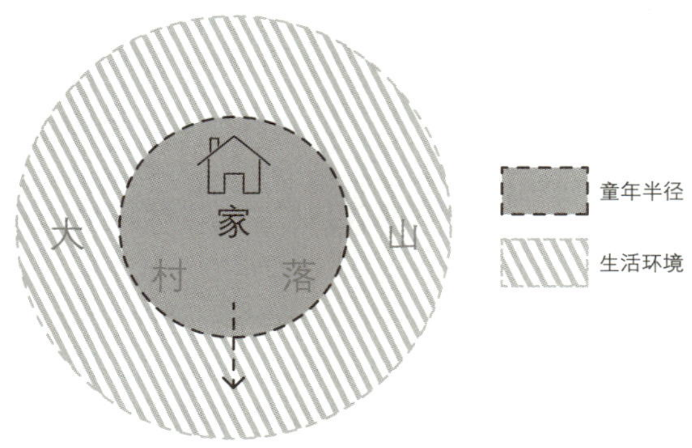

图2-8　乡村儿童生活半径图

如图 2-8 所示，对乡村儿童而言，“家”是他们生命旅程的出发地，随着年龄增长，他们开始认识村庄和周围的环境——大山，最终有机会走出大山。

对于乡村儿童而言，这份与家庭、出生地以及成长环境的深刻联结，不仅为他们构建了强烈的归属感，更形成了他们心中那份不可动摇的“根”。这根深深扎在家乡的土地上，成为他们无论走到哪里都割舍不下的情感纽带。

我不断把我对“家”的发现和思考与团队伙伴分享和交流，经过几日的深入讨论，“大山·家·我的行动改善计划”［简称“大山·家”，即“大山·家”（1.0兴隆版），详见《吾乡吾土指导纲要》］主题应运而生。在“大山·家·我的行动改善计划”中，我们希望和孩子们一起，从山里的家出发，认识自己，认识自己脚下的土地，让梦想走进现实，并为此付诸行动。

“大山”，是孩子们家的所在地，兴隆田小的孩子们就生活在这片群山环抱之中。大山，是他们成长的见证者，是他们梦想的守护者。他们每天出门就能看到青山绿水，走在崎岖的山路上，感受着大自然的馈赠。

“家”，是孩子们最熟悉的地方，是孩子们生活的基础和情感的核心，在这里，他们汲取爱与支持，培养自信和勇气。

“我的行动改善计划”强调从我做起，从孩子们最熟悉、最亲切的家开始，从身边的小事做起，一步步拉近梦想与现实的距离。关注和改善家庭环境，可以更有效地促进孩子们在安全和充满关爱的氛围中茁壮成长。

如果说“大山梦工场”是师生一起大胆造梦的舞台，那么“大山·家·我的行动改善计划”就是孩子们追逐梦想的实践之旅。

（二）让大山与世界相遇

我们在践行主题教学时，深谙情境设置的力量，尤其强调情感价值的正向传递，我们希望构建一个充满爱与希望的学习环境。我们坚信，真正的学习往往植根于真实的情境中，优秀的主题教学不仅要像引人入胜的剧集一样吸引孩子们沉浸其中，更要让他们在这一旅程中体验到创造美好的乐趣与成就感。

孩子的世界从家庭开始，家的温暖与家乡的记忆是他们心灵成长的土壤。然而，在乡村，许多孩子因留守或父母离异而难以充分感受这份美好。节日的欢聚虽温馨却短暂，节后村庄的寂静与孩子内心热切的思念形成了鲜明对比。面对这样的现实，我们决心不仅要将整个学校打造得更有家的感觉，也要在课堂上，为孩子们打造一个能够弥补家庭缺失的陪伴、体验生命精彩的天地。

接下来，我以“大山 · 家 · 我的行动改善计划”在中年级的教学活动为例进行说明。该主题涵盖了六大主题及十一个小主题，每学期十六周，每周六课时，涉及语文、科学、综合实践、美术等多个学科。

第一单元“我的家在哪里”。

第一个小主题是“找找我的家”。那时的兴隆村相对封闭，多数学生未去过县城，但他们对世界充满好奇与憧憬。当学生们首次在地图上找到贵州省遵义市正安县格林镇兴隆村时，他们激动万分。这一情景深深触动了我，我立刻召集教师讨论，我们可以让学生直接与外面世界联系，建立通信关系。这一提议立刻得到了教师们的回应，于是，一则“把我的家乡寄给你”的志愿者招募令在公众号“田字格公益”发出，田字格面向全国发起招募志愿者活动，需要七十多位来自全国各地的志愿者与兴隆田小的学生互寄明信片。这一活动在网上引起关注，兴隆田小的学生也非常兴奋，学生对撰写明信片显示出极大的热情。教师教学生写信，需写明详细的地址，包括省、市、县、村和学校，并写上姓名。为了通信，学生们认真学习写信，学习拼音与汉字，后续还有明信片设计大赛等。

第二个小主题是“家乡资源大发现”。为了让学生们的信言之有物，我们带着学生一起寻找、发现并记录家乡的美好，将家乡的美好分享给远方的朋友，因此，我们一同走进田野、大山和村庄，探寻并记录美好。

第三个小主题是“兴隆四季美如画”。进入这个主题时恰逢春季，学生一边走进田野发现兴隆的春之美，一边学习春的诗歌，表达自己对春及家乡的赞美。他们将这些感受及美好通过明信片表达出来，他们制作明信片，描绘兴隆村的建筑、花草、山峦，不断修改，精益求精。兴隆田小学生的手绘明信片寄往全国二十九个省市，他们后来也收到了带有志愿者亲笔祝福的名胜古迹明信片。

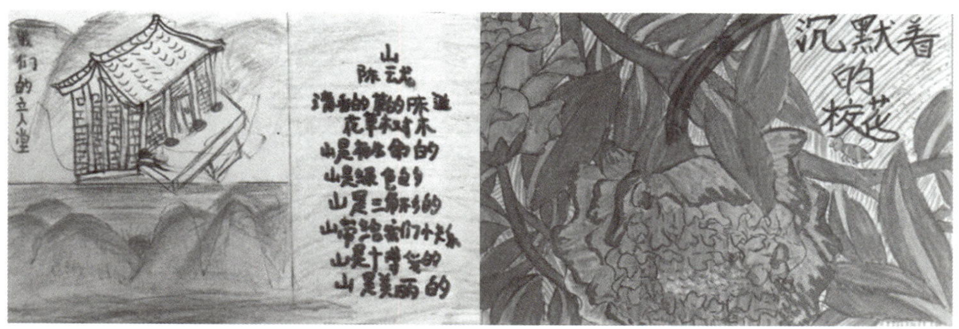

图2-9　兴隆田小学生创作的明信片

第四个小主题是“家乡清理行动”。这个主题活动在学生们等待回信这段时间里展开，师生讨论如何让即将在学期末来学校参与嘉年华活动的客人能更好地感受学校及家乡的美。首先，大家深入分析了学校、家庭以及村庄当前存在的环境卫生问题，随后则以班级为单位，策划了一系列实际行动方案。不仅许多学生主动回家协助家人打扫和整理居所，更有部分学生自发组织起来，走进村庄，为孤寡老人送去温暖，帮助他们打扫卫生。

图2-10　学生到孤寡老人家中帮忙打扫卫生

在那段日子里，上下学的路上，常常可以看到一群群手持塑料袋的学生，他们活力四射，边走边欢快地跳跃。每当发现一个白色垃圾，他们就会兴奋地大喊："哈哈，我又'抓'到一个白色垃圾啦！"这样的场景，不仅传递出他们对环境保护的热情，更成了村庄里一道亮丽的风景线。

第二单元"我家那些人和事"。这个单元随着学生们陆续收到明信片展开。有志愿者表示想听听山区学生们的故事，教师便带领学生们展开听故事、讲故事的活动。学生回家邀请家人，亲人讲自己家里的故事，如祖先从哪里来、家里是不是有奇闻轶事、爷爷小时候玩什么游戏等，学生回到学校后，再将听到的家族故事进行分享。学校还邀请了村里的老人带着族谱来学校讲故事，学生也会调研家族历史，参与撰写家训，画族人迁徙图，传承家文化。

第三单元"我家那本账"。这一单元主要教导学生们如何招待客人。农村的孩子早当家，他们需要了解账目、货币、买卖，甚至学会赶集摆摊。师生和家长周末约着一起赶集，回到课堂上，模拟集市销售与记账。"我家那本账"的主题贯穿整个学期，学校专门设置了"手作坊"，学生们可以在那里向客人售卖自己制作的手工作品，学期末的嘉年华也有为学生设置的摊位，他们会卖自己制作的食品和手工艺品。2018 年的嘉年华当日，兴隆田小仅流通学生们绘制的"兴隆币"，面值五元、十元和二十元不等，嘉宾只能在"兴隆银行"兑换兴隆币后才能购买心仪的商品或进行爱心捐赠。

图2-11　2018年，兴隆田小学生创作的"兴隆币"

第四单元“我爱家和村”。这个单元是一个综合实践，学生们再次通过行动表达自己对家人和村庄的爱。当时，每个班级都制定了“一班一好事计划”，以班为单位进入村庄施行一项有益于家庭或村庄的善举。这些行动可以是改善家庭关系、养成良好的卫生和生活习惯、美化家居环境，也可以是通过集体努力使村庄环境更加宜人、邻里关系更加融洽。例如，当时四年级“一班一好事”的主题为“帮助村里孤寡老人”，学生们分成四个小组，每个小组内又有不同的分工，分别到村里的四户老人家中做好事。有的负责帮老人打扫卫生，有的给老人梳头发，有的陪老人聊天，还有些学生专门准备了唱歌等节目。

第五单元“我的乡土人本教材”。这个活动持续两周。学生们需要把自己整个学期学习的内容，在教师带领下进行梳理总结，制作思维导图，撰写目录及内容简介，编一本属于自己的专属“教材”。

“我的乡土人本教材”是由学生自己编写的学期成果集。活动期间，所有学生需将本学期的学习资料、工作单（即学生任务单）及书画作品汇总，并根据个人理解细致地整理、分类与编辑。这一过程中，学生们不仅要设计独特的封面，还要撰写作者介绍、学期感言，编制目录，以及绘制单元思维导图等。由于每位学生对知识的掌握和理解程度各不相同，因此他们最终编制的成果集也各具特色。

这两周对于学生们来说充满了挑战与激情。他们高度重视这次编写自己人生第一本“书”的机会，力求每一个细节都尽善尽美。有些同学在看到初步呈现的作品存在瑕疵时，会毫不犹豫地选择重写重画，甚至牺牲晚饭时间也要继续编辑。

回想起 2018 年，我有幸参加了 21 世纪教育研究院在杭州主办的教育公益双年会，并在大会上分享了学生们的学习成果——“我的乡土人本教材”。我自豪地告诉与会者：“当其他孩子还在背诵教材时，兴隆田小的孩子们已经在编写‘教材’了。”话音刚落，台下便响起了热烈的掌声。

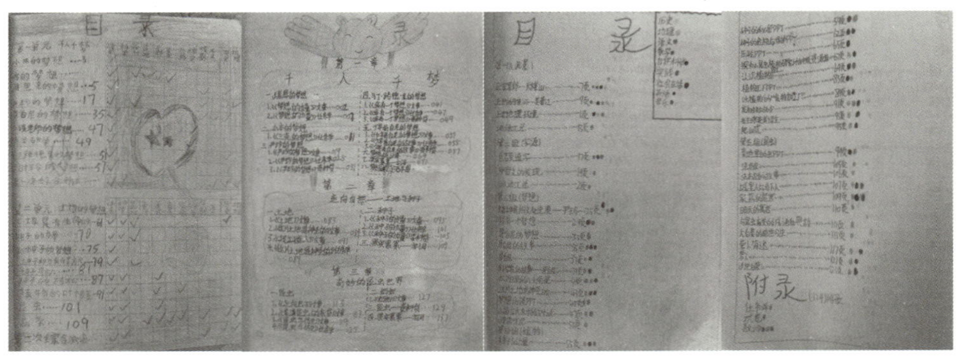

图2-12　学生编写的“我的乡土人本教材”

第六单元“嘉年华”。这是一学期所有学习内容的综合展示，全校学生都参与其中。在嘉年华举办前，来自全国二十九个省市共计五十六位志愿者寄来了写满热情洋溢的文字和富有家乡特色的明信片，甚至还有志愿者寄来了家乡特产。学生们怀着满满的好奇、惊喜及感恩之情，阅读了这些来自远方的问候。在嘉年华当日，县里的领导、北京的客人莅临现场，学生们担任小导游介绍家乡、学校、课程，他们还表演了“大山·家·我的行动改善计划”舞台剧，与在场嘉宾共同创造了一段段美好的回忆。

图2-13　学生们在欣赏来自全国各地的明信片

“大山·家·我的行动改善计划”主题课的探索，实现了真实学习情境下的深度探索与实践，以及乡村学生全面成长与能力提升的实质性促进，标志着田字格在真实学习、情境教学、乡村教育领域的重大突破，是里程碑式的成就，其深远意义不仅在于推动了教育方法的革新，更在于为乡村教育的未来发展开辟了新的路径。

这一课程打破了传统课堂的界限，让学习在真实的情境中发生。无论是明信片活动，还是课堂学习以及户外教学，都是让学生通过亲身参与体验和学习知识，学会如何应用这些知识去改善自己的生活环境，进而创造美好。兴隆田小至今保留的“共建”文化就是从这个主题课开始的。每个学期，兴隆田小的师生都会一起翻地、修建农场，一起到山里采集各种草木打造“百草园”，共建校园文化。

课程还强调了情感价值的正向传递。在参与活动的过程中，学生们形成了关爱他人、尊重自然、珍惜资源等重要的价值观。他们通过帮助孤寡老人、清理环境等行动，体会到了帮助他人的快乐，也学会了感恩和回馈社会。这种情感的滋养，对于孩子们的成长和人格的塑造具有不可估量的价值。

课程不仅让兴隆田小的学生与兴隆建立了联系，还让其与世界产生了联系。这种联系让学生认识到，世界很大很精彩，等着他们去发现；进而，他们也明白，不管世界多大，他们都不孤单，因为有很多人爱他们、陪他们。更重要的是，他们懂得了自己的家乡也很有价值、很美，有许多人渴望来看看他们的家乡。

这一系列课程对于乡村社会的可持续发展也具有重要意义。通过教育和引导学生关注家乡的环境和资源，培养他们的环保意识和责任感，为乡村社会的可持续发展作出贡献。同时，传承家文化、弘扬家族精神等活动也增强了乡村社会的凝聚力和向心力。

“大山·家·我的行动改善计划”不仅为兴隆田小留下了宝贵的教学资源，更让学校与村庄建立了深厚的联系。此后，我们延续了“一班一好事”活动，每个学期，班级需为村庄或学校做一件可持续的好事，如慰问孤寡老人、捡拾垃圾等，该活动一直持续到疫情时期才暂停。

通过主题式教学，学生自然地实现了多元化学习。多元化学习既有知识性学习，也有综合实践，更有价值观及品德培养。而所有这些知识的教育都是非灌输式和非说教式的，知识都是学生通过体验、参与、互动感悟习来的。学生们在学到知识与提升能力的同时，也收获了快乐、自信与对未来的憧憬。

名词解释

田字格户外教学

田字格乡土人本教育有一个重要的原则：天地课堂，万物为师。从 2017 年和 2018 年的乡土人本主题课的单元名称上不难看出，课程中会有非常多实践性和观察性的内容，于是户外课堂成为学生们学习的重要场所。学生们或走进兴隆村百姓家里观察常见小动物的特点，或走进山里面观察和寻找节气物候，或走出校园观察植物，高年级学生则到村里调研留守老人和儿童情况、帮助留守老人打扫卫生等。

学生到村委会与村干部交谈

户外课堂因其亲近自然、寓教于乐的特点深受学生们的喜爱。然而，户外活动的安全问题始终是教师和家长关注的重点。田字格为了确保学生们的安全，开发了一套详尽的安全保障流程。

任何户外活动前，教师们必须对活动场地进行实地考察，以排除潜在的安全隐患。这是确保活动安全的基本前提。在学生外出前，教师会重点强调户外规则，并详细说明活动区域，确保学生对即将进行的活动有清晰的认识。

为了便于学生记忆和遵守规则，田字格团队还特别编写了户外课堂约定的顺口溜，如下图所示。这些顺口溜简洁明了，易于学生理解和记忆，有效地帮助学生在活动中自我提醒和自我管理。

户外课堂约定海报

在活动进行中，田字格强调小组集体行动的重要性。每个小组都会有组长和安全员，他们负责时刻关注组内人数和每个伙伴的状况，确保每个人都在安全的视线范围内。

通过这一系列的措施，田字格确保了户外课堂的安全，至今没有发生过任何安全问题。这些流程和规则被不断优化，成为田字格户外教学的标准操作程序，并沿用至今。

（三）主题路径的梳理：从具体到抽象的过程

“大山·家·我的行动改善计划”主题课程的研发再次获得了资深教育家苏坡及其团队的鼎力相助。从构建主题网络到明确课程目标，苏坡老师团队都提供了宝贵的指导。我深刻体会到苏坡老师团队在课程开发领域的卓越能力和丰富经验，他们在长期团队协作中形成的默契令我赞叹，特别是苏坡老师本人丰富的课程开发经验、敏锐的直觉和教学天赋令我深感钦佩。这也让我更加明确，每个学校和团队都应拥有自己独特的教学理念和目标。

这次合作启发了我，若团队想要自主研发课程，必须探索适合我们自己的课程开发模式。这意味着我们既要借鉴苏坡老师团队的先进经验，又要结合自身实际情况，逐步构建属于我们自己的教学模式和开发工具。唯有如此，我们才能确保课程内容的针对性和实效性，为乡村学生提供更为优质的教学服务。

于是，我们开始总结、梳理并优化田字格乡土人本课程的开发流程。在随后的几年里，这一流程随着地方教育局和地方教师的加入而日臻完善。

我们在摸索中逐渐形成了一个顺畅而系统的设计主题教学流程，七个步骤逐渐清晰。

第一步：确定主题。如同在茫茫大海中点亮一盏明灯，首先需要明确的就是学期的学习方向。这个主题通常是与学生日常生活密切相关、易激发学生兴趣，且易拓展、易深挖、易于设计跨学科教学内容的。

第二步：确定主题网。这是一个个体思维发散和集体思维碰撞的过程，大家脑力激荡，围绕主题开始畅想，把和主题相关的任何能够想到的内容都纳入进来，任何一个名词或想法都不放过，这是一个发散的过程。

第三步：将主题归类。将想到的主题进行归类，如按学科分类维度归类（该主题属于历史、地理、语文、科学等），依据基本的分类学将千头万绪的思绪点归类编织成一个思维网，其间需要收集、学习、调研大量与该主题相关的资料，包括线上搜集和实地调研等过程。

第四步：确定主题路径。这是最关键的一步，需要寻找一个主轴，将相关的主题串联起来，该阶段需根据学校的学期总课时确定包括单元及日课主题的学期计划。确定主题路径是一个收敛且精准的过程，可以通过如 SWOT、5W1H 等不同方式来实现。由此，田字格最后发展出自己的“体验学习五步教学法”（以下简称“五步教学法”）。

第五步：主题聚焦及内容删选。这一步需锁定年级，同时参考国家相应年级及科目大纲对主题进行删选。这是个比较复杂但更聚焦的过程，参考的课程大纲需要跨学科，包括语文、科学、美术等学科，再融合乡土内容。

第六步：撰写教案（也叫日教案）。日教案应包括教学目标、教学设计与实施过程及方法等内容。这一步通常涉及田字格提倡的教学方法，如小组合作、户外教学等。

第七步：制作教学 PPT，准备教具。

图 2-14 是一幅 2018 年在讨论“大山・家・我的行动改善计划”这一主题初期制作的主题网。从这张错综复杂的主题网可以看出，主题研究往往可以发散非常多的内容。

记得当时，每当我们到确定“主题路径”这一步，整个团队都背负着巨大的压力。它不仅仅需要精通课程知识，更需要深刻理解与把握学生需求和国家课程大纲。我们深知，每一次的路径选择都关乎着学生能否顺利穿越知识的海洋，抵达他们心中好奇的彼岸。我们时常将自己想象成一位编剧，精心筹划着整个学期的主题教学。这个学期的主题就如同一个宏大的剧本，有引人入胜的开场，有跌宕起伏的剧情，更有高潮迭起的精彩瞬间，最终引领学生们走向一个充满期待的结局。而确定的路径，正是这个剧本的主线，它贯穿始终，引领着学生们在知识的世界里探索、成长。

在攻克这一难关时，我的社会学及国际商务教育背景给了我很大的帮助，SWOT、5W1H、PEST 等信息分析模型一度成为我设计课程的有效工具。我用这些工具深入分析学生的需求、课程的目标以及国家的课程大纲，力求找到最合适的次主题路径，使每一个学生都能在这个“剧本”中找到自己的角色，与老师共同演绎出一出精彩纷呈的教学大戏。

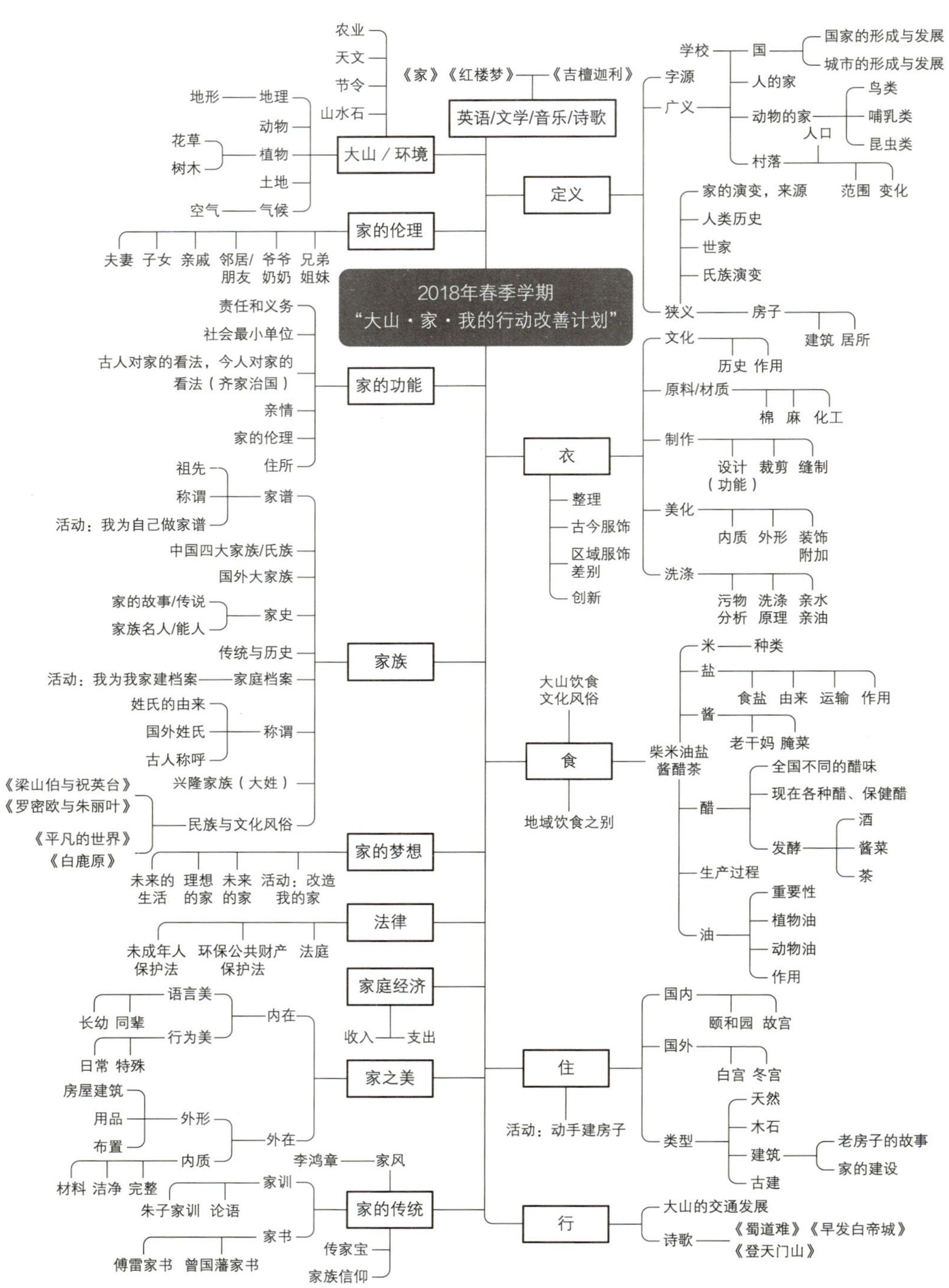

图2-14 “大山·家·我的行动改善计划”主题网

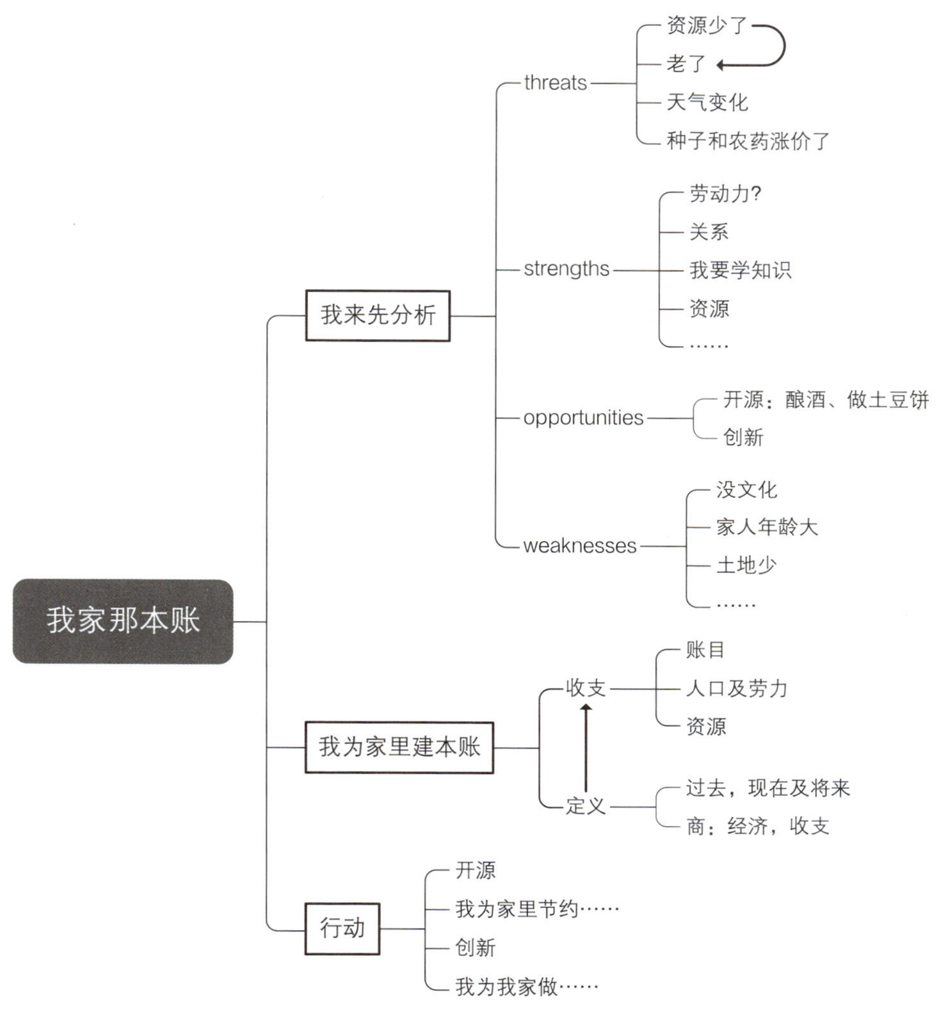

图2-15　“大山·家·我的行动改善计划”次主题“我家那本账”课程设计次主题网

在这个过程中，我们不断推翻设计版本，不断试课，不断反思，不断完善。每一次的尝试都让我们更加深入地理解学生的需求，更加清晰地把握课程的目标。而每一次的反思都让我们更加明白自己的不足，更加坚定自己前进的信念。图2-15展示的正是当时为了做次主题“我家那本账”(后又被更名为“山里的孩子早当家”)，用SWOT等工具梳理的主题路径。

正是这些探索让我最后明确了五步教学法的设计思路，让主题开发中的确定路径过程显得不那么复杂和难以把握。

如本章开篇所言，2016 年底至 2018 年，是田字格的乡土人本教育探索期。经过一年多的探索和实践，兴隆田小已经成为田字格乡土人本教育课程的研发基地。到 2019 年，田字格团队已多达 13 人，这些来自全国各地的优秀年轻人在黔北的山村中探索乡村教育，通过不断打磨，开发了一系列精彩的课程。

第二部分

立足乡土，回归人本

任何缺乏实践的教育理论都形如空中楼阁，而缺乏理念指引的教育实践也往往会半途而废。实际上，一些教育实践之所以失败，不是因为理论指导不到位，而是因为践行者对理念的理解不透彻，实践不彻底。

——肖诗坚

稻田里的农耕课（原图见第61页）

第三章 理论萃取：乡土为根，人本为魂

作为一名乡村教育探索者，我对乡村教育的理解，清晰体现在办学目标的更迭中，这一变化轨迹，也如实展现了我对乡村教育认知的逐步深化。

回溯至2016年，初次发布招募公告时，办学目标起始四字为“立足农村”，那时的我，也频繁运用“农村教育”一词。随着不断阅读和思考，很快我便认知到这一表述存在局限。“农村”这一概念，主要从产业维度出发，过度聚焦于农业生产领域。从教育专业视角审视，“乡村教育”更为全面系统，能够紧密联结教育与乡村文化、生活，全方位满足学生多维度的发展需求。后来，有一段时间，我更多使用“立足乡村”一词谈办学理念。

随着对乡村教育学习和理解的持续深入，我进一步认识到，尽管“乡村”概念已广泛涵盖乡村生活的众多层面，但“乡土”一词蕴含着更为独特且深邃的内涵。“乡土”着重聚焦于乡村独有的文化底蕴，诸如流传已久的民间传说、独具特色的民居、传统手工艺，甚至方言土语，这些无一不是乡村居民历经代代传承的生活智慧结晶，是乡村人民价值观的生动体现，是教育需要传承的内涵。

我深切认识到，唯有“立足乡土”，方能精准表达我对乡村教育的殷切期望。立足乡土开展教育，核心在于深度依托乡土文化及其传承体系，让儿童在成长的旅程中，充分汲取家乡文化的丰富养

分，实现心灵的润泽与滋养。这绝非简单意义上的扎根，而是促使儿童在熟悉亲切的文化氛围中，自然而然地孕育出对家乡的热爱与高度认同，在内心深处深深种下文化自信的坚实种子，进而成长为既拥有深厚文化根基，又满怀强烈归属感的栋梁之材。

正因如此，在2017年9月我发表《我的乡土人本教育观》时，田字格的办学理念起始四字，顺理成章地从“立足乡村”转变为“立足乡土”。[1]

许多人初识田字格，源于我们开展的乡土课程，由此不少人认为田字格专注于乡土教育。确实，乡土教育体现了田字格“立足乡土”的理念。但在田字格16字办学理念中，“回归人本”这4个字同样至关重要。从“1+5课程模式”，到培育“走出大山能生存，留在大山能生活，面向未来能生长”的“三能”乡村子弟的人才目标，再到“四个学会”“五共文化”以及“十大品格”的塑造，田字格众多教育创新形式与思想，无不彰显着“以人为本”“以生为本”的核心要义。所以，“回归人本”才是田字格教育实践的本质所在。

所以，本章，我们将深度融合理论与实践，共同探讨乡土人本教育中的两个核心概念“乡土”与“人本”，并从“乡土为根”“人本为魂”这两个维度对田字格办学理念进行详细论述。

1 参见肖诗坚：《我的乡土人本教育观》，载《大山里的未来学校》，人民日报出版社2021年版，第66—74页。

一、乡土为根

（一）乡与土的紧密联结

“乡”在我国有着深厚的历史与文化内涵。作为我国农村的基层行政区域，乡制的历史可追溯至周代，秦汉时期“乡”已明确隶属于县，这一制度被历代沿袭下来。同时，“乡”还泛指城市以外的地区，还代表着一个人的出生地。根据《辞海》[1]的解释，我们可以看到“乡”所承载的多重意义。

从上述解释中，我们可以清晰地看出，“乡”不仅仅是一个简单的行政单位或地理空间概念，它更是人们生活的共同体。在乡下居住的人们，无论是家族成员还是邻里，血缘、地缘、业缘等多重关系交织在一起，共同构成了中国乡土社会的基础。这种社会结构使得乡土社会呈现出一种以村落为中心的特点，村落中的人们通过日常生活、礼俗和传统紧密相连，共同守护着这片土地。

费孝通先生在《乡土中国》中指出，乡土社会具有独特结构和文化特征。“乡”不仅是居住地，更是情感、记忆和文化的载体。因此，谈论“乡”时，我们实际是在探讨一种生活方式、文化传统和社会结构。

故乡或家乡的概念具有地域性，以个人出生地及长期生活地为中心，随个人成长轨迹逐渐扩展。同时，故乡还具有文化性，涵盖自然环境、文化、民俗、饮食和语言等，维系着人们对家乡的认同感和归属感。

“土”首先是指土地，土地在中国传统文化中占据重要地位。在农业社会中，土地是农民赖以维持生计的基础，也是情感的寄托。种植庄稼、养殖牲畜，所有的生产活动都离不开土地，土地的肥沃与贫瘠甚至决定了生存与发展的可能性。

1　夏征农：《辞海》，上海辞书出版社 1999 年版，第 115 页。

“土”乃万物生长之根本，土地不仅为人们供给生活所需，更是中华文化的核心象征之一。中国古人将土地视为母亲，因其孕育了生命，滋养了一代又一代人。有一次，我们领着兴隆田小的学生们在田间耕作，同时探讨着土地的意义。其中一个学生说道：“老师，土地既是我们生活的地方，也是梦想启航的起点。”这句话深深打动了我，可见兴隆田小的学生们已渐渐领悟到，土地不仅仅是物质存在的依托，更是文化与精神的源泉。

“土”亦指乡土，在“超自以久在绝域，年老思土”中，“土”便意指故乡[1]。古人远行之际，常怀揣一抔家乡的土，仿佛无论行至何方，都携带着家乡的一缕气息，使他们在异域他乡也能寻得一丝慰藉与温暖。这一抔土，不仅承载着对故土的深切思念，更表达了对家乡的无限敬仰与归属感。

“乡”与“土”构成了中国千百年来基本的乡村生活画面。在乡土之中既有家乡的社会、村落文化，也有经济、地理、民俗。因此，费孝通先生说：“中国社会是乡土性的。”[2]乡土社会在地方性的限制下成了“生于斯，死于斯”的社会，常态的生活是叶落归根，终老在乡。

乡土构成了中华传统文化的根基。梁漱溟先生在《乡村建设理论》一书中指出，中国社会以乡村为基础，并以乡村为主体；所有文化，多半是从乡村而来，又为乡村而设——法制、礼俗、工商业等莫不如是。[3]

乡土文化承载了丰富的民俗、传统和价值观。这些文化通过代代相传，成了民族认同感和归属感的重要来源。在中国的传统社会中，乡土不仅是人们生活和生产的基础，还是个人与群体记忆的载体，深厚的情感依托。

在兴隆田小，教师不仅在课堂上传授知识，还带领孩子们走进村落，亲身体验节庆和民俗活动，感受文化的脉动。有一次，我们带孩子们走进祠堂，聆听老人们娓娓讲述祖先的故事。那一刻，孩子们的眼神中充满了

1　夏征农：《辞海》，第627页。

2　费孝通：《乡土中国》，北京大学出版社2012年版，第9页。

3　参见梁漱溟：《乡村建设理论》，上海人民出版社2006年版，第10页。

敬畏与好奇，仿佛穿越了时空的界限，与那些未曾谋面的先辈们建立了奇妙的联系。在他们幼小的心灵深处，一种难以言喻的归属感悄然生根，让他们深刻体会到自己血脉中流淌的力量。

（二）乡土的逃离与呼唤

随着中国社会的转型，市场经济和城市化浪潮冲击着传统的乡土社会，人对土地的依赖逐渐减弱，故乡的概念也随之淡化。曾经承载着一代代人生活和生产的土地，逐渐不再是唯一的生存依托，乡村的礼俗、文化也日益远离现代人的日常生活。“乡”和“土”逐渐染上了负面色彩，“乡下人”“老土”等词汇隐含着贫穷与落后。

城市的繁华让越来越多的乡村青年选择离开家乡，追求更好的物质条件和发展机会。城市丰富的就业机会、先进的教育资源和多样的文化体验，对年轻一代具有巨大的吸引力，让他们希望摆脱乡村的束缚，进入城市生活。然而，城市的繁荣背后，却隐藏着巨大的挑战与危机。

对于许多年轻人来说，城市确实是一个充满发展机会的舞台，提供了更丰富多样的就业选择和资源。然而，乡村教育体系并没有为他们提供足够的技能和能力，去应对城市的生活挑战，除了以考试为导向的应试教育，如今的乡村孩子在学校里几乎没有机会学习能适应社会的实际技能。

正如四川省教育科学研究院副院长焦蒲所指出的，部分乡村学校与乡土文化严重脱节[1]。教育资源往城市倾斜，使乡村学校在师资和设施上处于劣势，课程设置忽视了乡土文化的传承，学生对乡土的认同感不断减弱。与此同时，全球化和社会结构的变化削弱了乡村文化的自主性，难以吸引青少年的兴趣。过于单一的教育评价体系使得乡村学校更加重视学科成绩，忽视了文化素养及生活能力的培育，这进一步导致了乡村学生在社会中竞

1　彭之梅、李益众：《乡土教育：立足乡土，面向未来——对话四川省教科院教育发展研究所所长焦蒲》，《四川教育》2022 年第 28 期。

争优势减弱。

如果乡村学生幸运地通过考试进入了大学，或许还有机会在城市生存下去。但现实是，考试竞争激烈，许多人未必能“杀出一条血路”，而那些没能继续留在学校教育体系中的孩子，由于缺乏必要的城市生存技能，除了选择出卖体力，他们几乎没有其他的生存选择。

乡村教育缺少与生活及实践联结的这一缺陷，加剧了农村青年在城市中的困境。他们虽然希望追求更好的物质生活，却因乡村教育的局限，无法在城市中立足，这使得他们既不能真正融入城市，也逐渐失去了对乡土文化的归属感和认同感。这种两难的处境，让许多年轻人陷入“无根”的漂泊状态，面对城市的竞争和生存压力，感到迷茫与无助。

我们不能忽视这样一个事实：2021 年农村义务教育阶段的中小学在校生数达 1.58 亿人[1]。这些儿童需要学习自己的乡土文化，因为那片土地是他们的根。钱理群在《乡土中国与家园重建——钱理群先生访谈录》中指出：“如今的年轻人面临着逃离乡土的趋势。”[2] 这种逃离本身并非问题，问题在于他们能否找到自己的“家园”。无论生活在哪里，“根”始终是中国和本土。如果没有这个根，乡村儿童无论留在乡村还是去到城市都无法立足；如果没有这个根，小而言之是个人生存危机，大而言之则是民族的危机。

早在 20 世纪 40 年代，潘光旦先生在《说乡土教育》[3] 一文中就强调了乡土教育对中国乡村青年的重要性。他指出，乡土教育不仅能培养扎根本土的公民，平衡城乡发展，还能通过实地观察和体验，避免“读死书”

---

1 邬志辉、秦友玉等：《中国农村教育发展报告 2020—2022》，科学出版社 2022 年版，第 65 页。2022 年 12 月 29 日，《中国农村教育发展报告 2020—2022》正式发布，全景式描绘了这一阶段的农村教育现状。

2 邵宁宁、钱理群：《乡土中国与家园重建——钱理群先生访谈录》，《甘肃社会科学》2011 年第 3 期。

3 参见潘光旦，潘乃谷、潘乃和选编：《潘光旦选集》（第三卷），光明日报出版社 1999 年版，第 371—379 页。

的弊端。同时，乡土教育能培养客观理性的乡土情感，激发年轻人对家乡的热爱和责任感，防止人才流失，从而促进地方发展。

21 世纪的今天，中国的乡村教育更要做惠及广大乡村民众的基础教育，为绝大多数乡村儿童"托底"。毕竟，能跳龙门的"鲤鱼"是少数，而更多的乡村孩子如同"小鱼小虾"，需在生活的激流与险滩中奋力前行，于大风大浪中求生存。因此，他们更为迫切的需求并非单一的应试教育，而是蕴含生存智慧与生活技能的教育，而乡土教育则恰恰是这种教育。

（三）地方性知识与乡土教育

探讨乡土教育，有一个重要的概念及视角需要引入，那就是"地方性知识"。地方性知识是指一种区别于普遍知识的新的知识形态，它强调知识的情境性和地方性特征。美国著名文化人类学家克利福德·格尔茨（Clifford Geertz），是地方性知识概念的主要倡导者。格尔茨认为，知识不仅是客观存在的实体，而且与特定的历史、文化和情境紧密相连。地方性知识是关于某个特定地域的知识，指在特定情境中生成和得到传承的知识，涉及地方的历史模式、文化群体的价值观以及特定的利益关系。

格尔茨的地方性知识理论，主张知识并非一成不变或普适的，而是与具体的地方、历史、文化、社会和人们的日常生活密切相关。他特别指出：

文化与知识的地方性。知识不是普遍适用的科学真理，而是根植特定社会、文化和地方的经验和理解。

情境性与地方性。地方性知识是在特定的历史和文化背景下生成的，与地方的历史模式和文化群体的价值观紧密相关，可能仅在特定情境中存在有效性和适用性，并且只在特定的共同体内部有效。地方性知识关注的是在具体社会情境中形成的知识，这些知识是生活中实践和经验的产物。

实践与反思的结合。地方性知识不仅仅是传统的积累，它也随着社会变革而不断演变。

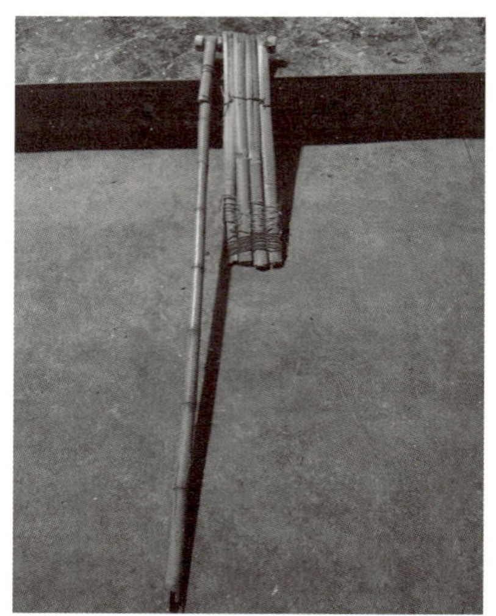

图3-1　连枷

我以贵州地区为例，进一步阐释地方性知识。当地有一些农民会使用一种叫“连枷”的农具，这种农具由一个长柄、一组平排的竹条或木条和一根转轴构成。使用时，农民手持长柄挥动连枷，竹排或木排绕转轴旋转，击打谷物，实现脱粒。这种农具之所以在贵州广泛使用，是因为其制作材料（竹、木）在当地常见，农民可以就地取材。连枷既简易耐用，又提高了生产效率，还降低了人力及经济成本。然而，一旦离开这一特定区域，这种农具的适用性和功能性可能会大打折扣。那么，连枷的制作、使用等知识就属于地方性知识，对本地情境有高度依赖，离开这个地方，这些知识可能就不再适用。随着时代的变迁，更多现代化农具被普遍使用，连枷也将退出历史舞台。

格尔茨认为，地方性知识是特定文化和社会背景的产物，它承载着当地人的历史记忆、文化传统和生活方式，他强调知识的地域性、情境性和文化性是在特定文化和社会背景下产生的，与当地人的生活方式、历史记忆和文化传统紧密相连。这一理论打破了普遍主义的束缚，从而揭示出文化的多样性和丰富性。

《地方性知识：阐释人类学论文集》一书中指出：“我们这个时代特

别需要人文关怀。无论是群体还是个人，其内在的尊严来自群体的认同，民族、教派或者运动之所以能焕发历史之光，是因为和其他同类比较起来，他们是佼佼者。地方性知识告诉我们：拥有美德的群体和个人，包括他者的群体和个人，是最有尊严的群体和个人。”[1]

在教育理论的框架下，地方性知识的概念为田字格的乡土人本教育提供了坚实的理论支撑，尤其在凸显和珍视农村地区本土价值观方面，展现出深刻的启示意义。乡土人本教育提出了“尊重儿童生活地”的教育原则，将本土知识文化融入教学内容，开发具有乡土特色的课程，实现乡土文化认同与综合能力的培养等多重教育目标。这一实践不仅彰显了“地方性知识”理论所强调的“知识多样性”与“知识情境性”，而且赋予了乡村教育更强的生命力与针对性，为农村儿童构建了归属感、家乡认同感，并为他们的全面发展打下了坚实的基础。

（四）乡村需要乡土教育

根据教育部官网发布的统计数据，2022 年中国农村小学仍有超过 2000 万名学生就读。基于我在乡村地区多年的观察，我认为这 2000 多万农村小学生中，有很大一部分是因经济困难或家庭结构不完整（如单亲家庭等）而“无法离开”当地，只能留在村小就读的学生。

兴隆田小过去几年陆续接纳了一些从其他乡镇转来的学生。2022 年，一名叫小月的学生转到兴隆田小，我第一次见面就注意到小月善于察言观色，直觉告诉我，他可能一直过着寄人篱下的生活。果然，小月在聊天中告诉我，他的父母早就不在了，主要是叔叔照顾他。于是，我邀请小月的叔叔来学校，希望深入了解小月的情况。周五，小月高兴地牵着一个男生走到我面前介绍说：“老师，这是我的叔叔。”

1　［美］克利福德·格尔茨：《地方性知识：阐释人类学论文集》，杨德睿译，商务印书馆 2019 年版，第 21 页。

我看着叔叔，难掩内心诧异，站在我眼前的竟是一位只有 17 岁的未成年人！通过交谈，我得知小月的爷爷奶奶都已离世，小月的妈妈跑了，爸爸坐牢，叔侄俩相依为命已有 2 年。叔叔没有固定的工作，租了镇上的便宜房子，偶尔去小月的姑姑家吃饭。平时小月住校，乡村学校的午餐和住宿都免费，所以叔叔打些零工还是可以勉强维持两人的基本生活。

小月的故事绝不是个案。以田字格的一所项目学校为例，这所学校一年级共计 27 人，其中离异家庭儿童 8 人，困难家庭儿童 13 人，留守儿童 19 人。

小月在兴隆田小 2 年了，他说："学校比家还好，因为这里不仅有饭吃，还有人一起玩，还可以学东西。"我不能想象如果没有村小，小月及叔叔将如何应对去县城读书的生活。村小是孩子的家，也是他们的根。

乡村留下的大多是走不了的孩子，那么进城的孩子又怎样了呢?

进城读书的乡村孩子分两类，一类能够进入到县城的"老牌"小学，这类学校的学习强度高、学习时间长、作业抓得紧、教学要求也严，乡村学生只要适应了那里的学习节奏及强度，成绩就会有所提高。但是，因为这类学校数量少、名额紧，能挤进去的乡村孩子不多。另一类孩子，是到县里的二类小学，这类学校也是较多乡村孩子的去处，都是大校大班，主要依靠"管、刷、考"的形式来保证教学质量，很多乡村孩子进去后会不适应，甚至感到迷茫。

无论哪类学校，都难以照顾乡村儿童的"非教育需求"。

以易地搬迁集中点的学校为例。易地搬迁是将分散在全县各乡村的贫困户迁移到国家统一为其建设的配有全新电器的新住宅区。易地搬迁点都附有新建小学，学校设备齐，学生人数在 3000—5000 人。一位易地搬迁学校的校长向我介绍说，在易地搬迁学校，孩子们的吃饭住宿都是大问题，因为学校不提供午餐，也不提供住宿，而学校的留守、离异家庭儿童居多。于是，学校周边便衍生出一批所谓"学生之家"的商业机构，为学生提供简餐及简陋住宿，当然，价格不菲，而更多交不起钱的留守儿童则过着饥一顿饱一顿的日子。这位校长说，他几乎每天半夜都会接到派出所民警打来的电话，请他把学校孩子领走，他说：“这些孩子很可怜，就像没根的孩子，到处漂。”

村小不仅是那些无法离开乡村的孩子的根，也是中国乡村教育的根。我们大规模地将乡村孩子推向城市，不仅断开了乡村孩子与乡村的联系，同时也切断了教育与乡村的纽带，甚至破坏了国家的基础教育体系。中国教育的城镇化在加速。这种教育的城镇化一旦隔断了乡村孩子的根，就难以复苏。一旦乡村失去了教育，其振兴之路将愈加艰难。

毕竟，中国农村地区依然生活着数亿的农民，中国农村教育人数依然占据着义务教育的三分之一[1]，所以，农村教育必须继续承担培养和教育农村后代的重要使命。现实让我们明白，只有为农村学生提供良好的教育，才能培养出愿意积极参与农村经济、农业和社会建设的人才，从而推动乡村振兴。这一切的前提是，我们不能动他们的根基，不能拔了他们的根，让他们到处漂。

图3-2　稻田里的农耕课

1　参见中国教育部2022年统计数据。

二、人本为魂

田字格16字核心理念“立足乡土，敬爱自然，回归人本，走向未来”中明确提出了“回归人本”。回归人本，首先意味着教育必须以学生为中心，将学生的全面发展作为教育的首要目标，用一句更为通俗易懂的话来讲，就是教育的首要目标是培养“人”。在这一理念下，学生不再是被动接受知识的容器，而是主动探索、积极成长的主体，教师的角色也随之转变，从知识的传授者变为学生学习旅程的引导者和支持者。

同时，回归人本还强调教育要尊重人性，尊重儿童的生长规律。这意味着教育应顺应儿童的天性，关注他们的情感需求、心理发展和认知特点，为他们提供适宜的学习环境和资源，促进他们的健康成长和全面发展。这也意味着，我们相信每个孩子都是独一无二的个体，他们有着各自不同的性格、兴趣和需求。因此，教育必须因材施教，关注每个孩子的个体差异，为他们提供个性化的学习支持和指导。

田字格乡土人本教育中的人本理念，实际上是将中国的以人为本教育思想与西方的人本主义教育思想相融合的结果。我深感这两种教育思想各有千秋，都蕴含着对个体发展的深切关怀和对教育本质的深刻洞察。因此，我试图将它们结合起来，形成一种更加全面和可操作的教育观念。

（一）融合中国的以人为本教育思想

以人为本的教育思想在中国古代便有着深厚的根基。早在春秋时期，管仲在论述治国之道时就明确提出了“以人为本”的理念，他在对齐桓公陈述霸王之业时指出：“夫霸王之所始也，以人为本。本理则国固，本乱则国危。”[1]这句话不仅强调了人的重要性，还体现了以人为本的治国理念。

孔子的教育思想也深刻体现了“以人为本”的理念，他主张“有教无类”，倡导教育普及，尊重每个人受教育的权利，同时，他提倡因材施教，根据学生的不同特点和潜能进行有针对性的教育，构建了一个平等、尊重与和谐的教育环境。这些都是以人为本教育思想的生动体现。

我国当前的教育实践同样秉持着以人为本的教育理念。早在 1993 年，中共中央、国务院就颁布了《中国教育改革和发展纲要》，明确指出：“教育改革和发展的根本目的是提高民族素质。”这一表述不仅体现了以人为本的教育理念，也强调了教育要服务于人的全面发展，提高整个民族的素质。乡土人本教育的人本理念在这一思想的基础上，进一步强调了学生的主体地位和个性化需求，致力于培养具有社会责任感、创新精神和实践能力的人才。

随着教育的深入发展，1999 年中共中央、国务院作出了《关于深化教育改革全面推进素质教育的决定》。该决定明确指出，素质教育要以发展学生的个性，培养学生的创新精神和实践能力为重点。这一决定进一步体现了以人为本的教育理念，强调教育要关注学生的个性化发展，培养他们的创新和实践能力。乡土人本教育的人本理念在这一思想的指导下，注重培养学生的批判性思维、情感表达能力和人际交往能力，为他们提供个性化的教育服务，帮助他们实现自我价值。

到了 2010 年，中共中央、国务院印发的《国家中长期教育改革和发展规划纲要（2010—2020 年）》中，更是把“以人为本”作为今后 10 年我国教育改革和发展的战略主题明确提出。这一表述进一步反映了党和政府对教育本性的正确认识，即教育要以人为本，关注学生的全面发展。

田字格乡土人本教育的人本理念深深植根于古代以人为本的教育思想，同时积极响应国家的系列号召，认真贯彻落实党的教育方针。致力于构建以学生为中心的教育环境，注重学生的全面发展，通过个性化的教育

1　黎翔凤撰，梁运华整理：《管子校注》（上册），中华书局 2004 年版，第 472 页。

服务，提升学生的综合素质，努力培养出既具有深厚文化底蕴，又具备创新精神和实践能力的新时代人才。

（二）吸纳西方的人本主义教育思想

人本主义思想及其教育理念不仅对我个人的教育观和乡土人本教育观的形成有着深刻的影响，也对当今全球教育的发展产生了巨大的推动作用。

人本主义两大代表人物就是卡尔·罗杰斯和亚伯拉罕·马斯洛（Abraham Maslow）。马斯洛在其著作《人类动机的理论》中提出了著名的需求层次理论，强调了自我实现的需求位于需求层次的顶端。罗杰斯在其著作《论人的成长》中提出“无条件的积极接纳”[1]，并指出接纳是沟通者双方在真实、真诚的前提下完成的，个体只有在他被无条件地接纳和理解时，才能实现自我，而“这种情况如果从没有发生，那我们就没有成为一个真正的人”[2]。他还通过其著作《自由学习》，将人本主义理念引入教育领域，主张“以学生为中心”的教育理念。罗杰斯认为，教育的真正目标应该是让学生在一个安全和开放的环境中自由成长，它是温暖、关爱且富有创造性的学习环境。这是一个有意义、有目标、以人为中心的环境。他强调，教师不应是权威的控制者，而是学生成长的支持者和引导者。这一理念不仅在西方产生了深远影响，也为全球的教育改革提供了重要参考。

人本主义认为教育目的就是人的自我实现、完美人性的形成以及人的潜能的充分发展。

整体的人即全人。人本主义教育家认为，每个人都是一个整体，包括身体、精神、理智和情感等多个方面。教育的目的是帮助个体在这些方面都达到平衡和整体化，而不是仅仅关注智力或学业成就。这种整体化的观

1 ［美］卡尔·罗杰斯：《论人的成长》，石孟磊等译，世界图书出版公司2014年版，第100页。
2 同上，第15页。

点强调，教育应当关注学习者的全面发展，包括情感健康、社会技能、创造力以及道德观念的培养。

人是形成过程中的动态的人。人本主义教育观认识到，人是处于不断成长和变化中的动态存在。个人的发展是一个连续的过程，每个人都在不断地探索、学习和变化。因此，教育应当提供一个环境，鼓励学习者探索自我、挑战自我、实现自我超越。教育的目标是促进个人的自我发展，帮助他们成为自主、有创造力和有责任感的个体。

内外和谐一致。人本主义教育还强调个体内部世界与外部世界之间的和谐一致。这意味着教育应当帮助学习者建立起自我意识，理解自己的内在需求和欲望，同时也学会如何与外部世界——包括自然环境、社会和他人——建立积极和谐的关系。教育不仅仅是知识的传递，更是个体与世界连接的桥梁。

基于上述理念，人本主义教育思想为我们的教育实践提供了更为具体且富有指导意义的实践原则：

以学生为中心的教育。教育应该以学生的需要、兴趣和学习过程为中心，而不是仅仅侧重教学内容的传递。当学习与学生的个人兴趣和现实生活经验相联系时，学习会变得更有意义和有效。

教师作为促进者。在以学生为中心的教育中，教师的角色转变为促进者和指导者，而不是传统意义上的权威者。教师的任务是创造一个支持性的学习环境，帮助学生探索知识，鼓励他们提问和思考，而不是简单地灌输信息。

自我驱动学习。教育应该鼓励学生发展自主学习的能力，让他们学会自我驱动、自我评估，并对自己的学习负责。自主学习是罗杰斯自由学习理念的核心。罗杰斯在《自由学习》中提出，学生的自主学习不仅是知识积累的过程，更是自我实现的旅程。学生只有在真正感兴趣的领域中，才能充分发挥潜力，获得长远的发展。为了培养学生的沟通能力和团队协作精神，罗杰斯主张学生通过团队合作和讨论，进行知识的碰撞和思考。

真实性和同理心。建立一个有效的学习环境需要教师具有真实性和同理心。真实性即教师的真诚和坦率，同理心即教师能够理解学生的感受和需求。这种教学环境鼓励学生开放地表达自己，促进了更深层次的互动式学习和探索。

学习作为生活的一部分。学习不应该被视为生活的一个孤立部分，而是与个人成长、社会参与和个人兴趣密切相关的过程。教育的目标是帮助学生准备好在复杂多变的世界中生活和工作。

情感与理智的整合。认为情感教育同理智教育一样重要，促进学习者情感与理智的平衡发展。

创造性和批判性思维的培养。鼓励学习者发展创造性思维和批判性思维。

师生关系。强调建立积极的师生关系和学生之间的关系，促进相互尊重和理解。

在乡土人本教育的深入实践中，人本主义教育思想的精髓得到了全面而深刻地展现。教学方法方面，田字格独创的五步教学法——体验、学习、创造与行动、分享、联结与升华，完美诠释了以学生为主体的教育理念。这一教学法鼓励学生主动探索未知，自主学习，而教师则转变为学生学习旅程中的伙伴与向导，为他们创造一个既宽松又自由的学习氛围。在这样的环境下，学生不再只是被动接受知识的“容器”，而是成了知识的探索者和创造者。

田字格的教师们，不仅关注学生的学业成就，更将焦点放在了学生的自我成长与实现上。教师通过引导，让学生认识自我、接纳自我，并鼓励学生勇敢追求个人兴趣和目标，从而激发学生的内在潜能，培养他们的批判性思维和独立解决问题的能力。

此外，田字格乡土人本教育还将乡土情怀与人本主义教育思想紧密结合，尊重学生的生活地及生活经验，尊重他们的个体差异。通过深入挖掘乡村本土资源，开发构建具有地方特色的乡土课，让学生在学习的过程中深刻感受到家乡的独特魅力和深厚价值，从而激发他们探索家乡、热爱家乡的热情。这种教育方式不仅拓宽了学生的视野，更培养了他们的乡土情感和家国情怀。

同时，学校还通过开设公共议事课，成立学生管理委员会、学生会，建设“五共文化”（详见第六章），制度建设等多种方式，为学生提供了一个自由、平等、民主的校园环境。在这里，学生可以自由表达观点，参与校园事务的决策，独立成长，实现自我价值。

（三）中国乡村为什么需要人本教育

我在乡村长期观察后发现，乡村学生在面对学习和生活的压力时，往往得不到足够的情感支持。一方面，留守儿童及离异家庭多，儿童从家庭中得不到足够的情感支持。另一方面，乡村教师因为工作量大，无法为每一个学生提供个性化的心理辅导。这些都容易导致乡村学生产生自我否定、自卑甚至强烈的失落感。

在《县中的孩子》一书中，林小英揭示了县中教育中普遍存在的功利主义教育观。许多学生和家长对教育的期待，更多集中在通过考试获取更好的生活机会，而不是通过教育实现自我成长。这种唯分数论的教育模式，使得学生在学习过程中逐渐丧失了学习的兴趣和动力，而教师也被迫将教学内容局限于应试技巧的传授。乡村留下了大批走不了的孩子，他们不仅需要学习知识，更需要充满温暖与人性的教育。

兴隆田小目前有近八十名学生。其中，三分之一的学生来自本村，三分之一来自县城及本省各地，剩余三分之一的学生则是跨越千山万水，从北京、上海乃至东北等外省远道而来，家长在兴隆村租房带孩子求学。

我常想，为什么这些外地家长愿意举家搬迁来到这个偏僻的乡村小学上学？除兴隆村有山清水秀的大自然，兴隆田小有丰富的课程之外，还有什么原因呢？不少城市学校的课程更为多元，校园设计亦不失雅致。为什么这些家长一定要选择到环境陌生、生活不便的大山深处求学？

兴隆田小的校门是常开的，我们不仅未见任何学生逃课，反而吸引了更多渴望学习与探索的心灵。放学时分，学生们欢声笑语，唱着欢快的歌曲踏上归途；上学路上，他们蹦蹦跳跳，满怀期待。周末时光，校园内依旧热闹非凡，孩子们或打球嬉戏，或沉浸在知识的海洋中，不愿离去。即便是日常走读的学生，也常在放学后流连忘返，直至住宿生的晚餐时间才依依不舍地告别。

在兴隆田小，竞争不再是主旋律，合作才是推动成长的强大动力；学习不再是单调乏味的任务，而是充满乐趣与探索的奇妙旅程。教师不再是单纯的知识传递者，而是鼓励学生勇敢探索未知世界的引路人。学生们对学校有着强烈的归属感，他们不仅积极参与校园生活的方方面面，更在一些课程内容的设计、选择上享有一定的自主权，真正成了学习过程中的主体。在这里，师生间平等相待，同学间友善互助，构成了一幅和谐美好的教育画卷。最重要的是，学校充满了自由与关怀的氛围。

我们要再次回到对教育本质的讨论上，人本教育的核心理念在于它致力于促进个体的全面发展。它深切关注学生的兴趣、情感、社交能力和创新能力，最终帮助学生形成独立人格，助力他们追寻梦想，实现人生价值。

在人本教育的框架下，学生能在学习和生活中发现内在的成就感和心灵的富足，这对于乡村儿童尤为重要，无论他们选择走出大山或留在大山，这份内在的动力都是他们成长道路上不可或缺的源泉。

教育的真正价值，在于能否为后代带来福祉。无论是从个体成长、家庭和谐，还是国家繁荣的角度来看，确保后代福祉都应该是教育的首要任务。而人本教育，正是这样一种以增进后代福祉为核心的教育范式，它强调的是以人为本，全面发展，旨在构建一个更加公平、和谐与进步的社会。

只有从泥土中长出的乡村教育，才能在乡村大地上开花结果。

——肖诗坚

兴隆田小师生共学（原图见第77页）

第四章 理念深耕：乡土人本教育详析

我相信实践出真知。田字格的乡土人本教育模式是从实践中逐渐总结完善而成的，经历了一个漫长且持续的探索过程，至今仍处于不断探索与优化的道路上。田字格最初的探索，萌发于一个简单而真挚的想法：助力乡村教育公平。随着持续的行动和深入思考，这个朴素的想法逐渐变得具体而深刻。经过不断地思考、行动、学习和提炼，这些初步的想法最终凝聚成一个核心理念。这一理念的诞生，为田字格的行动指明了清晰的方向。有了明确的方向，便能更加坚定地勇往直前、大胆实践，并在实践中不断总结经验，灵活调整策略，持续优化方案。

在这一章中，我们将为您展开这幅从泥土中长出的乡土人本教育全景图，从它的理念到“学生画像”，从五步教学法到节奏与仪式，您将看到田字格如何从实践中汲取能量，如何在土地的养育下茁壮成长。

一、乡土人本教育的核心要素

（一）核心理念

“办怎样的学校？培养什么样的学生？”这是每位办学者都必须时常思考的灵魂之问。2017 年春天的许多个夜晚，我坐在兴隆田小的操场上，仰望星空，沉浸在对这些问题的深思中。在那些与自己对话的时间里，我不断问自己：乡村教育应该与城市教育有区别吗？它有属于自己的道路吗？乡土与乡村孩子之间的联系是什么？自然与乡土在乡村孩子的成长中扮演何种角色？教育的本质究竟是什么？我们如何帮助乡村孩子获得应有的教育和未来？

这些问题长久地在我心中酝酿，直到一个春风拂面、星光灿烂的夜晚，理念在我心中逐渐明晰——曾经的“立足乡土，走向未来”还是缺少了两个维度，乡村孩子不仅要热爱生养他们的乡土，更要热爱这美丽的大自然；教育的本质是要回归人本，没有哪一个目标比这个更重要了。于是“立足乡土，敬爱自然，回归人本，走向未来”像星光一样浮现在眼前。对，就是这 16 个字，不仅高度概括了乡土人本教育的内涵，也会成为指引我们探索未来之路的明灯。

立足乡土。我们相信，乡村教育必须深植于传统与乡土之中。孩子们只有在这种环境中，才能自然地热爱家乡，尊重自然，并在此过程中体会与发掘属于他们自己的生活意义与尊严。

敬爱自然。我们视天地万物为师，提倡敬畏自然，关爱生命，并追求与自然的和谐共生。通过与自然的直接接触，孩子们学会尊重生命，体会人与自然之间的密切联系。

回归人本。我们将学生的体验和兴趣、成长和发展置于教育的核心，遵从他们成长的自然规律，因材施教，培养他们基本生存、主动学习、思考探究、创新创造的能力。

走向未来。我们致力于帮助乡村孩子“走出大山能生存，留在大山能生活，面向未来能生长”，拥有智慧，具备善良的品格。

这 16 个字阐述了田字格教育的核心价值和理念，不仅是乡土人本教育的灵魂，也是推动所有教育活动和决策的基本原动力。

（二）六大价值观

理念只是指导了我们办学的方向，为了能更好地在实践中将理念落地，我又撰写了“兴隆六观”（即“乡土人本教育六大价值观”）：乡土观、自然观、生命观、学习观、师生观及未来观。这六大价值观不仅将我们的教育理念具体化，同时更鲜明、具体地阐述了我们关于乡土、自然、生命的价值观念，也为教学实践和学校运作提供了清晰的指导。这些观念确保教育活动不再只是理论上的追求，而是真正地融入日常实践，推动田字格各类特色课程的开发，实现理念、价值观与实践的统一。

接下来，我将简要阐述这些观念如何与课程设计及培养目标相互关联，但实际课堂实施并不是简单的一对一关系，教师需要根据实际情况进行有机整合和灵活应用。

1. 乡土观

树高千丈，叶落归根；
惟以家乡，吾生有祥；
里仁为美，祖德流芳；
土育万物，乡承文化；
血脉相连，挚爱莫忘；
感恩乡土，厚福有望。

乡土观让孩子们认识到：乡土之上有山有水有五谷，乡土之中有亲有情有文化。知乡土方可亲乡土，亲乡土方可爱乡土。唯有感恩乡土的养育之恩，承袭祖先润泽世代的文化，唤醒生命传承的本性，才能让生活的发展与创造深具根基与底蕴。

乡土课主要承载着培养孩子“热爱乡土”“认同乡土”的使命，在乡土课中，通过设计课程引导学生深入了解本地文化和自然环境，帮助他们建立对家乡的认同感和归属感；通过让学生主动参与村庄活动，如清洁村庄、庆祝传统节日等，让他们体会本土文化的活力和价值，在实践中培养对乡土的责任意识。我们也在课程内容中融入了本地的民间故事、谚语、植物和地理知识，使课堂贴近学生的日常生活，帮助他们更好地理解并尊重乡土文化与自然资源。

这种课程设计不仅深化了学生对乡土的认知与情感，还让他们逐步形成对家乡的热爱和守护之心，为未来的成长与创造奠定较好的文化基础。

2. 自然观

宇宙洪荒，天地大美；
敬畏自然，行有所止；
悲悯生命，有容万象；
四时顺行，天地载物；
草木有情，天人四方；
共存共祥，大道乃昌。

自然观强调人与自然的和谐共生和对自然的敬畏。宇宙浩瀚，天地大美，自然孕育万物。人类与万物共存共生，人类不仅要与自然和谐相处，而且应兼具敬畏心、呵护心及探索心。对自然心存敬畏，行方可有所止，悲悯生命，知其脆弱，方懂呵护关爱；世界充满神奇，万物自有天性，天地自有规律，发现自然之规律，探索自然之奥秘，人类才可在和谐之中走向未来。

兴隆田小强调人类与自然的和谐关系，教师引导学生理解自然的多样、神奇及珍贵。在这个过程中，教师是学生的榜样，要在行动中示范与引导，传递尊重自然的观念；教师要有对乡土的热爱，对自然的敬畏，要行有所止。

在课程设计中，除乡土课之外，田字格在典范学校[1]开设的农耕课、自然生命课都肩负着引导学生建立正确自然观的使命。

3. 生命观

生也有涯，脆弱宝贵；
生命独特，璀璨明亮；
众生平等，无别无疆；
谨守天有，好生之德；
求真离相，心怀天下；
其德馨香，其生宽广。

1　田字格典范学校是示范乡土人本教育理念及课程的学校，也是田字格的课程研发基地和乡村教师的培训基地。截至目前，田字格共有三所典范学校，分别是位于黔北的兴隆田小（即“大山里的未来学校”），位于黔西南的必克田小（即“稻田里的未来学校”）和峰林田小（即“峰林里的未来学校”）。

图4-1　兴隆田小校园里养的羊和鸡鸭

教育的本质始终指向人，而人作为生命体的存在，自有其生命特征及生长规律，这要求教育者以尊重生命特性为前提，理解生命的脆弱性、唯一性及生长性。任何违背人性与儿童成长规律的教育活动均背离教育本质，应予摒弃。

生命是宝贵的，因为生命是有限而脆弱的；生命是唯一的，芸芸众生如浩瀚宇宙中的繁星，闪烁独特的光芒；众生平等，生命不因性别、阶级、种族、信仰、国籍不同而有所不同。唯有不断探索、追求生命的意义，生命才可在有限的时空得以升华，人类才可生生不息，繁衍繁荣。

兴隆田小拥有良好的自然生态，植物及昆虫的种类繁多，师生饲养了各种小动物，有鸡、鸭、鹅、鱼等。动植物观察、生态探究等课程，培养了学生对生命的尊重和关爱。生命教育在兴隆田小可谓随时、随地开展，涵盖关怀与平等意识，尊重每个生命的存在。

教师也带领学生思考生命的有限与宝贵，开设生命研究课。甚至，师生也会在学生家人生病或老人离世时探讨生老病死的话题。

4. 学习观

人本向学，生而为学；

感悟生命，追求真理；

探索认知，善假于物；

自主学习，慎思明辨；
全人为尚，锲而不舍；
厚积薄发，日见其光。

无论是教师还是家长都要树立一个观念：学习是人类的天性，是体验和探究生命的本能，是对美好生活的追求和创造，是生存的必然。所以，当遇见学生厌学、恨学的情况时，教师要反躬自省：我是否扼杀了儿童学习的天性？只有具备主动学习的能力才能探索生命及世界之奇妙，创造美好的生活和社会。兴隆田小的课堂不仅有理念引领，也有教学方法的探索，PBL、主题式教学、小组合作是很多课堂常用的方法。同时，我们坚信每个孩子都是向善、向上、愿意成长的，学习的目的不是考试，而是自我生命成长。

5. 师生观

学生为本，教学相长；
天地课堂，万物为师；
听语善问，尊重殊相；
激励分享，乐学为境；
师生共助，互敬礼尚；
亦师亦友，共学共长。

图4-2　兴隆田小师生共学

看一所学校办学的好坏，先看师生关系是否融洽。如若师生关系融洽，有说有笑，这间学校的办学差不了。

师生观的真谛是建立互相尊重和共同成长的师生关系，学生是学校及教学的中心，教师是学生学习的引领者和激励者，也是学生的兴趣、探索欲、创造力和想象力的呵护者、激发者和培育者，同时，教师也是与学生共同探索世界、追求美好的好伙伴。来到兴隆田小的人往往会被这里的氛围所感染，常见师生们在课下一起踢球、弹琴；在课上讨论；在公共议事课上，教师是一票，学生也是一票，师生平等在兴隆田小不是空话。

鼓励建立开放、平等的课堂环境，让学生在教师引导下共同参与课程设计，增强课堂的互动性；鼓励教师尊重学生的想法和选择，鼓励学生在课堂上自由表达，使师生关系更为融洽。我们认为教学相长，教师可以在课堂上与学生一同探讨和反思，共同成长、共同进步。

6. 未来观

斗转星移，知为不知；

生而向光，永探创新；

宇宙浩瀚，智慧有垠；
天地人和，共生共荣；
与时俱进，止于至善；
万物时空，周而复始。

学生是属于未来的，他们需要具备可以适应未来社会发展品德及能力：团结利他、互助共好、沟通合作、创造创新、善于思辨、勇于担当、积极探索、批判思考、个性多元。我们鼓励并培养学生的适应力和创新力，鼓励他们在开放的环境中提出创新的想法和方案。兴隆田小常年设置编程课，这两年学校还开设将“创意与动手”相结合的“创客”课程，还经常开展将本土与世界接轨的学习与议题讨论，如可持续发展、环境保护等，拓宽学生视野，让他们理解本地问题与全球趋势的关联性。学校还在课程中加入了对社会问题的探讨，培养学生的批判性思维，鼓励他们关注社会，承担起对未来的责任。

“兴隆六观”提供了一套全面、具体且实用的框架，以指导教育实践，确保教育活动与田字格的核心理念一致，同时促进学生的全面发展和学校办学质量的持续提升。这六大价值观使得典范学校的教育实践不仅有理想的指向，更有实现的具体途径和方法。

（三）九大教育原则

教育原则是具体指导田字格教育实践的行动指南，确保日常教育活动与教育理念相一致。以下是田字格的九大教育原则：

推动教育公平。我们致力于为所有学生提供平等的学习机会，无论他们的出身背景如何，确保教育公平性。

反对体罚，坚持正面管教。我们反对一切形式的体罚，倡导通过理解和尊重来引导学生行为。

发掘与培养创造力。我们相信每个学生都拥有独特的创造潜能，教育应致力于发掘并培养这些潜能。

鼓励独立与批判性思维。我们致力培养学生独立思考和批判性思维能力，塑造自主与责任感兼备的公民。

培养完整人格。教育的核心在于培养学生的全面人格，激发他们的良知、善行和对美的感知。

尊重儿童生活地。教育应当尊重并保护不同文化和文明的独特性。乡村儿童的生活地代表着特定的文化和自然环境，是他们构建自我认同的重要根基。教育应该尊重并融入当地的文化与自然，而非破坏或改变它们，这不仅是对乡村儿童生活经验的尊重，更是对他们所属文化和环境的保护。通过这种方式，教育能够帮助孩子们保有文化认同感和归属感，使他们健康成长，并在世界多元文明的背景下，建立包容和理解差异的心态。

鼓励有意义的学习。我们倡导让学生在实际情境中主动建构知识，将学习内容与个人经验、兴趣和情感紧密联系。学习应当是一个积极的、探索性的过程，而非单纯的信息输入。通过将知识与学生的生活背景和实际问题结合，教育不仅帮助学生理解和应用知识，还促进他们独立思考、解决问题和社会适应能力的发展。在这种学习过程中，学生能够在情感和认知上找到共鸣，真正体验到学习的价值和意义，从而实现全面的成长和自我超越。

创造安全与可探索的环境。学校要为学生提供一个安全且充满探索机会的学习环境。儿童对世界充满好奇与探索欲，但尚在成长期的他们也是脆弱的，这要求学校为学生提供一个心理和物理上都安全的空间，鼓励他们敢于尝试、冒险，从错误中学习，而不必担心受伤或被过度地批评、惩罚。在安全的环境里，学生的情感、社交、自我认知及学习都将得到全面发展，真正实现自我超越。

天地课堂，万物为师。学习不局限于课堂之内，可以在天地间随时随地发生；学习也不局限于人与人之间，日月星辰、花鸟虫草都可以成为最好的老师。

上述的教育原则是学校核心理念和六大价值观的重要补充。通过这些具体的指导原则，我们能确保教育理念在日常教学和学校管理中得到贯彻和实现，使理念与实践之间建立起有机联系，确保教育活动既符合我们的教育理想，又响应实际的教育需求。

（四）“学生画像”

如果说理念是指导办学的方针和方向，“兴隆六观”阐述了我们的价值观念，那么“学生画像”则是我们对所培养学生的具体描述，它回答了一个关键问题：我们希望学生成为怎样的人？

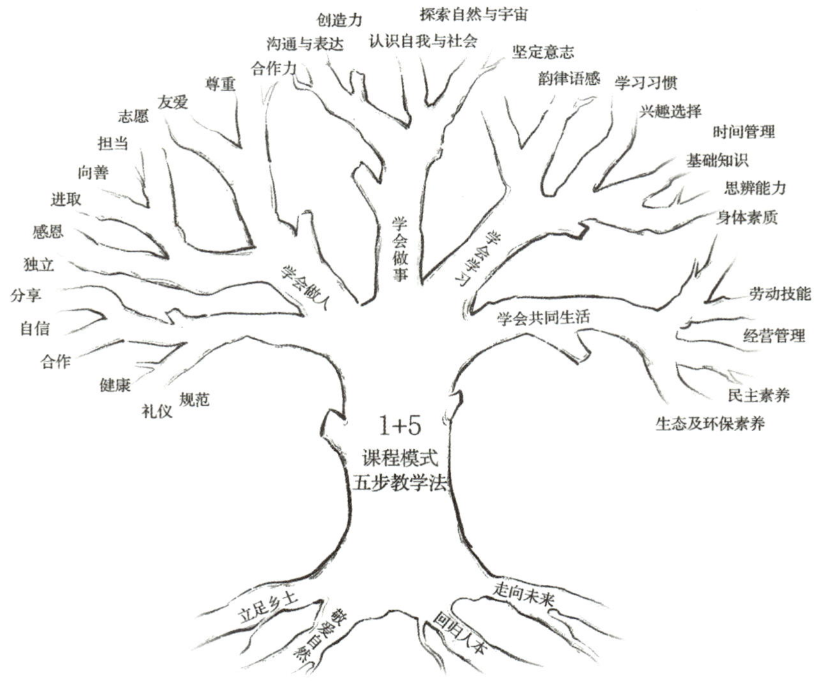

图4-3　乡土人本教育“学生画像”

1. “三能”培养目标

简单而言，我们希望乡土人本教育培养出的学生不仅拥有“健康的体魄，健全的人格，未来的视野，独立的思想”，而且具备“三能”（“走出大山能生存，留在大山能生活，面向未来能生长”）的综合能力。

我们期待学生们眼神中闪烁着对学习知识和探索世界的渴望，他们可以独立思考，与同伴合作，展现出团结与互助的精神；他们热爱家乡，参与劳动，能从乡土的自然和文化中汲取营养；他们尊老爱幼，懂礼仪、有善心，尊重自然、敬畏生命，深知人与自然和谐共处的重要性。

这些学生掌握了生存和生活的双重能力，不仅拥有良好的品格和解决问题的能力，还具备了在家乡生活的智慧与技能，以及走向更广阔世界的自信和能力，并能够在未来不断成长、适应变化。

2. “四个学会”

在“走出大山能生存，留在大山能生活，面向未来能生长”的学生培养总目标之下，“学生画像”融入了“四个学会”的目标维度，即学会做人、学会做事、学会学习、学会共同生活。这一培养目标源自联合国教科文组织（UNESCO）在《教育——财富蕴藏其中》一书中提出的教育应追求的四个“learning”——learning to know、learning to do、learning to live together、learning to be。[1]

四个“learning”不仅将学生的培养目标具体而明确地呈现出来，还具备高度的实践性和可操作性。值得注意的是，四个“learning”在不同理解和应用场景下，其翻译和解读确实存在多样性。基于田字格乡土人本教育的实际情况，我们将四个“learning”翻译为：学会做人、学会做事、

1　参见联合国教科文组织总部、联合国教科文组织总部中文科编：《教育——财富蕴藏其中》，教育科学出版社 1996 年版，第 2—3 页。

学会学习、学会共同生活。

在乡土人本教育的培养体系中，“学会做人”着重于“十大品格”的培养（见下文），旨在塑造学生健全的人格和优秀的道德品质；“学会做事”则通过学生会活动以及农耕课等各学科的实践学习得以全方位实现，培养学生的实际操作能力和问题解决的能力；“学会学习”主要通过基础课教学来完成，侧重于教授学生学习方法和技巧，提升其自主学习的能力；而“学会共同生活”则通过学校开设的“共同生活课”等课程和实践活动，培养学生的人际交往能力和团队协作精神（农耕课、基础课、共同生活课等课程介绍见第五章）。

在“理念 · 课程 · 学生画像”融合图（见第 85 页图 4-5）中，我们可以直观地看到不同学科如何紧密围绕这四个维度，共同促进学生的全面发展。这一设计理念不仅彰显了教育的多元化与综合性特点，更为学生提供了丰富、深入的学习体验，助力他们成长为具备多方面能力和素质的未来人才。

3. “十大品格”

田字格特别强调，在小学阶段，“学会做人”的品格培养至关重要。因此，在“理念 · 课程 · 学生画像”融合图中，我们将健康（身心健康）、礼仪和规范视为普通学生应达到的基本要求，而“十大品格”则是田字格典范学校的学生要具备的基本品格。“十大品格”包括友爱、尊重、向善、分享、感恩、进取、自信、独立、担当和志愿，是通过反复讨论最终确定的学生需要具备的优秀品格。

“十大品格”是通过三个维度确定的。

（1）优秀品格的核心要素。

每个学生都需要具备一些基本的优秀品格，帮助他们与他人和社会建立良好的关系。因此，我们关注那些人类最优秀的品格，包括：

友爱：友爱是建立信任和良好人际关系的基础，能够帮助学生与他人建立深厚的友谊。

尊重：尊重他人、环境和文化，帮助学生理解文化的多样性及人的多样性。

向善：培养向善之心，有助于学生形成正确的道德观，在面对不幸时表现出应有的同情与关怀。

分享：帮助学生提高表达能力，增强自信。

感恩：感恩的心态让学生学会珍惜生活中的美好，并懂得感激和回馈他人，保持积极的生活态度。

（2）乡村孩子的成长需求。

对于乡村孩子而言，有一些特别重要的品格能帮助他们面对生活的挑战，走向更好的未来。

进取：进取心帮助乡村孩子勇敢追求梦想，突破自身局限，遇到困难不轻言放弃。

自信：乡村儿童大多不自信。建立自信，能让孩子相信自己具有潜力，勇敢表达自我，不畏惧挑战，帮助他们更好地克服生活中的困难，积极争取生活中的各种机会。

独立：由于大多数乡村儿童在生活和学习上缺乏家庭的充分照顾，独立成为他们必须具备的重要品格之一。他们需要从小学会生活自理，提早培养自主学习的习惯，为将来形成独立人格打下坚实基础。

（3）传承公益精神。

作为公益机构，田字格希望学生不仅具备个人优秀的品格，还能拥有更强的社会责任感和公益奉献精神。

担当：培养责任感，鼓励学生在班级和学校中积极承担责任，理解个人行为对他人和社会的影响。

志愿：通过参与志愿服务，学生们能够学会关心他人，传承志愿精神。

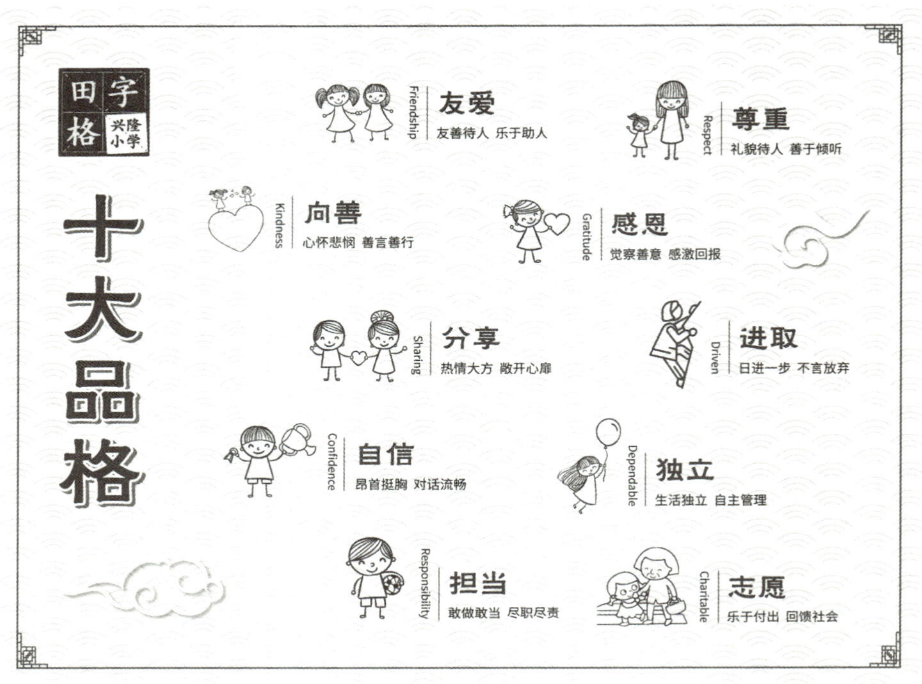

图4-4 田字格“十大品格”海报

“十大品格”的培育并非依赖专门的课程，而是更侧重于融入日常的教学之中。“十大品格”在教育的过程中、在课堂的教学中、在师生的互动中都得以彰显，贯穿始终，而“班级公约”（详见第六章）正是相互尊重精神的体现。“1+5 课程模式”的设置（详见第五章）以及课堂的五步教学法，都分别承载“十大品格”中不同品格的培养，学生在课程及课堂中能够获得充分的自主学习、自信表达的机会，并学会分享。每日的晨礼仪式（详见第五章），不仅是对学生礼仪规范的培养，更是彼此间尊重之情的表达。学生会、校园志愿者以及“小老师”活动（即高年级学生经过培训成为低年级学生阅读小老师的长期活动），均是激励学生追求善良、勇于担当、培养志愿精神和增进友爱的有效途径。此外，学校还设有品格主题月活动，围绕“十大品格”展开，利用国旗下讲话、放学仪式以及主题班会等多种形式，为学生提供分享与探讨的平台。

总而言之，优秀品格的养成并非单纯依靠课程的说教，而是依靠人在持续的体验与真实的生活中逐渐滋养与领悟。

（五）“理念·课程·学生画像”融合图

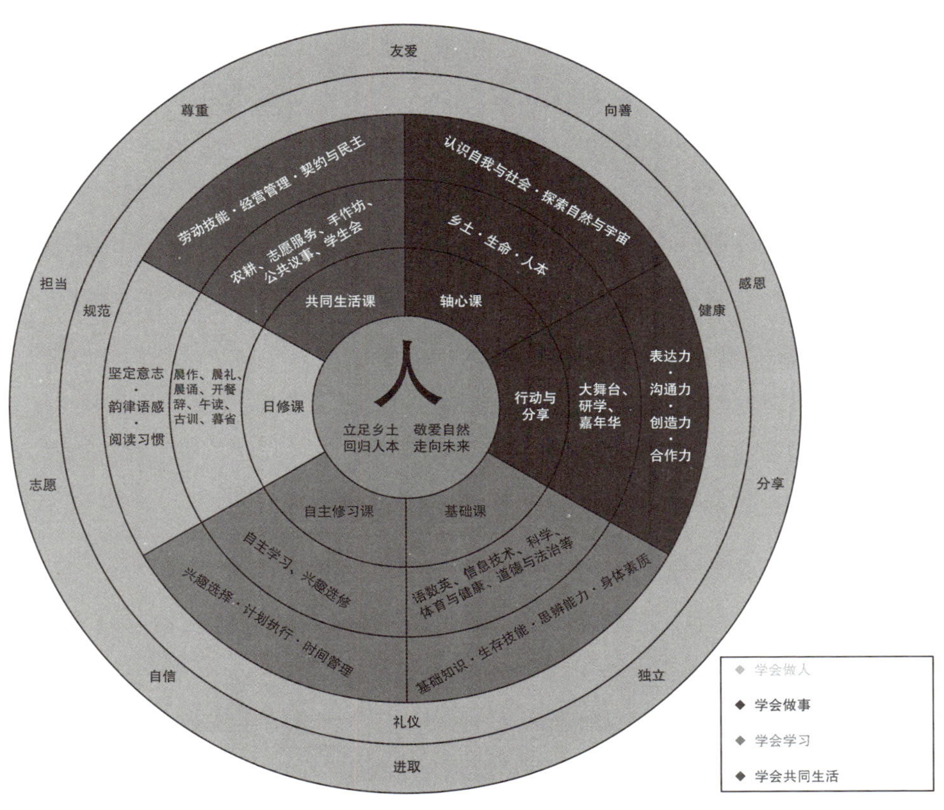

图4–5 “理念·课程·学生画像”融合图

“理念·课程·学生画像”融合图系统地勾勒了理念、课程、“学生画像”及“四个学会”之间的关系。

融合图的核心是人。我们希望明确，人是教育唯一的目标。我们希望“学生画像”、课程设置、“四个学会”都紧紧围绕一个培养目标：培养“立足乡土，敬爱自然，回归人本，走向未来”的孩子。

围绕核心展开的四个板块分别代表了“四个学会”，在四个板块中，分布着“1+5课程模式”。这些课程涵盖了不同的学科课堂，旨在培养学生的综合能力和素养。通过学习这些课程，学生能够在多个领域得到全面的发展。

课程设计的整体性较强，不同的课程在实现“学生画像”的培养目标时也各有侧重。特别是在实际的课堂教学中，对于那些教学经验相对较少的教师来说，设定简洁明了的教学目标尤为重要，这有助于他们更好地把握教学重点，确保教学活动的有效性和针对性。

从图4-5中可以看出，学生的培养体系具有高度的综合性，他们是在充满乡土人本教育气息的环境中茁壮成长的。理想的课程设计不仅关注知识的传递，还强调学科间的相互渗透与融合。例如，语文课可以与乡土文化相结合，数学课可以与农耕实践相关联，所有课程都应融入正确的价值观和田字格的教育理念。

二、体验学习五步教学法：践行理念的钥匙

我在第二章中讲到，做主题教学最关键的一步就是主题路径的确定。都说条条大路通罗马，但对于开发课程而言，怎样的教学流程可以真正让学生有一个完整的学习闭环？为什么有些知识，教师讲了，学生课堂上说懂了，但一考就忘？

罗杰斯将没有实践目标、没有经过学生亲身体验的学习称为“脖子以上的学习”[1]，也叫“无意义的学习”。这种无意义的学习，不仅浪费了

1 ［美］卡尔·罗杰斯、福雷伯格：《自由学习》，伍新春、管琳、贾容芳译，人民邮电出版社2015年版，第41—42页。

学生的生命，也浪费教师的教育生命。

2017 年冬季，在一堂《乌鸦喝水》的语文课上，我首次尝试了五步教学法。《乌鸦喝水》是一则经典的寓言故事，收录在一年级的课本中。课文一共六句话，讲的是乌鸦通过动脑筋想办法解决水少、瓶口小的困难，最终喝到水的故事。

记得那是一个周一的上午，我因外出，请一位教师用了一节课时间给学生讲解生字及课文，下午我询问学生今天上午的课怎么样。王娴雅说："今天的课没有听懂。"我问："今天的课学了什么呢？"她说："乌鸦喝水。"我继续追问："你哪里不懂呢？"她说："就是没有懂。"我问："只是你不懂还是其他同学都没有懂？"吕弘毅说："我也不懂。"然后，任俊豪及任锡富也说没有懂……

经过深入了解，我发现孩子们难以理解乌鸦通过投放石子使水位上升的原理。于是，我答应他们第二天再讲一遍，决定尝试用五步教学法来讲解。

第二天，我带着姜糖水、透明杯子以及已经消毒过的小石子走进了教室。我把装了半杯水的杯子放在板凳上，旁边放着一堆消毒过的石子。我对孩子们说："我准备了一杯'神秘水'，味道非常好，大家想不想尝尝呢？"孩子们纷纷举手，希望能有机会品尝。我告诉他们，这杯"神秘水"只有"聪明的乌鸦"才能喝到。孩子们听后，都争先恐后地希望自己能成为那只"聪明的乌鸦"。

我接着告诉他们，乌鸦是没有手的，所以……孩子们立刻明白了，说："那我们可以把手放在背后，扮演小乌鸦！"最先举手的阿富得到了这次扮演小乌鸦的机会。我讲解完规则后，阿富走上讲台，把手背在身后，蹲下身子用嘴巴衔起石子再丢进水杯里。瞬间，教室里传来了同学们兴奋的声音："水涨了！水涨了！"接下来，孩子们排着队都当了一次"聪明的乌鸦"，品尝了"神秘水"。

图4-6　作者肖诗坚在讲解体验的规则

图4-7　阿富在用嘴巴衔起石子

切身的体验仿佛为孩子们打开了一个全新的认知世界。在接下来的识字环节中，孩子们有了显著的进步，不仅学得更快，也记得更牢。在随后的六格连环画创作时，他们的思维异常活跃，创作力极强，作品令人眼前一亮。同学们不仅顺利完成了创作，还积极上台分享了自己的作品。

之后，我又进一步引入一个科学实验。该实验证明了“乌鸦是世界上最聪明的鸟儿”，我引导孩子们认识到：乌鸦是善于解决问题的鸟儿，我们遇到问题也要仔细观察，思考解决的办法。

这已经不是一堂简单的语文课了，我用了三个课时，带领孩子们学习了课文，进行了美术创作，还融合了关于乌鸦的科学知识。整个课程实践了五步教学法的核心环节：从体验开始，学生们通过实际操作感受了往杯中投入石子后水位上涨的物理现象；接着进入学习环节，他们在理解课文的过程中迅速完成了生字朗读；在创造与行动阶段，学生们通过绘画和编故事，创造性地表达了他们对故事的理解；然后是分享环节，学生们展示自己的作品，并在分享过程中互相启发；最后的联结与升华阶段，我又通过播放一段视频让学生认识到乌鸦是一种聪明的鸟类，擅长解决问题。

记得那堂课下来后，王娴雅和几个孩子抱着我说：“老师，这节课上得好爽啊！”

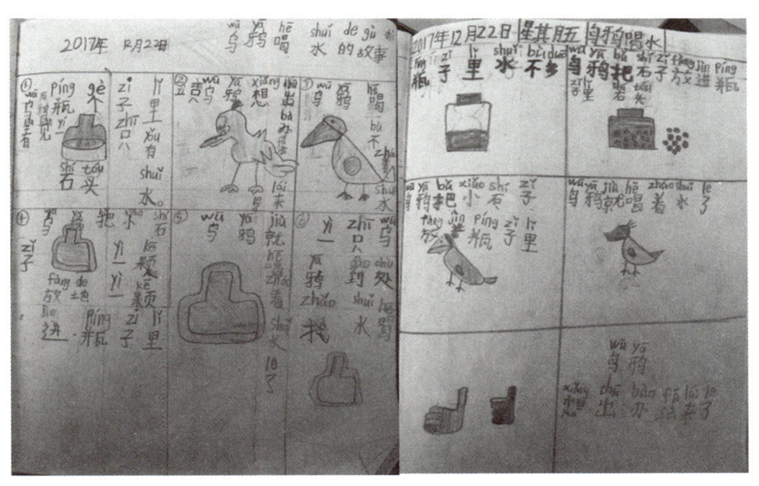

图4-8　两名学生创作的六格连环画

五步教学法不仅显著增强了学生的学习体验，而且在课后对孩子们的日常行为产生了积极影响。那节课以后，“小乌鸦”成了班级里一个主动思考、解决问题的象征。每当孩子们遇到难题来找我时，我就会提醒他们：“你想想，小乌鸦会怎样解决这个问题呢？”于是，孩子们仿佛从小乌鸦那里获得了力量和启示，立刻转身自己去寻找解决问题的办法了。

这堂课后，我开始在更多的课程中应用五步教学法，并不断邀请团队成员进行尝试和完善。经过无数次的实践、反思和打磨，五步教学法逐渐成了田字格乡土人本课程的核心设计方法与教学方法。

五步教学法可以简单归纳为：教师通过引领学生经历体验、学习、创造与行动、分享、联结与升华这五个教学环节，促使学生以体验式、应用性和创造性的方式掌握知识与技能，提升综合能力，形成一个良性上升的有意义的学习闭环，以持续保持对学习的热情与兴趣。

（一）体验：学习的起点

杜威认为“一切学习来自经验”，那么人的经验来源于哪里呢？杜威强调，这种经验来源于自己的实践与行动，也就是做中学。教师通过精心设计的情境或活动，让学生全身心投入，去感知、体验、观察和欣赏他们所要学习或探究的事物、现象或情感。通过这种亲身参与的体验，学生将新知识与已有的经验联系起来，这能激发他们的共鸣或好奇心，从而引发对未知的探索欲望。这一阶段不仅能引起学生的学习兴趣，还能帮助他们发现问题，进而为后续的学习奠定基础。当学生在体验中萌生求知的渴望时，真正的学习就随之展开。例如，在《乌鸦喝水》中，学生通过模拟乌鸦的行为亲身体验乌鸦的感受，并观察到瓶里的水上升的物理现象，形成了对学习内容的初步感知。

常用的体验方式有：

角色体验。学生通过扮演特定角色，置身于特定情境中，亲身感受角色的行为和心理。例如，在历史课上，学生可以扮演历史人物，重现历史事件，亲历当时的社会背景与文化氛围，从而深入理解课程内容。

情景模拟。模拟情境能够帮助学生更好地掌握和应用知识。例如，模拟乡村集市，学生在具体的情境中进行物品的出售与采买，体验并理解经济活动中的交易过程。

艺术欣赏。欣赏音乐、绘画、戏剧等艺术形式，能激发学生的审美兴趣与创造力。艺术欣赏不仅能拓宽学生的文化视野，还能提升他们的审美水平与艺术修养。

户外观察。走出课堂或学校，让学生在真实的环境及生活中观察、感受即将学习的人、事、物。

这种感官和情感全方位参与的体验，不仅是五步教学法的第一步，更是激发学生内在学习动力的重要环节。罗杰斯在谈到体验式学习时强调："体验式学习氛围的重要因素是同理心或共情的理解。当教师能够理解学生内心的反应，敏锐地捕捉到学生眼中的教育和学习过程时，产生有意义学习的可能性就会大大增加。"[1]

而体验学习的目的，就是要帮助学生开启"有意义""有兴趣"的学习旅程。

（二）学习：知识的构建

体验之后，学生对所要学习的知识、能力产生了兴趣与联结。此时，教师应引导学生通过阅读、研究、听讲、讨论等方式，进一步掌握知识、技能和情感。田字格课堂反对灌输式的教学方式，倡导使用多种思维工具及教学方法，如思维导图、五感学习法等，帮助学生养成结构化的思维习惯。同时，我们也强调多样化的学习形式，如小组学习、互助学习、户外教学等，帮助学生通过合作、讨论和自主学习，深化对知识的理解。[2]

在五步教学法的学习课堂中，我们着重推行"以学生为中心"的课堂管理形式。这意味着在管理上，我们更倾向于师生共同制定班规，让学生共同承担责任，并让教师扮演学习的组织者、导演及促进者等多重角色。

1 ［美］卡尔·罗杰斯、福雷伯格：《自由学习》，第 164 页。

2 这些工具和教学方法的具体介绍请参考《吾乡吾土指导纲要》。

在《吾乡吾土指导纲要》中，我们对教师的角色定位进行了更为详尽的阐述。

为了直观展示“以教师为中心”与“以学生为中心”的课堂之间的差异，我特别将罗杰斯的对比表引入。在这个表中，可以清晰地看到两种不同课堂管理模式下教师与学生的互动方式及角色定位。

表4-1 “以教师为中心”和“以人为中心”的课堂之差异[1]

以教师为中心的课堂	以人为中心的课堂
教师是惟一的领导者	共同承担领导责任
管理是一种监督形式	管理是一种指导形式
教师负责所有的作业批改和组织工作	学生是课堂运作的促进者
教师维持纪律	纪律来自学生的自我约束
少数学生是教师的助手	所有的学生都有机会参与课堂管理
教师制定规则并告知学生	学生和老师共同制定规则，形成课堂章程或契约
用一个固定、僵化的行为后果去约束所有的学生	约束行为的结果依个体而异
奖励大部分都是外部的刺激	奖励大部分都是内在的激励
学生只负有限的责任	学生们共同承担课堂责任
社区成员很少到课堂上参与交流	与商业和社区团体形成伙伴关系，丰富和拓宽学生的学习机会

在五步教学法的学习过程中，学生之间的关系被构建为合作关系，而教师不再是知识的唯一来源。在传统课堂上，教师往往扮演着知识的传授者和教室管理者的双重角色，其行为主要围绕讲课、提问、练习和示范展开。然而，在倡导五步教学法的田字格课堂中，教师的角色发生了显著变化。他们不仅是学习的组织者，更是引导者、观察者。除了传统的讲授行为，教师还需要有组织小组讨论、引导班级公约的制定、进行角色扮演等导演

1 ［美］卡尔·罗杰斯、福雷伯格：《自由学习》，第247页。

式的教学活动，并鼓励学生进行自我评价。图 4-9 是罗杰斯对教师在“以教师为中心”及“以学生为中心”的课堂中的角色进一步的说明。

以教师为中心

教师维度：教师指导并从外部控制学生的行为 **教师的角色是指导者**	· 讲课 · 提问 · 练习和实践 · 示范
合作维度：教师和学生合作，共同营造一个积极的课堂学习环境 **教师的角色是半指导者 / 促进者**	· 讨论 · 合作小组 · 有指导的发现 · 学习合约
自我维度：学生具有内部自律性，很少需要成人的监督 **教师的角色是非指导者 / 促进者**	· 角色扮演 · 项目 · 探究 · 自我评价

以学生为中心

图4-9　三维的纪律—学习连续体[1]

在《吾乡吾土指导纲要》中，我们也对教师行为的详尽指导进行了全面且深刻的阐述。五步教学法学习过程的精髓在于深化“以学生为中心”的教育理念及课堂管理模式的实践，旨在从根本上提升教学质量与学生的整体学习体验。

1　［美］卡尔·罗杰斯、福雷伯格：《自由学习》，第 249 页。

（三）创造与行动：实践与应用

创造，是指学生运用所学的知识和技能，通过想象和创新，创作出具有独特性和个人风格的作品。这些作品可以是艺术性的，如一幅画作或一件手工作品，也可以是学习成果，如一首诗、一篇学习报告。创造不仅锻炼了学生的想象力和创造力，还让他们在表达自我、展示所学的过程中获得了成就感和自信心。

行动，是指学生将所学的知识和技能应用于实际情境中，以解决具体问题或实现特定目标。这些行动可能涉及团队协作、小型项目实施与管理、社会实践与服务等多个方面，旨在将理论知识转化为实践能力，为社会或他人带来积极的影响。

在乡土课“大山·家”主题中的“画画我的家庭树”一课，学生绘制家庭成员关系图属于“创造”；“我用行动爱家乡”一课，学生提出爱家乡、护家乡的行动方案并付诸实践属于“行动”。

创造与行动的目的是让学生在实践操作中再次内化所学内容，提升综合素养，如提升合作能力、逻辑思维和解决问题的能力等。创造与行动各有侧重，教师在课程设计时，需要根据课程目标、内容及学情灵活应用。

（四）分享：表达与互动

分享，是指学生将自己对课程的理解、创作成果和学习成果等进行公开展示交流的过程。在这一阶段，学生需要再次将所学内容理解并转化为自己的语言，向全体师生进行汇报。鼓励多样化的汇报方式，包括答辩、戏剧、海报、论文等。不同年级的学生，其表达方式和要求有所不同：低年级侧重口语表达，中高年级侧重口语结合文字进行综合表达。

这种互动，不仅进一步巩固了学生的知识和技能，还锻炼了他们的沟通和表达能力。分享活动能帮助学生自信地展示自己的学习成果，并从他人的反馈中获得新的启发和改进建议。

低年级学生主要通过口语表达，如通过讲故事、展示作品等形式，培养他们的自信心和表达能力。中高年级的学生则可以通过写作短文、制作海报、参与戏剧表演等方式，进行更复杂全面的展示，提升他们的综合素质。

总之，分享不仅是学生展示学习成果的机会，更是他们巩固知识、锻炼能力、激活创新思维的重要环节。在多样化的分享形式中，学生不仅提升了自我表达和沟通能力，也增强了自信心和团队合作精神。

（五）联结与升华：精神的升华

学习的目的不是仅仅掌握知识，而是更好地帮助学生认识自己、认识他人、认识世界。所以，升华阶段是学生在老师的帮助下，对学习过程及内容进行反思、归纳，并与个体生命及世界进行联结的过程。教师可以通过拓展、想象、启发、提炼、联结等方式，让学生理解学习的意义，从小拓展到大，从自我延伸到社会，与生命、生活相结合。这一阶段完成了五步教学法的闭环学习及螺旋上升，激发学生进一步探索及学习的欲望，让其理解学习的深层含义。

在升华过程中，经常采用的形式有与主题相关的诗歌朗诵、音乐欣赏和嘉年华活动。这一环节对教师的能力有一定要求，需要教师能够巧妙地将学习内容与学生的生活和情感联结起来。同时，若教师的启发、提炼、联结与引导做得恰到好处，点拨精准到位，学生的认知可获得质的飞跃。

在“吾乡吾土·探索手册”系列中，基本每个单元结束时都设有“我的成长档案”环节。成长档案是教师引导学生回顾与评估学习过程及成果的重要工具，通过反思和总结，学生能够在认知和情感层面上进一步提升，实现学习的升华。此外，在田字格学校里，每个学期结束时，各学科也都会采用具体且灵活的方式来进行学习成果的升华。学校则为全体学生精心准备了嘉年华活动，作为学期结束时的综合性升华活动。

至此，学生通过五步教学法完成了一次学习的闭环，该闭环的终点也是下次学习旅程的起点。优秀的教师会在升华阶段建立学生与主题的深层精神联结，当学生享受到学习所带来的精神上的满足时，学习的动力才被真正激发。此时学生会穷追不舍，自觉思考相关主题的相关问题，产生探索下一个问题的冲动，开启新的学习旅程。

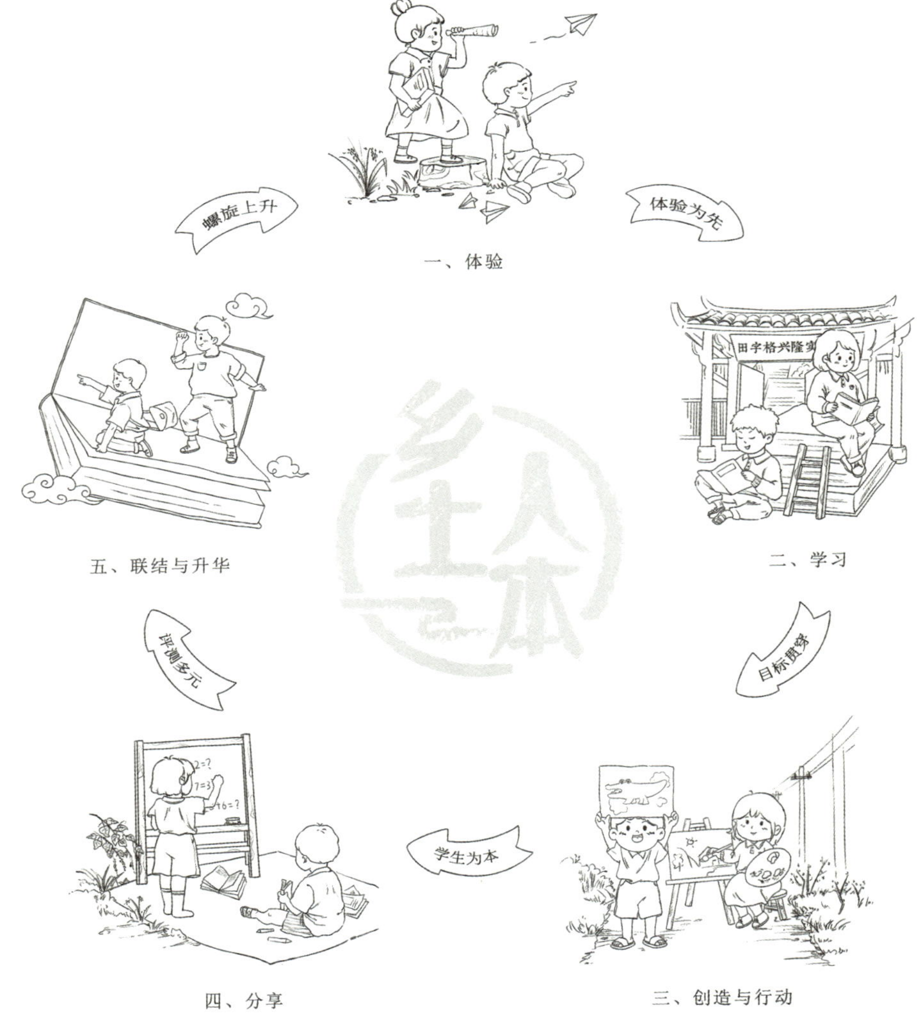

图4-10　五步教学法

（六）五步教学法的应用与灵活性

五步教学法精心策划，让学生沉浸于有意义、富兴趣、强联结的学习之旅。体验，作为学习的启航点，激发探索欲；学习，以学生为中心，成为知识构建的土壤；创造与行动，深化学习内涵，让知识在实践中绽放光彩；分享，作为学习成果的展示平台，促进思维碰撞与灵感交流；联结与升华，则引领学习成果从实践跃升至内在理解，从个体视角拓展至广阔世界，激发持续探索的无限可能。

尽管五步教学法旨在构建一个完整的学习流程，但鉴于多数学校在安排连续课时（如 2—3 节每节 40 分钟的课程）上存在的实际困难，我们并不强制教师每节课都严格遵循所有步骤。然而，我们鼓励教师在规划一个单元或主题时，尽力融入完整的五步教学过程，确保学生能够从体验到升华，经历一个全面而深刻的学习旅程。

五步教学法同样适用于学期课程设计，如兴隆田小设有嘉年华、兴隆大舞台、研学等活动及课程（详见第五章），这些课程和活动为学生提供了丰富的体验和分享机会。同时，校历中保留专门的研学周和感恩分享周，确保全校的行动与分享活动得以实施。

教师可以根据实际情况灵活调整教学步骤，以更好地适应学生的学习需求和兴趣，确保五步教学法在课程中有效运用，促进学生全面发展。在课程设计和环节安排上，可以有一定的灵活性和弹性，但建议按单元划分，完成课程的小循环，并以学期为单位完成大循环。

关于五步教学法的具体应用，在《吾乡吾土指导纲要》中有具体说明。

三、节奏与仪式：教育的生命节奏

在乡土人本教育的环境中，节奏与仪式犹如两根坚韧的琴弦，轻轻拨动，便可奏出一曲曲悠扬动人的教育乐章。我们深信，孩子们正如那刚刚破土的幼苗，亟需节奏与仪式的滋养，方能在这片沃土中扎根生长，直至枝繁叶茂。

（一）节奏中的生命律动

大自然本身就是一位掌握着生命律动的节奏大师，它以日月星辰的运转为乐句，以四季更替为乐段，奏出一首首风格各异的天文之歌。“日月盈昃，辰宿列张”，它们遵循着既定的轨迹，周而复始，从不间断；“寒来暑往，秋收冬藏”，自然界的万物亦在这节奏中生生不息，展现出生命的顽强与美好。

同样，在乡土人本教育的世界里，我们也注重为孩子们营造一种有序且富有节奏的学习环境。孩子们天生喜爱有节奏的生活，因为节奏给予他们预知未来的能力，让他们在学习和成长的道路上拥有更多的掌控感和自信。在兴隆田小，我们精心构建了一日、一周、一学期乃至整个学年的“节奏”，这些节奏不仅让孩子们在忙碌与宁静之间找到了平衡，更让他们在规律中学会自律与坚持。

一日之中，有日修课主导着日节奏，包括晨作、晨礼、晨诵、开餐辞、午读、古训和暮省七个环节，这些环节如同生命的律动，让孩子们在清晨的第一缕阳光中迎接新的一天，在黄昏的余晖中反思与成长。古训有云：“一日之计在于晨。”我们的晨礼与晨诵，正是对这一智慧的生动诠释。

一周之内，有固定的周课表保持周节奏。田字格非常强调教师不要经常换课、代课，因为只有固定课表，才能让孩子们有期盼，才能在一周中松弛有度，保证孩子们能够按时上课。同时，学校还有各种丰富多彩的课程，如大舞台、公共议事课、研学课等。这些课程不仅丰富了孩子们的校园生活，更让他们在参与中学会了尊重、合作与分享。

一学期中，有开学挂梦想牌、开学仪式以及学期末的嘉年华等固定环节。这些仪式和活动，如同生命中的重要节点，让孩子们在期待与惊喜中不断成长。

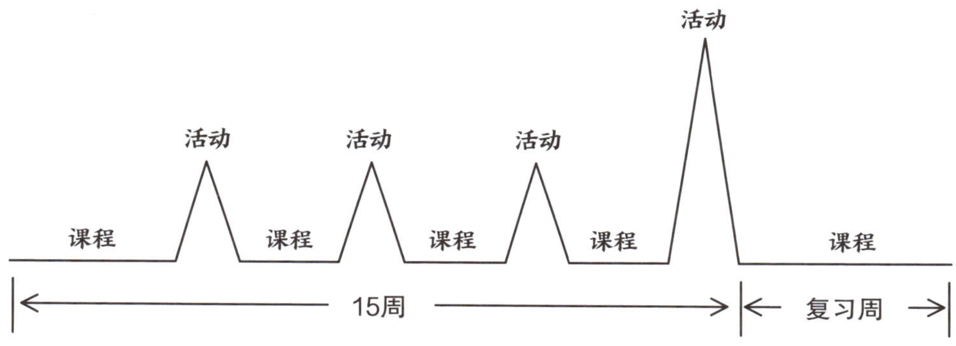

图4-11　乡土人本教育学期节奏图

在以年级为期的节奏上，也尽量做到依据儿童发展规律设置课程。低年级课程注重体验与感知，让孩子们在玩耍中学习。我们希望低年级的教学更多打开孩子的经验世界和想象力，因此，在低年级课程及教学安排中有“四多原则”：多体验、多游戏、多绘本、多故事。中年级则开始探索与发现，培养他们的好奇心与求知欲。中年级选修课增多，乡土课也更加侧重探究，研学课的开展让中年级学生进入自主学习的阶段。高年级的课程设置则更加注重实践与研究，让学生们在选修课中寻找自己的兴趣所在，并在研学课中深化对乡土文化的理解。五年级的生命研究课和六年级的毕业研学[1]，更是让学生们对未来的学习和生活充满了期待与憧憬。为了能更好地衔接小升初，兴隆田小六年级的课程也适当地增加了基础课的应试内容。

1　成都新合记机械有限公司分别在2023年和2024年资助了兴隆田小毕业生的毕业研学。

表4-2　兴隆田小五步教学法课程设置

<table>
<tr><th rowspan="2">五步教学法</th><th colspan="3">年级段</th></tr>
<tr><th>低年级（一、二年级）</th><th>中年级（三、四年级）</th><th>高年级（五、六年级）</th></tr>
<tr><td rowspan="2">体验</td><td colspan="3">农耕课</td></tr>
<tr><td>游戏课、户外课、乡土课</td><td>乡土课</td><td>—</td></tr>
<tr><td rowspan="2">学习</td><td rowspan="2">基础课</td><td>基础课</td><td>基础课（期末考试）</td></tr>
<tr><td colspan="2">编程课、选修课</td></tr>
<tr><td>创造</td><td>—</td><td>—</td><td>生命研究课（五年级）</td></tr>
<tr><td rowspan="2">分享/行动</td><td>—</td><td colspan="2">研学课、志愿服务</td></tr>
<tr><td colspan="3">公共议事课、大舞台</td></tr>
<tr><td>联结与升华</td><td colspan="3">嘉年华</td></tr>
</table>

注：日修课是“1+5 课程模式”中的日常修习课，不在五步教学法课程设置中。

在兴隆田小不同年级课程设置中（见表 4-2），我们精心规划，在学生们心中分阶段地播下“期盼”的种子，让学习之旅充满节奏与活力。一、二年级的孩子们在无忧地玩耍中，怀揣着对成长的憧憬，梦想着有朝一日能像三年级的学长学姐那样，参与丰富多彩的研学课，踏入神秘的计算机教室，甚至有机会加入学生会，初尝自我管理与志愿服务的乐趣。

步入三年级与四年级的过渡期，学生们对成长的渴望愈发强烈，他们期盼着升入五年级，那时，生命研究课将赋予他们自由选题、自主探索的权利，让他们在知识的海洋中遨游。同时，还有机会担任研学小队长，领导团队，锻炼领导力与团队协作能力，更有机会成为小老师辅导低年级学生学习。

当他们真正迈入六年级的门槛，对未来的憧憬又会跃升至新的境界。因为六年级的学生，不仅是低年级学生眼中的榜样，还可能肩负起主持公共议事课的重任，更可能成为学生会的中坚力量。这一年，是他们即将挥别小学、步入人生新阶段的关键时期，学生们满怀激情地期盼着长大，梦想着探索更广阔的世界。对他们而言，这不仅是学习上的深入与拓展，更是一次心灵的飞跃，就像到成都参加毕业研学成了他们共同期待的美好愿景。

这份对长大的期盼，对探索未知世界的渴望，对美好未来的向往，正是驱动学生们不断学习、勇于探索的强大动力。在兴隆田小的精心培育下，每一颗“期盼”的种子都将茁壮成长，绽放出属于自己的光彩。

（二）仪式中的文化传承

仪式作为乡土人本教育中不可或缺的一环，更是承载着深厚的文化底蕴与教育意义。正如孔子所言：“不知礼，无以立也。”[1] 在这里，“礼”不仅指外在的行为规范，更包含内在的道德修养与情感认同。

仪式常常伴随着音乐、动作和流程，如晨礼中的鞠躬与问候，乡土课、农耕课与自然生命课的开课辞，丰收节以及嘉年华的感恩环节等，都让孩子们在庄严的氛围中感受到了文化的魅力及生命的价值。

当全校师生在丰收节当天伴着《丰收之歌》的音乐声，高声齐诵“良田吉土，多稌多黍，亦有高廪，万亿及秭。以洽百礼，生生不息。降福孔皆，丰——年！”（《庆丰年乐诗》，改自《诗经·周颂·丰年》）时，孩子们能够在庄严肃穆的氛围中感受到文化的厚重与生命的尊严，学会尊重他人、敬畏自然，从而在心灵深处播下善良与美好的种子。

节奏和仪式教会孩子们如何在忙碌中寻找平衡，在平凡中发现美好，在尊重与合作中学会共处。这些宝贵的经历与感悟，将成为孩子们未来人生道路上最坚实的基石。

1　杨伯峻：《论语译注》，中华书局1980年版，第211页。

行走在山水之间的兴隆田小研学课（原图见第124页）

任何从0到1的创造性尝试，都离不开无畏的勇气与坚定的信念，课程创新亦如此。

——肖诗坚

第五章 课程蜕变：“1+5 课程模式”构架

2017 年，我们正式将乡土人本主题课定位为乡土人本教育的基石课程，其目的在于借助主题式教学，紧密贴合儿童的认知成长路径，破除学科间的孤立状态，围绕与学生日常生活密切相关的主题，推动跨学科融合教学，以此构建一个完整、连贯的儿童认知世界的框架。

当时学校的主要课程有数学、英语、乡土人本主题课、劳作课、日修课以及道德与法治课等，乡土人本主题课则是最核心的课程，融合了语文、写作与阅读、自然科学、研学课等。这种模式贯穿了两个学期，彼时乡土人本主题课每周安排五次，每次课时长不一，两课时至三课时不等。

在此期间，田字格采用主带与协同的双师教学模式，主带教师负责课程设计与授课，而协同教师则专注教学资料的准备及学生的作业辅导。由于学生人数有限，学校设置了四个混龄班，一、二年级混龄班，三、四年级混龄班，五年级班和六年级班。这一混龄教学模式实施一年后，学生的能力，尤其是语文水平和综合实践能力，得到了显著提升。然而，这种“全科教师”的成长思路也给教师们带来了挑战。一是，教师从小到大的经验都是分科教学，所受的训练也是专科思维训练；二是，教师对知识的追求大于对思维水平及能力素养的追求。跨学科教学要求教师在备课中查阅大量资料，并尝试创新教育模式，这对教师的基本素养、学科教育能力、现场控场能力以及课件制作能力都提出了极高的要求，这种全科教学模式给人才培养带来了不小的挑战。

名词解释

兴隆田小的混龄教育

混龄教育（mixed-age education）是一种将不同年龄段的学生混合在一起进行教学的方法。这种教学方法打破了传统教育中以年龄或年级为基础的分班制度，让学生在一个更为宽广的社交和学习环境中共同成长。华德福及蒙特梭利学校都很提倡这种教学方法。

兴隆田小的混龄形式很多，根据课程需要，有跨低、中、高段或全校混龄。乡土课采用年级段混龄，一、二年级混班，三、四年级教师根据三、四年级学生的能力和特点，将其分成五至六人为一组的几个小组，每个小组里既有三年级学生也有四年级学生，这样两个班级形成四个组间同质、组内异质的课程小组。组长不论年级，由本组成员投票产生。组长不按照年级，而是按照个人特长和任务的类型分配任务。上乡土课时，三年级学生会带着自己的座椅来到四年级教室，在上课之前自发摆放好小组座位，所有同学坐到各自小组的座位上。

研学课是三至六年级混龄，学生通常被分为三至四个小组，每组都有三至六年级学生，组长一般由高年级学生担任。公共议事课是全校混龄，主持人一般也由高年级学生担任。

开展混龄教学面临的一大挑战就是要了解、熟悉所有孩子的特点，打破年级限制，将所有孩子依据各自的特点和能力进行分层，并在教学目标中有所体现。在开展课程时，还要时刻注意每个层次的孩子是否都能达到学习目标。

经过一年的探索和实践，我们对乡土人本教育的理念、文化与课程有了更深入的理解。2018 年秋，我们将这些理念、文化和课程进行了全面的梳理和整合，进而开发出了“1+5课程模式”。

田字格精心构建的“1+5课程模式”，旨在为学生打下坚实的学习基础，同时拓宽课程视野，丰富学习体验。这一模式通过多元化的课程设置，确保了学生在掌握核心知识的同时，也能享受到实践的乐趣和多彩的学习生活。

与2017—2018学年的乡土人本课程模式相比（见附件三），“1+5课程模式”的主要变化包括：首先，将语文课从乡土人本主题课（即表中乡土人本课）分离出来，严格依照国家课程标准进行教学；其次，将人本课程从原先的乡土人本综合课程中分离出来，独立开设了乡土课与人本主题课。乡土课专注于深入的乡土学习，而人本主题课则侧重于广泛的人文历史学习，这两门课程均在全校范围内推广。此外，针对三至六年级的学生，我们还特别增设了生命研究课。到了2019年秋季学期，我们进一步优化课程设置，将人本课程的部分内容有机融入乡土课程之中。

“1+5课程模式”的确立，不仅有利于落实国家对公立小学的要求，也为后续田字格的特色课，特别是乡土课的系统研发和以培养本土教师为核心的战略实施打下了基础。

以下将详细介绍“1+5课程模式”。

一、基础课

田字格三所典范学校正常开展国家要求开设的基础课程，包含语文、数学、英语、计算机、体育、道德与法治等，并按照国家课纲要求授课，培养学生的必备知识与技能，形成生存立足的基本素养。本章不具体讲述基础课在田字格的开展情况。

图5-1 基础课

二、五大特色课程

（一）日修课

图5-2 日修课

日修课是乡土人本教育修心练性的基础课。每天晨曦初露、太阳冉冉升起之时，学生们便进入生机勃勃的农场开始晨作，拉开充实的一天的序幕。随后，在音乐声中，师生互道“早上好”，校园内洋溢着温暖的氛围。紧接着是晨诵时光，学生们在清新的空气中诵读经典，让心灵沐浴在语言的韵律中；午餐时的开餐辞不仅滋养了身心，更让学生们学会珍惜与感恩；午间，则是沉浸于书海的午读时刻，学生们静心汲取古今中外的智慧；而日落西山之际，暮省环节让学生们反思一日得失，沉淀思绪。在一天的流程中，还特别穿插了学习古训的环节，旨在传承中华优秀传统文化，培养学生的品德修养。

这一整套流程，构成了日修课独有的韵律与节奏，让学生在乡土人本教育的沃土上茁壮成长。

晨作。又称每日一作（30 分钟）。这不仅是对“一日不作一日不食”古训的具体践行，更是勤劳品格与自律精神在新时代的生动传承。每天清晨，学生们进入学校的“开心农场”，亲自参与农作物的打理与照料，进行浇水、施肥、松土、除草等农事活动。在充满生机的农场，学生不仅体验到了农耕文化的博大精深，更深刻感受到了四季更迭和自然的奇妙。

通过亲身参与晨作，学生们逐渐领悟到劳动的价值与深远意义。他们明白，每一粒粮食、每一片绿叶，都凝聚着辛勤的汗水与不懈的努力。这种与土地的亲密接触，不仅让他们建立了与土地、与自然的深厚情感，更让他们学会了尊重劳动、珍惜成果，形成了勤劳朴实、自律自强的优秀品质。

晨礼。又称每日一礼（5—7 分钟）。兴隆田小的清晨总是伴随着师生的晨礼声开启。当古筝的音乐响起时，全校师生会快速汇集在立人堂前，列队整理仪容，开始晨礼活动。只见师生相互鞠躬后，教师面带微笑呼唤学生的名字：“×× 同学早上好！”学生鞠躬后回应：“×× 老师早上好！”师生一一问候后，教师相互之间再鞠躬问好。晨礼的鞠躬、微笑和问候，不仅是中华传统礼仪的生动展现，更传递着尊重、关爱与平等。晨礼仪式强化了对礼仪文化的认同与传承，这种仪式感不仅营造了和谐温馨的校园氛围，更在学生们心中种下了尊重他人的种子。

晨诵。也叫每日一诵。晨诵是每日打开生命、开启学习之旅的重要环节。当学生们步入立人堂就座后，教师会充满激情地说："每一天的太阳都是新的。"学生说："每一天的我们也是新的。"师生一起说："让我们一起，伴随着晨光，开启我们今天的学习旅程。"

接下来，师生会唱一首欢快的歌曲，然后共同沉浸在经典诗文的诵读之中。师生一遍遍诵读着经典，感受中华文化的博大精深和汉语的韵律美，领略圣贤的智慧与教诲。田字格的晨诵结合魏智渊老师提供的南明教育晨诵全套资料，每学期根据主题列出相应内容，再进行精选。

开餐辞。也叫每日一感。开餐辞是日修课中一道独特而温馨的风景线。每日午餐前，学生们会围坐在餐桌旁，面对即将享用的美食，齐声朗诵开餐辞，表达对大自然的敬畏与感激，对农民辛勤耕耘的赞美，以及对厨房阿姨、叔叔巧手烹饪的谢意。在日复一日的坚持中，学生们逐渐学会了尊重与感恩，他们意识到，每一份食物的背后，都凝聚着无数人的努力与汗水。同时，餐前仪式也让学生们逐渐懂得人与自然和谐共生的重要性。

开餐辞

大地赋予种子生命，
阳光让种子发芽，
雨露滋润万物，
农民伯伯的劳动让谷物蔬菜丰收，
食堂阿姨 / 叔叔烹饪出美味的食物。
感谢盘中餐！感谢大家！
祝大家用餐愉快！

午读。也叫每日一读。午读时光，是日修课中一抹宁静而充实的色彩。每日中午，无论是阳光透过窗户洒满立人堂，还是窗外淅淅沥沥下着雨，都不妨碍学生们全身心地沉浸在自由阅读的海洋中。他们或低头沉思，或轻轻翻页，在书籍的世界里享受着知识带来的滋养与乐趣。午读不仅培养了学生们的阅读兴趣与习惯，更让他们透过书籍这一扇窗，看到了外面广阔无垠的世界。

经过多年的训练，现在兴隆田小的学生已养成良好的自主阅读习惯。每到午间阅读铃声响起，学生们会安静地进入立人堂，找到并阅读自己想看的书籍，很多学生还会做读书笔记。

古训。也叫每日一训。每日晨诵结束或开始时，老师们会讲解一句或一段古训，并带读三遍。放学仪式时，学生轮流上台再次带领大家诵读一次本日学习的古训。

通过日复一日的积累，学生们逐渐可以背诵大量的经典古训。这些古训如同丰富的精神食粮，等待着学生们在未来的学习与生活中去细细品味与领悟。如此，学生们不仅对中华优秀传统文化有了更深入的了解与感悟，更在潜移默化中接受了先贤智慧的熏陶与启迪。

田字格的古训皆围绕田字格的“十大品格”与“兴隆六观”精选而出，旨在为学生们树立正确的世界观、人生观和价值观提供指引。

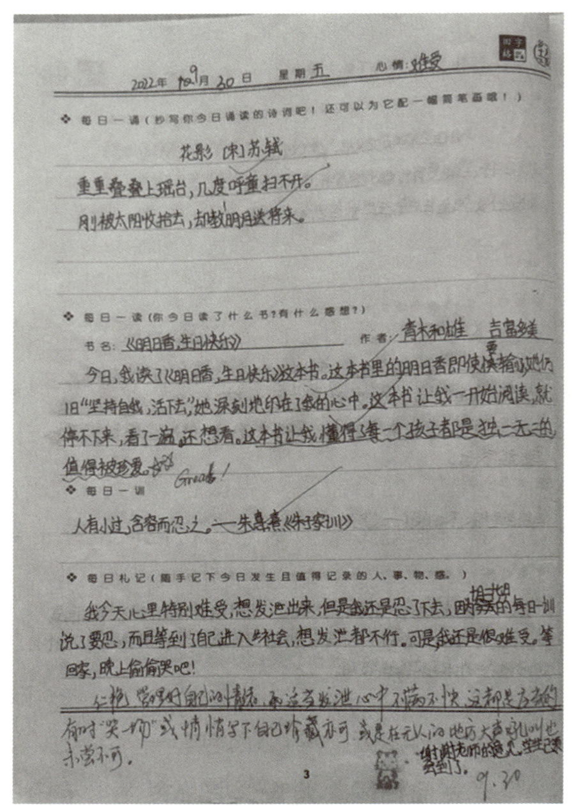

2022年 9月 30日　星期五　心情：难受

❖ 每日一诵（抄写你今日诵读的诗词吧！还可以为它配一幅简笔画哦！）

花影　[宋]苏轼

重重叠叠上瑶台，几度呼童扫不开。

刚被太阳收拾去，却教明月送将来。

❖ 每日一读（你今日读了什么书？有什么感想？）

书名：《明日香，生日快乐》　作者：青木和雄　吉富多美

今日，我读了《明日香，生日快乐》这本书。这本书里的明日香即使被输了她仍旧"坚持自我，活下去"，她深刻地印在了我的心中。这本书让我一开始阅读，就停不下来，看了一遍，还想看。这本书让我懂得了每一个孩子都是独一无二的，值得被珍爱。

Great!

❖ 每日一训

人有小过，含容而忍之。——朱柏庐《朱子家训》

❖ 每日札记（随手记下今日发生且值得记录的人、事、物、感。）

我今天心里特别难受，想发泄出来，但是我还是忍了下去，因为今天的每日一训说了要忍，而且等到了自己进入社会，想发泄都不行。可是我还是很难受。等回家，晚上偷偷哭吧！

3

9.30

图5-3　学生的日修手册

暮省。也叫每日一省，是对"吾日三省吾身"这一传统美德的践行。学生们在放学之前，在轻缓的音乐声中，在教师的引导语中，安静舒适地坐好，闭目静思，或者放开思绪享受安宁，或者反思自己一天的言行举止，回忆进步的点滴，思考改进的空间。这种向内寻找力量、内省自律的精神，不仅有助于学生舒缓情绪，培养注意力，更有利于培养学生的责任感与自省意识，让他们在日复一日的修行中不断成长与蜕变。

总之，田字格希望通过日修课一系列精心设计的仪式与活动，使学生们在日复一日的修行中深刻体会中华优秀传统文化的魅力与价值，从而培养出具有高尚品德、深厚文化底蕴和强烈社会责任感的现代人。

（二）轴心课

轴心课是乡土人本教育中的一门综合课程。轴心课承载着跨学科和综合实践的重任，是创新教学的重点实践课程。在教学过程中，轴心课会采用小组合作、项目式学习、主题式教学等多种形式，旨在培养学生的综合素养和创新能力。目前在兴隆田小，设有深入探索本土文化的乡土课及自由选题探索生命奥秘的生命研究课两大特色课程。

之所以称这些课程为轴心课，是因为它们不仅占据的课时较多，一般每周至少四个课时，更重要的是，课程均由田字格研发，其目标及实施策略均是围绕乡土人本教育理念及特色课程定位研发。乡土人本教育的理念、五步教学法、小组学习、项目式学习等教学形式都会在这两个特色课程中反复出现并贯穿其中，以激发学生对世界的好奇心，进而将这种好奇心转化为明确的探究与学习方向，最终养成终身学习的好习惯。

图5–4　轴心课

乡土课的详细介绍请见《吾乡吾土指导纲要》，此处不赘述。

生命研究课是兴隆田小高年级学生的最爱。在生命研究课上，学生拥有自主选题的权利。他们可以围绕自己感兴趣的任何主题进行研究——只要在开题时，说出与生命的关联即可。然后，他们会像组建探险队一样，找到自己的小伙伴，一起成立学习小组，共同踏上探索之旅。

开题答辩的日子，总是让人既紧张又兴奋。学生们站在讲台上，面对着师生的目光，用他们自己的语言，讲述着对课题的理解和研究的计划。虽然有时候声音有些颤抖，但那份对知识的渴望和对探索的热情，总让人忍不住为他们鼓掌加油。

接下来的日子里，学生们开始忙碌起来。他们翻阅书籍，上网查找资料，甚至亲自去观察、实验。每一点发现，每一次进步，都让他们兴奋不已。撰写论文的过程虽然有些艰难，但学生们乐在其中。他们用自己的独特表达，记录下每一次的发现和思考，仿佛是在编织着一个个关于生命的小故事。

当完成了一份 1000—2000 字的小论文并制作好 PPT 后，学生们迎来了最后的论文答辩。这一次，他们更加自信，也更加从容。他们用自己的方式，向全校师生展示研究成果，分享探索的喜悦。虽然有些内容可能还不够深入，有些观点可能稍显稚嫩，但那份对生命的热爱和尊重，却让人深受感动。

我今年（2024 年）走访了从兴隆田小毕业的学生，当我问到兴隆田小的什么课对他们影响最大时，很多人会提到生命研究课。他们表示，在四年级时，他们就非常期待能尽快升入五年级，因为五年级的生命研究课可以让他们自由选题、自主研究。

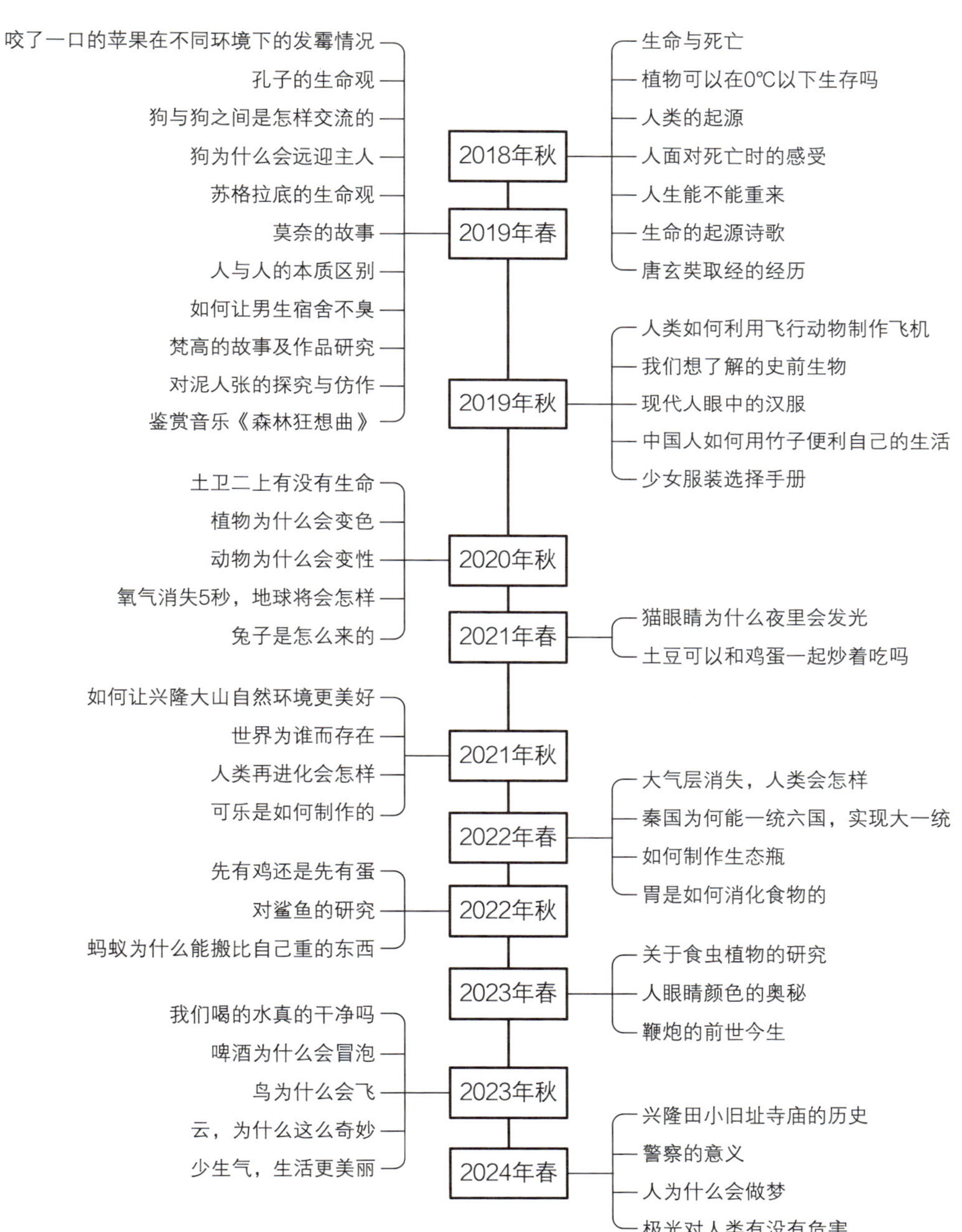

图5-5　生命研究课历年课题集锦

可以说，轴心课是乡土人本教育的灵魂课程。通过轴心课的学习，学生们不仅更加深入地了解了家乡的文化和自然环境，还学会了如何与他人合作、如何解决问题、如何创新创造。通过轴心课的学习，学生被鼓励对世界保持一颗好奇心，这种好奇心会驱使学生们去探索未知；通过轴心课多样化的教学活动，如实地考察、小组讨论、项目研究等，学生们得以亲身体验和感受家乡的文化底蕴、自然之美以及生命的奥秘，从而激发他们内心深处的探索欲。

（三）共同生活课

共同生活课，作为“四个学会”中“学会共同生活”板块的重要组成部分，通过显性课程与隐性课程相结合的方式，全面培养学生的生活技能和社区意识。

图5-6　共同生活课

显性课程。显性课程包括公共议事课、农耕课等，这些课程直接在课堂上进行，旨在传授生活知识和技能。

公共议事课。兴隆田小共同生活课中的核心课程，集中体现了民主、平等、尊重等多重价值观，是一门独具特色的课程，充分展现了兴隆田小“五共文化”的特点。公共议事课每周一次，每次一课时，学生们在课上讨论学校的各类事务。课程流程通常是，先由班级或个人在课前提出提案，提案需阐明问题背景和解决方案。在随后的课堂上，学生主持人根据讨论规则引导全体师生围绕提案进行讨论及辩论，在支持方与反对方进行充分交流后，最终进行投票表决，所有师生一人一票。为避免校长的特殊影响力，讨论期间校长不得发表意见，表决时，除非支持方与反对方票数相等，校长方可投票；否则，校长无投票权。

公共议事课议事规则

主持人，讲规则，分话权，提表决；
主持人，不表态，他人言，不总结；
赞成方，先举手，反对方，后举手；
先举手，先发言，得令后，起立言；
说话时，面主持；
每发言，两分内，同议题，人均二；
发言人，言主题，若跑题，请拉回；
发言人，说清楚，同意否，明理由。

注：（1）“每发言，两分内，同议题，人均二”，即每位师生一次发言不得超过两分钟，同一议题，每人最多有两次发言机会。（2）“说话时，面主持”，是让学生表达不同观点时，面对主持人，避免针对个人。（3）“发言人，说清楚，同意否，明理由”，即每个人表达观点有固定句式：“我同意××，因为……”或“我不同意××，因为……”。

本书的附录四有我在2021年撰写的公共议事课纪实，详细记录了这一课程的实施过程，进一步展现了它在兴隆田小的实际操作与深远意义。

农耕课。兴隆田小拥有一个占地约2.5亩（约1700平方米）的独具特色的“开心农场”，是学生们参与农事活动的宝贵场所。每周，学生们都会迎来一节充满乐趣与意义的农耕课，在这块土地上学习如何照料农作物，依据季节的变换进行耕地、播种、除草及施肥等农事活动。为了确保农场的日常维护，学生们被分成若干小组，轮流承担“晨作”的工作，每日清晨，学生们迎着朝阳、细雨、晨雾走进农场照看农作物。

值得一提的是，“开心农场”还承担着经营的功能。当丰收的季节来临，师生们会携手将辛勤耕耘的成果，在线上通过朋友分享以及网络平台推广等方式进行售卖。而这些售卖所得的收益，则被用于农场的进一步建设与发展，形成了一个良性循环。

隐性课程。隐性课程在兴隆田小的校园日常中得到了生动的实践，侧重通过校园活动与经营管理等日常形式，让学生在潜移默化中体验和实践共同生活的理念。在这里，师生共同营造了一个既温馨如家，又洋溢着浓厚学习氛围的社区环境，使得共同生活课不再局限于传统的课程框架内，而是巧妙地融入了学生的日常学习生活。

“学生生活管理委员会”和“学生会”作为两大学生自主管理组织，成了共同生活课的重要实践机构，通过全校范围内的公开竞选，学生们自愿报名、积极参与，由入选的成员自主选举产生委员会会长和学生会主席。每周的例会成为他们共同商讨学校事务、制定决策的重要时刻，从日常生活的细微之处，如起床、餐饮管理，到宿舍卫生、学校环境维护，再到活动策划与宣传，学生们都展现出了非凡的领导力与责任感，充分体现了学生的自主性与参与感。

“手作坊”则是另一处展现共同生活课魅力的场所。在这里，学生们不仅能够发挥创意，亲手制作手工作品，还能将作品转化为实际收益，通过销售经营活动，体验创作与经营活动的乐趣与挑战。这些收入在公共议事课上由学生自主讨论并决定其用途，这一过程不仅培养了学生的财商意识与财务管理能力，更在无形中增强了他们的团队协作与决策能力。

兴隆田小共同生活课的隐性课程通过一系列精心设计的实践活动，让学生在日常生活中自然而然地践行共同生活的理念，为他们的全面发展与成长提供了宝贵的平台与机会。

共同生活课的核心目标，在于培养学生的独立生活能力和思辨力，同时构筑自我与他人、与社区、与世界的和谐联结。通过这一系列丰富多样的课程和活动，学生们不仅学会了如何独立自主地生活，还学会了如何与他人合作、如何为社区作出贡献，以及如何以更加开放和包容的心态去面对这个世界。关于共同生活课的详细内容，读者可以参见第六章“美美与共的文化”。

（四）自主修习课

自主修习课是包含自主学习、兴趣选修课在内的学生自主选择修习的课程，旨在培养学生多维发展，提升自主探究和综合运用的能力。

自主学习是理念，是方法，更是一种需要培养的能力，是孩子走入社会后生存及成长必需的能力。就理念而言，这是一种思维的翻转，是对传统教师角色的翻转，教师要放弃“教”的角色，通过教学环节的设计，营造一种便于自主学习和探索的氛围，激发学生自主探究和学习的意愿，循序渐进，逐步达到自主学习的目标，教师则需在教学设计中以此为重要目标。

图5-7　自主修习课

图5-8 兴隆田小的自主学习教室

2019 年，兴隆田小对自主学习的学习目标及评定做了优化，表 5-1 是详细说明。特别需要说明的是，表格里的“工作”一词是学习的泛指，包括书本学习及其他工作的学习，如扫地、整理农场等。等级由低到高分为 C、A。

表5-1 自主学习目标

自主学习目标 1：知道要选择什么和如何选择			
能力等级	年级段		
	低年级（一、二年级）	中年级（三、四年级）	高年级（五、六年级）
C	（1）能够选择课程的一项工作，并能持续进行该工作至少 15 分钟 （2）教师观察学生，当一项工作结束后，协助学生做出下一个选择	（1）能够决定整个期间的工作顺序 （2）选择某项工作，并承担责任，完成任务 （3）教师协助判断学生是否能进入下一项工作	每天能够从不同的小主题中做选择，并决定如何工作，和谁、何时、用什么方式
A	（1）能够选择工作，并承担责任，完成工作 （2）能够决定一个时段的工作顺序 （3）教师判断学生是否能进入下一项工作	（1）学生能够自由安排自己的当日任务 （2）能够制定出完成工作的计划	做出对小组和教师来说合理的选择，并能够说明为什么这样做

续表

自主学习目标2：组织工作			
能力等级	年级段		
	低年级（一、二年级）	中年级（三、四年级）	高年级（五、六年级）
C	能够在两次连贯、简短的引导后，掌握工作步骤，组织简单的工作、游戏	能够在活动中按照一定步骤、流程工作	个人、小组能够确定工作方法解决问题，如建立工作目标、制定工作流程、明确工作方式
A	在接受指令后，能够完成工作并执行自己的计划	能够自行组织完成当日的工作	能够按照自己的工作节奏有条理地完成工作
自主学习目标3：时间意识			
能力等级	年级段		
	低年级（一、二年级）	中年级（三、四年级）	高年级（五、六年级）
C	能够在每日规定时间内完成教师安排的工作	能够预估在每日规定时间内完成多少工作（在教师给的工作清单内选择）	能够预估每周能完成多少工作，以及完成每项工作大致所需的时间
A	能够在教师协助下选择当日规定时间内可以完成的工作，并比较高效地完成计划的工作	能够预估每日规定时间内完成的工作内容及完成每项工作大致所需的时间	（1）能够制定日计划和周计划的完成时间表 （2）能够有计划预留出求助时间以及帮助他人的时间
自主学习目标4：对自己小组的工作内容和工作氛围负责			
能力等级	年级段		
	低年级（一、二年级）	中年级（三、四年级）	高年级（五、六年级）
C	能够遵守小组约定，知晓自己的责任	能够解释为什么做这项工作	能够向小组和教师证明自己的选择
A	知晓团队的共同责任（包括小组和班级）	为混龄班的共同约定负责	认识到自己对小组以及混龄班级的运作负有责任

续表

自主学习目标5：合作与协助			
能力等级	年级段		
	低年级（一、二年级）	中年级（三、四年级）	高年级（五、六年级）
C	能够和自己选择的同伴遵守规则，一起工作、玩游戏以及进行事后整理	能够和小组伙伴共同解决一个问题	（1）提供适当的帮助 （2）在第一时间自己解决与同伴的争执，相互包容并合作
A	（1）不管与谁或在任何状况下都能合作和玩耍 （2）和至少三个小组一起工作	（1）能够为同伴提供适当的帮助 （2）能够尝试自己解决争执，相互包容并合作	（1）能够接受帮助 （2）能够给他人提供学习方面的帮助
自主学习目标6：解决问题时的成就感，推迟请求协助			
能力等级	年级段		
	低年级（一、二年级）	中年级（三、四年级）	高年级（五、六年级）
C	（1）知道原则上要先自己找到解决方法 （2）寻找解决问题的方法	能够首先自己尝试解决问题	在寻求教师和组内成员帮助前，知道几种解决策略并尝试
A	（1）知道要先自己解决问题 （2）寻找和尝试解决问题的方法	在寻求教师和组内帮助前，可以思考解决问题的策略并努力尝试	定期回顾学习过程中解决的问题（“我学到……”）
自主学习目标7：独立运用资源			
能力等级	年级段		
	低年级（一、二年级）	中年级（三、四年级）	高年级（五、六年级）
C	能够独立地处理材料以及使用工具（如刷子、颜料等）	能够基本判断工作所需的简单材料和工具，并独立使用它们工作	（1）能够独立判断哪些材料和工具是需要的，并使用它们独立完成工作 （2）能够在教师的协助下适当运用网络、字典、图鉴和其他类似的自主学习工具完成工作

续表

自主学习目标7：独立运用资源			
能力等级	年级段		
	低年级（一、二年级）	中年级（三、四年级）	高年级（五、六年级）
A	能够简单判断需要的材料和工具，并使用它们独立完成工作	能够基本判断工作所需的较为复杂的材料和工具，包括字典、图鉴等工具，并使用它们完成工作	（1）能够独立判断哪些材料和工具是需要的，并使用它们独立完成工作 （2）能够独立使用网络、字典、图鉴和其他类似的自主学习工具

必须说明的是，2020年后由于各种原因，田字格在兴隆田小的自主学习探索有所停滞，若未来时机成熟，我们会继续这一探索。

兴趣选修课旨在丰富学生的学习生活，拓宽视野，让学生发现自己的兴趣，并在探索中进一步发展特长、锻炼才能。学校每学期会由教师根据自己的特长开设兴趣选修课，每周一次，每学期设置六至八个兴趣班，固定的有编程课、创客课和木工课。

（五）行动与分享

兴隆田小的行动与分享，主要体现在每周的大舞台、每学年的研学课和嘉年华中。这些课程与活动对于促进学生内化学习成果、提升公众表达力、树立自信及感恩意识都有极大意义。

图5-9　行动与分享

1. 大舞台

学校特设每周一节的全校性展示课程，专为师生搭建一个交流与分享的平台。在这个课程里，师生们围绕特定主题，用不同的方式展现各自的学习成果，内容既涵盖各学科的知识内容，也包含丰富多样的活动心得与感悟，精彩纷呈。

2. 研学课

研学课无疑是兴隆学子最翘首以盼的课程之一。自 2018 年起，除了疫情期间的特殊安排，每年兴隆田小都会围绕不同主题，组织学生们走出校园，踏上长达十几千米的山路徒步研学之旅。

去县城研学的路最具挑战，山路蜿蜒曲折又险峻，学生们通常需花费整个上午徒步前行，才能抵达县城。但这一路上的挑战与团队协作，正是研学之旅的宝贵财富。抵达县城后，学生们还需完成一系列精心设计的研学任务，这不仅考验了他们的组织协作能力，更激发了他们对知识的渴望与探索精神。返程时，每个人的心中都充满了难以言喻的兴奋与成就感，研学队伍浩浩荡荡，气势不凡。

2021 年春季学期，研学课回到了学生们最熟悉的兴隆村。特别的是，这是一次夜间活动。学生们需要观察和发现兴隆村的夜间美景，在由老师和家长扮演的“守关人”处完成相应的闯关任务。为了顺利完成此次活动，学生需要填写申请表，并在资格确认的两周时间内参加安全训练、模拟突发状况等，还要参加一次夜间拉练。尽管这次夜间活动过程中有些小插曲，但每个小队还是完成了任务并安全返校。随后，大家围坐在操场中央的篝火旁，一起品尝美食、合唱校歌，共同庆祝研学成功。

自 2017 年秋季学期以来，研学课已经开展了十次。学生们的足迹从村庄到县城，从博物馆、电视台、气象台、消防大队到吉他制造厂、营养餐加工厂、县医院、超市等。有研学出发前的体能和安全训练，有学习讨论，有往返二十几千米的长途跋涉和结束后的分享展示，它是培养学生综合实践能力的一门课程。

❶17秋：千人千梦（兴隆村）

❷-❸18春：正安历史与文化（正安县博物馆等地）

❹-❺18秋：正安人文与地理（正安县电视台等地）

❻19春：我们的营养餐（和溪县黔安食品加工有限公司等地）

❼19秋：正安吉他（正安神曲吉他厂）

❽-❿20秋：正安人文（正安县消防大队、正安县法院、正安县特殊教育学校）

❶21春：春风十里夜来乡（兴隆村）

★⓫21秋：正安非遗进校园（兴隆田小）

⓬22秋：走山间，护家园（源泉村）

⓭23秋：我是田小宣传大使（太平村等地）

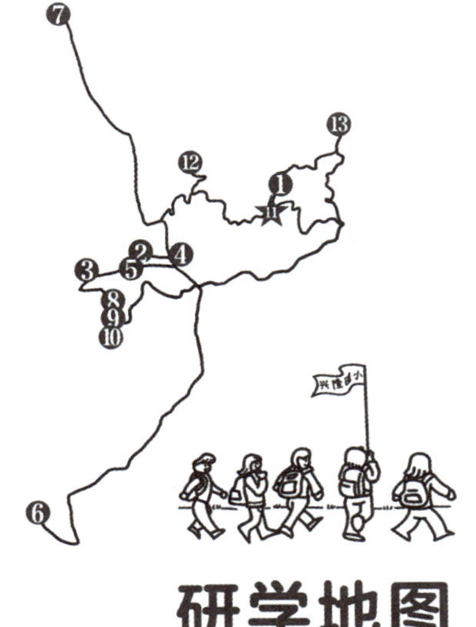

图5-10　兴隆田小十次研学简记

每当研学队伍归来，学前班和一、二年级的师生都会早早在校门口列队迎接，他们手里或拿着锣鼓，或高举着“欢迎回家”“英雄凯旋”的横幅，以最热烈的方式迎接学长学姐回校。当远远地听到那激昂的校歌——“天楼外，芙蓉畔，兴隆学子立山岗”在山间回荡时，门口的师生就开始一边打鼓，一边举起横幅，并以校歌相和，用最热烈的方式为归来的学子奏响胜利的凯歌。

这样的场景实在令人动容，此刻那些小弟弟小妹妹们最盼望的，就是快点在兴隆长大，以便早日参与这令人向往的研学之旅，去体验那份属于兴隆学子的荣耀与自豪。

研学，不仅能够提升学生们自主管理、合作互助、自主研究的能力，还能够培养学生坚毅的品质。师生走出学校，以环境为课堂，以乡土为教材，让学生在真实的生活中，身心合一地行动和学习，开阔学生视野，增加与外面世界的联结。

图5-11　行走在山水之间的兴隆田小研学课

3. 嘉年华

嘉年华每学年开展一次，一般于春季学期举行，是学校的综合性庆祝活动，是让师生在欢乐的氛围中放松身心、享受美好时光的活动。学生们总结回顾学期所学，通过各种富有趣味和创意的形式进行展示分享，并向教师、家长、给予学校帮助和支持的社会人士表达感谢。活动内容一般包括学期特色课程的成果汇报展示、美食制作和趣味体育活动等，以锻炼和展示学生们的能力和才艺，提升其自信心和创造力，展现兴隆田小学子的风貌。

自 2017 年秋至 2024 年春，兴隆田小嘉年华已举办了 10 届，吸引了各界嘉宾、众多学生家长前来观摩。2020 年秋季学期，兴隆田小与“乡土村小”项目（项目介绍详见第七章）合办“感恩 · 分享 · 欢庆”嘉年华，“乡土村小”项目主办方代表（正安县教育局、田字格公益、中国发展研究基金会）和 20 所项目学校师生代表，以及兴隆田小全体师生、家长、义工等共计近 150 人欢庆嘉年华，大家在欢庆中交流、互动、分享自开展“乡土村小”项目以来获得的成长经验及取得的成果。此后，兴隆田小嘉年华常与“乡土村小”项目总结一同举行。

至此，我已在本章对“1+5 课程模式”中的五大特色课程进行了精炼的概述。事实上，“田家君”（田字格专职人员昵称）作为乡土人本教育的课程研发团队，自 2017 年以来，不仅开发了“吾乡吾土”丛书中的乡土课，还精心打造了一系列特色课程，包括生命研究课、日修课、公共议事课、研学课以及农耕课等，这些课程同样拥有详尽且系统的课程资料。未来，我们将逐步整理并公开这些宝贵的课程资源。

最后，我希望从五步教学法的角度，进一步揭示“1+5 课程模式”的底层设计逻辑：从兼具体验与应用功能的轴心课出发，引领学生深入探索，激发学习兴趣；经由基础课的系统学习，为学生的知识体系搭建提供坚实支撑；再通过大舞台进行创造与分享，在走出课堂的研学课上将所学知识应用于行动实践；最终在嘉年华活动里集中展示学习成果，在欢乐的氛围中感受成长的喜悦，实现知识与情感的双重升华。这一体验、学习、创造与行动、分享、联结与升华的底层逻辑不仅体现了教育的连贯性和层次性，同时也体现了田字格通过课程设计实现学生全面发展的教育目标。

兴隆田小的学生在户外教室走梅花桩（原图见第132页）

孩子们期待走进的课堂，就是好课堂；

孩子们期盼去上的学校，就是好学校。

——肖诗坚

第六章　校园实践：环境、课堂、文化与制度

作为一名教育的探索者，我深感幸运。田字格的三所典范学校——“大山里的未来学校”（2017 年）、“稻田里的未来学校”（2022 年）和“峰林里的未来学校”（2023 年），从校园环境的设计与建设，到课程的设置及教师的选拔与培养，都得到了当地教育部门及社会力量的大力支持，这使得田字格乡土人本教育实践成为可能。

学校是一个微观社会，其中包含着复杂而多样的交互和影响因素，从校园环境打造、课程设置到师资队伍建设，再到家校关系维系等，都会影响一所学校的运行。

这一章，我将从校园环境、课堂呈现、文化以及学校制度这四个角度展开，细致描绘兴隆田小乡土人本教育充满活力与智慧、朴素而动人的实践篇章。

首先，校园环境是一所学校文化与价值观最直观的体现。任何人一走进学校，就能立即感受到学校的理念、文化乃至气质。一个富有启发性和支持性的校园环境能通过细致入微的设计体现其文化内涵，而非仅仅通过标语、口号简单粗暴地传达。校园的设计和氛围不仅传达教育理念，还会影响师生的行为和互动方式。

其次，在本章中，我将使用“课堂呈现”而非“课堂管理”这一概念来讨论课堂教学的有效进行。在这一概念下，好的课堂不是靠严格的管理制度来实现的，而是通过教师的创造性设计与实施塑

造的。这种方式强调教师需要激发学生的兴趣、调动学生参与，并通过各种教学策略来促进学生主动学习和深入思考。我将通过案例展示教师应该如何和学生共同构建一个充满活力、互动且具有支持性的学习环境。

再次，我想谈谈校园文化。校园文化包括学校的潜在价值观和规范，它是通过政策、日常实践以及与学生和教职工的互动来传达和强化的。校园文化作为校园生活的背景，深刻影响着学生和教师的行为模式和互动方式。

最后，我将聚焦于学校制度建设这一层面，探讨兴隆田小如何从制度建设上确保学校能够沿着乡土人本教育理念的方向稳健运营与发展；同时，说明我们的教育理念在稳固的制度框架下得以坚守，不会偏离既定的航道。

一、乡土自然的校园环境

我认为建设一所教育理念清晰的学校，校长必须亲自抓学校环境设计及基建。学校建设中涉及的设计原理、建筑结构、材料选用，甚至施工过程，无不体现、传递我们希望展现的教育理念。所以，我在三所学校建设时都充当包工头，跑工地、下乡收集物料，为此甚至多次晒脱了皮。

受城市化及集中办学的大环境影响，现在很多乡村都在办寄宿制小学。大部分乡村寄宿制学校还是基于 20 世纪 80 年代让乡村学生“有学上”的思维而设计和建设的，这一思维已远远落后于时代的发展，并对当下不得不寄宿学校的留守儿童的学习生活造成了不利影响。留在乡村读书的孩子很大一部分都是“走不了”的孩子，他们或是特困生，或是事实孤儿，或是多子女家庭的孩子，许多兼具贫困、留守，甚至身心发育不良等特征。这些孩子不仅需要一个遮风挡雨的栖息地，还需要一个有安全感、可以玩耍、可以成长的学习地，他们甚至需要一个有家一样感觉的校园。乡村学校不仅承载了教育职能，还承载了家庭养育的功能。

乡村学校的优势之一是很多学校位于优美的山水之间，居于自然资源独特的乡土之中。这让乡村孩子有条件在更具自然、更富乡土气息的环境中学习成长。如果乡村学校能对自然及乡土环境善加利用，那么不仅乡村孩子的身心成长能更健康，乡村学校的教育也会更具有吸引力——毕竟乡村拥有的自然和乡土资源是城市所望尘莫及的。

田字格三所典范学校都传递了田字格的乡土人本教育理念，充满了乡土、自然、生命、人本的气息。

（一）融入自然之中的学校

兴隆田小、必克田小以及峰林田小三所学校的建设都属于“改扩建”项目。田字格接手时三所学校都有老校舍，因为兴隆田小和必克田小是寄宿制学校，所以“一场三楼”齐全，即有运动场、教学楼、学生宿舍楼和教师公租房，基础硬件齐全，这两所学校都是基于“有学上”思维建设的寄宿制学校。峰林田小因其位于风景区，基础设施更佳。但三所学校有一些共性问题：缺少绿化（峰林田小尚佳）、缺少玩耍及体育设施、缺少儿童友好设计思维、缺少人与环境的互动及文化的传承。

大自然是一种神奇的存在，它既能治愈伤痛，又能创造出世间最美的作品。所以，我期望乡村的孩子能够更多地亲近自然，希望他们的校园能成为一个随时都能感受到大自然之美的地方，让他们可以自由观察、探究那些生机勃勃的植物和活泼可爱的小动物。

为此，我在三所学校采取了以下行动：

拆除水泥围墙。将正面的水泥围墙拆除，改为通透的围栏，使学生们可以在校园里直接看到美丽的山水，感受大自然的壮丽。

拆除防盗窗。教室窗户上的防盗窗被拆除，这样大自然的清新空气就可以在教室里自由飘荡，减少学生的压抑感，让他们更加自在、放松。

增加绿化面积。减少硬化地面的面积，尽可能地增加绿化区域。例如，兴隆田小拥有百草园、茶园和两大斜坡花园（利用建筑物之间有高差的斜坡改建而成）；必克田小建有樱花林、贞丰热带植物园和布依植物园。特别值得一提的是，必克田小校园原本绿化面积不足 200 平方米，有约 300 平方米的停车场，经过我的规划和与教师们商议，他们决定去除水泥停车场，移出原本蔫巴巴的 24 棵樱花树，置换成一片美丽的樱花林。

经过 7 年多的精心打造和维护，兴隆田小校园已经变得像大山里的生态植物园一样，花草植物种类繁多且生长茂盛，充满了野趣与美感。这里不仅是植物的天堂，也是很多小动物的家，学校养鸡、鸭、鹅、兔，还有学生养乌龟。校园到处有鸟窝，甚至学生家的狗也常来学校玩耍。夏季，校园里还能看到萤火虫飞舞，各种花鸟鱼虫也都在这里安家。

图6–1　2017年的兴隆村完全小学校门（左）和2024年的兴隆田小校门（右）

总有人夸赞兴隆田小的孩子自然、自信、自在，我想这份评价或许有一半要归功于我们精心打造的自然与生态教育环境。在这样的环境中，教师们得以开展乡土探究、植物观察等丰富的课程活动；学生们，也在这片土地上自由呼吸，自在探索，悠然成长。教育，从来不是单向的灌输，而是人与环境深度互动的过程。

（二）可玩可探索的校园

玩耍是儿童的天性，在玩耍中，他们不仅学习、探索，还逐渐习得规则，学会合作与互助。

田字格深知这一点，因此各校都配备了丰富的游乐设施：跷跷板、平衡木、爬竿、废轮胎改制的秋千、木质梅花桩等，这些设施大多就地取材，精心制作，既经济又古朴，任何一所乡村学校都能轻松承担。

在三所学校中，沙坑是孩子们最爱的玩耍区域之一。虽然必克田小的沙坑建设费用稍高，但每当看到山里的孩子们捧起细腻的海沙，脸上洋溢着纯真的笑容，在沙坑里尽情嬉戏时，我都觉得这笔钱花得值。

峰林田小更是别出心裁，专门建设了一个长达 12 米的滑梯。课间休息时，孩子们争先恐后地爬上滑梯，又兴奋地滑下来，欢声笑语回荡在校园上空。

在兴隆田小校园的建设过程中，我们挖出了一块高约 1.5 米的大石头，便巧妙地将其抬至角落，围绕它修建了一个水池。这个水池连续多年靠师生共同维护，虽然朴素，却自然味甚浓。每到夏季，水池中睡莲盛开，小蝌蚪在水中游荡，孩子们常常喜欢在这里驻足观看，兴奋地讨论着里面是否有不知名的小鱼。

图6-2　兴隆田小的学生在户外教室走梅花桩

而必克田小校园的“鱼戏山”则是一个意外的惊喜。原本这里只是个小土坡，露出一些石头。在建沙坑时，我们惊喜地发现土下竟埋藏着更大的石头。于是，施工队小心翼翼地挖掘，最终挖出一座小而精美、富有喀斯特地貌特色的石山。我们围绕这座石山修建了水池，养了金鱼，并取名为“鱼戏山”。这里迅速成了孩子们观赏、观察的金鱼乐园，也是他们探索自然奥秘的宝地。

（三）充满泥土芳香的校园

“开心农场”已成为三所典范学校的标志性设施，它不仅是学校实施农耕课程和日常劳作活动的核心场所，更是田字格教育理念中的“立足乡土，敬爱自然”的重要载体。我们坚信，让学生脚踏实地，亲近自然，让生命在泥土的滋养中茁壮成长，是乡村教育重要的内涵。

对于众多乡村学校而言，开辟一块土地，建设一个农场并非难事。毕竟，乡村拥有得天独厚的自然条件，即使校园内土地有限，也可以向村里租借。例如，必克田小的“开心农场”就是由村委会慷慨免费提供给学校的，面积多达 6 亩（约 3600 平方米）。兴隆田小在建校之初，政府就特意划拨了 3000 平方米的土地，其中约 1000 平方米专用于农场建设。而峰林田小的农场则是通过租赁的方式获得。

每年，三所典范学校的学生们都会在这片土地上体验春耕秋收的乐趣。在劳动中，他们不仅体会了劳动的价值，更收获了成长和快乐。每年秋天，田字格特有的“有根的大米”也会成为热销产品，或被寄往全国各地，送给那些关心和支持田字格的粉丝，或上架义卖，这些义卖大米的收入，又会再次投入“开心农场”的建设和维护中，形成了一个良性的循环。通过这样的方式，“开心农场”不仅为学生们提供了一个亲近自然、体验劳动的平台，更成了田字格教育理念中不可或缺的一部分。

图6-3　峰林田小的学生在“开心农场”插秧

（四）各美其美的校园

有人问我，这三所学校设计一样吗？我回答说：“理念一致，形态各异。”乡土人本教育的追求也可以用“各美其美，美人之美，美美与共”来解读。

建筑不仅是传承文化的载体，更是传递美的使者。田字格深知这一点，因此，我们不仅致力于让学生们能在富有家乡特色的建筑中感受乡土的传承、文化的浸润，更希望学生们能在这些美而自然的建筑中，感受美、欣赏美。

图6-4　田字格的三所“未来学校”

第一所，“大山里的未来学校”兴隆田小，坐落于巍峨的大山深处。其前身是一座拥有400年历史的古庙，学校努力保留了古庙的台阶与石礅，与兴隆村深厚的历史底蕴相得益彰。兴隆村曾出过举人，村庄里依稀保留了一些文化标识，改建学校时用到的许多木材，都是政府帮忙收购的那些被遗弃的老建筑上的。这些积淀了时间与历史的木材，为兴隆田小增添了几分古韵。学校古朴、富有历史感的立人堂，风雨廊和学校大门，都成了文化传承的标志性建筑，因为这些建筑采用了当地的老建筑的木材、砖、瓦等，由秦森古建公司派出12位老工匠无偿精心打造，既保留了历史文化，又融入了教育的现代理念。

第二所，“稻田里的未来学校”必克田小，是田字格与贵州省黔西南布依族苗族自治州贞丰县教育局合作共办的田字格的典范学校。必克田小坐落在风景如画的必克村寨村头。必克村寨是布依族村寨，周围被小山丘环绕，一条清澈的河流穿村而过，美不胜收。布依族妇女至今仍在河边用蓝靛草将白布染成从浅蓝到靛蓝的不同色彩，并用这些布料制作各种民族服饰。受此启发，必克田小的教学楼设计全部采用从布依族服饰中提取的元素，以蓝色为基调，虽未直接书写“布依族”3字，但浓郁的布依风情扑面而来。在贞丰县教育局的支持下，学校的环境改造十分到位，学校不仅有布依百草园、贞丰热带植物园，还有樱花林。学校的6间教室全部用布依族喜爱的植物命名，如紫兰草、密蒙花、枫香叶等，让孩子们在学习知识的同时，也能感受到布依族文化的独特魅力。又因为布依族以种植水稻为生，每到夏秋之际，村庄里、学校外，稻花飘香，学校与村庄融为一体，成为孩子们成长的乐园。

第三所，“峰林里的未来学校”峰林田小，是田字格与贵州省黔西南布依族苗族自治州兴义市教育局合作共办的典范学校。学校位于万峰林风景区内，在改建学校时，政府给予了一定的资金支持，且原本学校的硬件设施就很完善，因此在设计时，改建的思路就更加大胆和创新，充分利用了万峰林独特的喀斯特地貌和丰富的地质资源，打造了一个沉浸式的自然地质主题校园。教学楼以 12 色真石漆渲染呈现地球 12 纪的历史，学生可以从地球的起源出发，一路走过震旦纪、寒武纪、三叠纪等地质年代，感受地球生命的变迁。全校 12 个班级也根据 12 个地质年代设置了不同的主题班，让孩子们在玩耍、学习、探究中感受家乡的美好和自然的神奇。这所学校在 2024 年被挂牌为“兴义世界地质公园地质小学”。

图6–5　峰林田小师生在校园里的恐龙模型前合影

总而言之，田字格精心打造的这三所典范学校，不仅深深植根于乡土文化的沃土之中，为学生们提供了与自然亲密无间、和谐共生的宝贵机会，更在每一处细节中都精心地融入了乡土人本教育理念，潜藏着教育的深远力量。我们期盼，在这片洋溢着自然之美与乡土之韵的校园里，学生们不仅能领略到自然风光的旖旎、建筑艺术的魅力，还能在轻松愉悦的氛围中释放天性，享受童年的欢乐，深刻体会到乡土文化的独特韵味与深厚底蕴。

二、体验学习的课堂

什么样的课堂才算得上真正的好课堂？这是一个值得深入探讨的问题。对于好课堂的标准，人们各有见解，而田字格的听评课表则从课堂设计、教学环节到师生互动等多个维度为课堂提供了评估框架。然而，有时这些具体的维度和指标似乎仍然不足以全面捕捉课堂的精髓与优劣。

我曾有幸走进上海的一所一流小学，听了一位资深教师的一堂数学课。在那节课上，教师的教学目标明确，环节安排紧凑、衔接流畅，师生间的问答互动频繁，甚至穿插了富有创意的游戏环节。尽管如此，我总感觉这堂课似乎缺少了一些灵魂。在回顾整个课程时，我意识到，这个课堂上几乎看不到师生的笑容。虽然学生们能够准确地回答出正确答案，但他们的眼神中缺乏那种真正投入与渴望学习的光芒。即便是游戏环节，赢了的学生没有表现出明显的喜悦，输了的学生也没有流露出丝毫的沮丧。我意识到，这堂课对于师生而言都是走“流程”，它失去了对人的关注，缺少了生命的活力。

这次经历让我深刻认识到，仅仅依靠那些具体的评估维度和指标来评判课堂的优劣是远远不够的。于是，我开始重新思考什么才是真正意义上的好课堂。

好课堂的形式是多种多样的。有些课堂得益于教师渊博的知识，能够深深吸引学生；有些课堂则因为教师讲解得生动有趣，让学生听得如痴如醉；还有些课堂则因为教师擅长互动，让学生能够积极参与其中。好的课堂各具特色，但它们通常都具备一些共同的特点。

首先，好课堂能够带给学生真正的成长。我们必须坚信，每个生命都是向上生长的，学生对成长及学习充满渴望，不愿虚度光阴。因此，好课堂应该能够激发学生的学习兴趣与欲望，帮助他们掌握知识与技能，实现自我价值的提升。

其次，好课堂应该是充满乐趣的。这意味着课堂氛围应该轻松愉快，让学生能够享受学习的过程，而不是将其视为一种压力和负担。

最后，大道至简，在我看来：如果学生真心期待上这堂课，那么这堂课就一定是好课。因为我们必须相信，每个学生都怀揣着向上的梦想，每个生命都渴望成长与进步，没有人愿意浪费自己和他人的生命在无趣的课堂上。

接下来，我想分享几个在兴隆田小的真实案例，希望这些案例能够给读者带来对于好课堂的思考和启示。

（一）乡土课堂的"风波"

在 2019 年那个生机勃勃的春天，田字格的乡土人本教育探索正如火如荼地铺展开来。历经一年半的磨合与适应，师生们对这一新颖的教学模式从最初的陌生逐渐转变为熟悉，并成功将其融入日常的教学生活中。然而，就在五月里一个炎热难耐的午后，孔美老师一脸严肃地找到了我，她眉头紧锁，显然心中藏着沉甸甸的忧虑。

孔美老师向我反映，她与田艳莉老师在四、五、六年级合班上的乡土课遭遇了瓶颈。学生们对课堂的热情与参与度普遍不高，尤其是六年级的学生，他们即将面临毕业考试的巨大压力，对乡土课产生了强烈的抵触情绪，担心这门课会干扰到他们的学业成绩。由于六年级学生在混龄班中扮演着举足轻重的角色，他们的消极态度蔓延至整个班级，给原本积极向上的学习氛围带来了负面的影响。所以，孔美老师考虑取消六年级的乡土课，将这个时间用于他们的考试复习。

我意识到这是一个关乎教育信念与实践的重要抉择，虽然问题有点棘手，但绝不能草率行事。于是，我询问孔美老师是否曾与学生就她的想法（出于对课程的担忧，考虑让六年级学生停止上乡土课）进行过深入交流。孔美老师闻言一愣，坦言他们并未开展过此类讨论。我随即提议，我们应当首先倾听学生的声音，了解他们的真实想法与需求。

于是，我与孔美老师、田艳莉老师一同走入了那间充满乡土气息的教室。我首先向学生传达了孔美老师的担忧及建议，并明确表示，我作为校长会尊重他们的选择。如果六年级的学生决定不再参与乡土课，我会认真考虑并接受这一决定，但他们必须深思熟虑、充分讨论，对自己的选择负责。我甚至提出，如果所有同学都提出要取消乡土课，学校也可以考虑接纳。这门课的去留，掌握在每个在场学生的手中。我给了学生们十分钟的时间，让他们以小组为单位，就这一议题展开热烈而充分的讨论。

我站在教室的一角，静静观察着学生们的反应。他们显然对这一突如其来的议题感到震惊，但同时也意识到自己对学校课程安排拥有前所未有的决定权。他们的讨论异常激烈，甚至有几个小组还进行了举手表决。那一刻，我内心充满了欣慰与感动，因为我看到了公共议事课在他们身上结出的硕果。

认真讨论后，我邀请各小组的代表上台发表意见。令人意想不到的是，六个小组均一致反对取消乡土课的提议，也不同意六年级不上乡土课。他们一致认为，这门课程不仅让他们学到了丰富的知识，更培养和提高了他们的综合能力与素养。更重要的是，他们表示不愿回到田字格来之前那种单调乏味的传统教学模式，不愿失去经过努力争取到的多样化课程。

我被学生们的真诚与坚定深深打动，同时也意识到乡土课确实存在着一些问题与不足。于是，我鼓励学生们继续提出宝贵的建议与意见。话音刚落，学生们纷纷举手，争相发言。

有的同学指出了同伴在学习过程中的消极态度，而一位男生的直言不讳更是震撼了在场的每一个人：“老师的课堂教学有时确实缺乏吸引力。”

这句话如同一记重锤，敲响了孔美老师心中的警钟，我注意到她开始更加诚恳地倾听并认真地记录。

随后，更多的声音涌现出来。一位女生满怀期待地提议，能否像生命研究课那样，让学生自主选择想要学习的主题；有的学生则将目光投向了窗外的大山，建议课程内容与兴隆村的实际环境相结合，进行实地考察与学习；面对午后的困倦，有学生机智地提出，教师可以设计一些小游戏来提神醒脑；考虑到炎热的天气，另一位学生则贴心地建议，能否让学生们提前进入教室休息片刻，以保持良好的精神状态；还有一位学生针对作业问题提出了自己的见解，认为教师应根据不同年级、不同程度的学生留下个性化的作业。

学生们的这些建议让我惊叹与钦佩。他们不仅提出了让教学内容更加贴近实际、增加游戏互动环节等具体可行的建议，还表达出参与教案设计、走出教室进行实地考察等富有创新性的想法。这些建议不仅体现了学生们对课程的深入思考与积极参与，更体现出我们的教学探索已经在学生心里留下了深刻的烙印。

最终，这堂课以通过师生共同制定的公约圆满落幕。公约内容既包括教师要设计更具参与性的课堂的约定，也包括学生要积极参与并完成作业的承诺，还有学生若上课时困了可以主动站起来参与讨论的灵活规定。

课后，我与两位教师进行了深入地复盘与总结。两位教师纷纷表示，这次经历让她们深受震撼，她们甚至很认真地讨论以后教研会议可以邀请学生一起参加讨论。我借此机会与她们深入探讨了如何真正理解并相信儿童的问题。孔美老师感慨万千地说："我们总是以为他们不懂事、只知道玩闹，但这次经历让我深刻体会到了'生命向上、生而为学'的教育真谛。当学生表现出厌学情绪时，我们应该首先反思自己的教学方式是否得当，而不是一味地指责与埋怨。"田艳莉老师则表示："虽然自以为理解了乡土人本教育的理念和教学方法，但是在实际操作中，若不坚持，便不知不觉地走回到'满堂灌'的老路。再比如，我每堂课都设计有小组讨论，现在我发现，小组讨论只是形式，如果讨论的主题和内容孩子不感兴趣，这种形式也不会让学习更有趣，孩子也不愿参与讨论。”

通过这次与学生的公开对话和深入讨论，我们不仅成功化解了乡土课所面临的危机，更深刻地领悟到了教育的真谛。公开平等的师生对话不仅是我们解决问题的有效手段，更是田字格教育理念的生动实践。这种对话，可以极大地增强师生之间的信任与尊重，并使得每个人都成为学习的积极参与者和真正受益者。

（二）富有生命力的课堂

我始终认为，我们在乡土人本教育探索中所遇到的种种问题，归根结底是因为我们在践行理念时还不够坚定和彻底。当我们提出将课程的决定权交给学生时，我们就是由衷地认为，继续开展一门学生不喜欢的课程，不仅是对教师时间的浪费，更是对学生宝贵时光的极大消耗。此外，我深信，没有一个学生会拒绝积极、自由、有趣的课堂，因为没有一个生命不渴望成长和向上。

在教育的探索中，我一直秉持着一个坚定的信念：真正的课堂，是生命与知识的交融之地，是创造力与好奇心的摇篮。我反对那种刻板、僵化的“假课堂”：手背后，坐整齐，眼睛看黑板，思想四处飞。在这样的课堂中，孩子们失去了童真，学习变得索然无味。我追求的是一种更加真实、自然、富有生命力的学习环境，让孩子们在放松与自由的状态下探索知识的奥秘。

在我的课堂上，我喜欢孩子们以他们最自然、最舒适的方式学习。我不强求他们必须端端正正地坐在座位上，双手放在桌子上，因为在我看来，这样的束缚只会分散他们的注意力，抑制他们的创造力。相反，我允许他们在学习时稍微弯下腰，甚至趴在桌子上思考，只要我能感知到他们有投入即可。我相信，在这样的环境下，孩子们的思维才能更加活跃，创造力才能得以充分释放。

与平时40分钟一堂课不同，2017—2018年的乡土课是三堂课连上，共计120分钟。很多人会认为，在这样长时间的课堂中，学生们很容易感到疲倦。但事实并非如此。在2小时的课堂里，师生们常常共同沉浸在一个充满活力与创造力的学习环境中，丝毫未感疲惫。

课堂上，我们关注每位学生的需求。想上厕所的同学只需举手示意，得到我的点头许可后便可自由离开，而他们在上完厕所后，也总能迅速回到教室，静静地站在门口等待。师生事先已有默契，外出归来无须大声喊“报告”。若我正在讲授新知识，学生将在门口安静等待，不打断我的授课及其他同学上课，当我看见他们时，我会用眼神示意他们走回自己的座位；若学生上厕所返回时，其他同学正处于小组讨论或创作环节，学生更是无须任何招呼，只需轻轻走回自己的小组座位即可。

我的授课风格偏向激情互动型，尤其是在连续2小时的课程中，这种风格体现得尤为明显。冬天时，我常常穿着厚重的羽绒服走进教室，但随着课程的深入，当我讲到兴奋之处，便会不自觉地开始脱下衣服，以更好地与学生们互动。而当学生们进入创作或小组讨论环节，我的话语逐渐减少，这时，寒意便又悄然袭来，于是我又会赶紧穿上衣服。就这样，在2小时的课程中，我总是在穿穿脱脱之间切换，以此来适应课堂的节奏，同时也为学生们创造了一个既温暖又充满活力的学习环境。

学生们在这样的氛围中，也总能根据课堂的节奏，自如地转换着学习状态。他们时而聆听我的讲解，时而参与热烈的讨论，时而沉浸在创作的乐趣中，时而分享着自己的想法与作品。他们的思维在这个过程中被充分激活，眼里闪烁着求知的光芒。下课后，他们往往还沉浸在课堂的余韵中，意犹未尽，仿佛时间在这一刻变得格外珍贵。

我们深知课堂互动的重要性。一个好的课堂，不应该是教师单方面的讲授，而应该是师生之间的双向交流。因此，我鼓励学生们在课堂上积极发言，提出自己的见解和疑问。我倡导对话式的课堂，而非简单的问答。我希望以抛出一个个问题激发学生们的思考，引导他们一步步深入探索知识的世界。在这样的课堂上，学生们不再是被动的接受者，而是主动的探索者和发现者。

我鼓励教师们避免直接给出定义，而是引导学生自己去归纳定义或定律。在一堂乡土课上，当有学生问我“什么是材料”时，我并没有直接回答，而是随手拿起一个塑料杯，询问学生们：“这个是由什么制成的？”他们异口同声地回答：“塑料！”接着，我又拿起一个竹碗，再次提问：“这个呢？”他们再次齐声回答：“竹子！”在连续问了两三个类似的问题后，我突然话锋一转，问：“那么，谁能告诉我，什么是材料？”此时，学生们马上领悟到刚才我问问题的意图，并尝试用更准确的语言来表述：“就是用来做物品的东西。”我进一步引导他们：“请把‘做’这个词换成一个更精确的词。”同学们纷纷提出“创造”“制造”“制作”等词。我继续鼓励道：“非常好。现在，我们再把‘东西’这个词换成一个更书面的表达，谁能做到？”学生们积极回应，提出了“物件”“物品”等词。最后，我说：“很好，你们先把刚才的表述写在本子上，然后开始查字典，看看字典上是如何定义的，我们看谁第一个完成。”于是，学生们迅速写下材料的定义，并很快发现自己总结出的定义几乎和字典的表述非常接近，孩子们兴奋异常。

好课堂是生命的共振和交融之地，那里有生命的流动和知识的交融，师生共同在探索中成长，在成长中收获快乐。

图6-6　峰林田小的自然生命课上，师生在标记着不同地质时期特征的“生命之路”上“穿越时空”

三、美美与共的文化

著名社会学家费孝通先生在谈到“文化尊重”时说，文化与文化之间应该是一种“各美其美，美人之美，美美与共”的存在，最后达到“天下大同”的目标。田字格的“五共文化”也旨在追求打造“美美与共”的美好校园，它包含五个核心要素：共建、共学、共议、共创、共同生活。这“五共文化”在兴隆田小，对乡土人本教育发展有至关重要的作用。从某种意义上说，乡土人本教育是集体共创的成果。

（一）共建

共建，让校园更美丽！

所有的知识都无用，除非你工作
所有工作都是空洞的，除非工作中有爱

让我们一起工作吧
带着智慧与爱
用智慧规划蓝图
用双手编织美丽
用行动呼唤更多的爱

共建是一种态度
一种不怕吃苦崇尚劳动的态度
一种团结共好积极的态度
一种相信星星之火可以燎原的态度
今日我们共建校园

明日我们起共建世界

共建是一种行动
用行动让理想发出光芒
用行动将蓝图画在每张笑脸上

一锹一铲，我们用汗水收获成长
一笔一画，我们在田字格上书写明天
一步一印，我们走在通向未来的路上

——兴隆田小共建开工词

共建是师生携手打造校园的过程。兴隆田小的每一处角落，都留下了师生共同奋斗的足迹。从百草园到农场，从鸡舍到校园文化建设，都是师生的汗水与智慧的结晶。百草园的最初设想是将兴隆村大山的植物移植到学校一片空地上，但那片空地不仅布满建筑垃圾，土壤也极其贫瘠。师生从改造土壤开始，低年级学生捡小石头，中高年级学生搬大石块，教师则用锄头击碎更大的岩石，然后一车车地将石块运走，再从山里运来肥沃的泥土。尽管最初移植的许多植物枯萎了，大家也不曾放弃。第二年继续努力，但依然未能成功。第三年，大家在这片地上撒满了格桑花的种子，盛开时美丽如画，但花谢后却显得凄凉。第四年，这片区域被改造成户外教室，增加了跷跷板、滑梯和梅花桩等设施，几棵果树如今也已茁壮成长。在这个共建的过程中，许多家长也加入进来。兴隆田小的共建不仅是师生合作，更像一场学校与家庭的团建活动。

（二）共学

共学是师生共同学习的常态，甚至是师生角色的互换。在兴隆田小，学生不仅是学习的参与者，也是知识的分享者。如果学生比教师懂得更多，他们就可以成为“教师”。曾经有一位六年级的小周同学，他的家长是面塑艺术非物质文化遗产代表性传承人，因此小周同学也会做面塑，每周就由他开设一堂兴趣课，专门教兴隆田小的师生捏面塑——这正是共学的生动体现。

（三）共议

共议意味着所有人都可以，也必须参与到学校的重要事务中，师生应共同讨论、决策。无论是环境保护的大事，还是能否吃零食的小事，所有人都可以提出提案，通过讨论和表决，共同决定学校的规章制度。每一个人都是参与者、贡献者和决策者。

（四）共创

田字格共创精神体现在兴隆田小的各个方面，从理念到课程设计、文化氛围，再到整个校园环境，无不彰显着共创的和谐之音。的确，乡土人本教育犹如一首宏大的共创交响曲。在这片充满热情的乡村教育沃土上，教师、志愿者、家长、学生及资助者携手并进，共同编织着乡村教育新篇章的绚丽图景。

（五）共同生活

共同生活就是要让学生在与同学共处和共事的过程中，学会沟通、合作、互助和一起生活。兴隆田小就像一个浓缩的小社会，学生有的来自乡村，有的来自县城，有的来自省外；教师则来自全国各地。过百人在学校一起生活、一起学习、一起劳动，共同开垦农场茶园，改造百草园，建设堆肥池，经历春耕秋收。我在《大山里的未来学校——共同生活的美好践行》视频中提到，[1] 共同生活就是师生共同体验并经历，其中有四大原则。

1. 共同生活原则一：体验不同的社会与生活角色

兴隆田小共同生活的一个原则是，学校要尽可能多地模拟各种社会形态，让师生在校园中成为管理者、经营者、共同学习者和共同创造者。在兴隆田小，学生自己经营手作坊，手作坊设有掌柜、店小二、账房等角色。掌柜会向全校学生征集商品，学生将自己创作的手工品卖给手作坊。若有客人来了，店小二负责售卖，账房负责算账，收入定期公示。师生根据农季安排农场农事，收获后再将农作物进行售卖。学校还有志愿解说员、学生会志愿者成员、班级礼仪官等多种角色。为了更好体现平等，班级不设班长、班干部，礼仪官为轮流上岗。

2. 共同生活原则二：践行民主精神及方式

共同生活之所以美好，是因为师生在学校可以自由而民主地生活。学校鼓励各个团体建立公约，如校园公约就是全校师生共同投票确定的，各班有自己的班级公约，甚至教师也有自己的生活公约。为了更好地让师生参与校园的管理，学校还有公共议事课。学生会就是校园公约执行的监察机构，加入其中的途径是自愿报名，面试通过后经历实习，才能转正，并定期向全校师生汇报工作。

1 详见田字格公益公众号 2020 年 1 月 20 日发布的文章《视频拜年丨相约共创美好生活》。

3. 共同生活原则三：提倡心向善的生活态度

共同生活与其说是培养学生的合作能力、互助能力、学习生活能力，不如说是在培养一种价值观和生活态度。兴隆田小的校歌中有这样一句歌词："心向善，有义方，先圣先贤教我一生坦荡荡。"善良是共同生活中最值得培养的品质。我认为善良就是一颗种子，教育者有责任把它播种在后代的心里，这样他们才有望成长为有良知、晓公平、具正义的公民。为了扬善，学校不提倡竞争，不设立个人小红花，但鼓励小组合作，小组有小红花。

4. 共同生活原则四：主张共好的生活方式

我们希望，学生在经历不同角色时，能够认识自己，了解他人，服务他人，共好向善。兴隆田小成立的"田青之家"是为了鼓励毕业的学生回到学校组织活动，回馈家乡；"小老师"制度是鼓励高年级的学生教低年级的学生，如每日午读就会有高年级的小老师辅导低年级学生阅读；"一班一好事"是鼓励学生每学期为学校、为村庄做有意义的好事情，教会孩子善良、友爱、互助、共好，让孩子从小体验人世间的美好。我相信体验过美好的人更能创造美好。

综上所述，好的教育要引导学生热爱生活，将生活融入教育，让教育成就美好生活。

四、激发人性善的制度

在探讨了兴隆田小独特的文化之后，我们自然而然地要转向探讨其背后支撑的制度。毕竟，任何文化的繁荣与发展，都离不开坚实的制度基础。兴隆田小正是通过制度，确保了其文化的持续生长与传承。

本文所探讨的学校制度，特指那些旨在推动学校全面发展的规章制度及管理体系，而不涉及学校的组织结构与具体设置。为了让读者对兴隆田小的制度有初步的了解，我将概述该校在制定制度时所遵循的重要原则及实际案例。

（一）核心原则

好的制度应当能够激发人性中的善良一面，而坏的制度则可能诱导善良的人以善良的名义犯下错误，甚至引发的恶行，其中，说假话、造假等行为在我看来尤为恶劣。为了避免这些不良行为的出现，兴隆田小在确定制度时，坚守以下具体原则：

鼓励合作而非竞争。学校不鼓励竞争。尽管公立学校教师因外部要求可能需要参与排名，但兴隆田小倡导教师之间的分享与合作。对于学生而言，我们不颁发个人小红花，而是鼓励小组合作、为小组颁发奖状，这有助于培养学生的团队精神和社会责任感。学校每学期结束会颁发奖状，奖状维度多，名称也五花八门，从“志愿服务之星”到“助人为乐之星”再到“最佳提案人”等，种类繁多。总之尽量找到每个学生的亮点，让大多数学生“被看见”。

分散权力与民主选举。班级不设立班干部和班长，只有轮流值日的礼仪官。学生会主席由学生会成员自己竞选并经投票选举产生，教师不得参与。这种做法增强了学生的参与感和归属感，同时也锻炼了他们的领导能力和培养了民主意识。

制定可执行的制度。学校避免制定难以执行的制度，根据师生的实际情况和需求，制定切实可行的公约和规定。这有助于维护制度的权威性和有效性，减少造假和违规行为的发生。

避免使用惩罚作为教育手段。学生在成长过程中难免会犯错误，而错误正是教育的契机。教师若能善用这些错误，就能够有效地帮助学生成长。学校坚决禁止体罚，若在某些情况下确实需要采取一定的措施来纠正学生的行为，多采取如下措施：学生为学校提供“公益服务”（如打扫公共区域等）、减少学生在学校公共游乐设施的玩耍时间等。

（二）学生成长记录与评价

学校通过记录学生的成长历程并给予多元评价，关注学生的全面发展。

学生“护照”与成长记录。每个学生都有一本“护照”，记录他们在“四个学会”（学会做人、学会做事、学会学习、学会共同生活）方面的成长。这种记录方式有助于教师全面了解学生的成长轨迹，并给予个性化的指导和鼓励。学生可以根据“护照”上收集的印章，到手作坊兑换物质或非物质的奖励。

成绩占比小。在学期结束时的成长评语中，成绩只占“学会学习”中一个很小的比重。学校更注重学生的综合素质和个性发展，鼓励学生积极参与各种活动和课程，培养他们的兴趣爱好和特长。

（三）教师评价与考核

兴隆田小的教师评价与考核体系也是多元化的，既注重教师的专业素养和教学能力，也关注学生的反馈和意见。

多元评价体系。教师的考核包括校管委评定、自我评定以及三年级以上学生的评定。很多人会质疑学生是否有资格及能力对教师的教学给予评定。事实上，我们发现，评定的指标越客观，学生对优质课程的辨识能力就越强。例如，学生评估课堂时，有一个指标是“你是否期待下一节课的到来”，学生会准确地表达出自己的感受和判断。这种多元化的评价体系有助于全面、客观地反映教师的教学水平和教学效果。

学生评定与校管委评定吻合度高。学生对教师教学的评定与校管委对教师的评定往往具有极强的吻合度。这说明学生对教育有追求并可以评定教师，他们的意见和反馈对于改进教学质量和提升教育效果具有重要意义。

（四）公约治校与集体表决

兴隆田小实行公约治校，通过集体表决制定校园公约和教师公约（见图 6-7）。制定公约这种做法有助于增强师生的参与感和认同感，形成共同的价值观和行为准则。

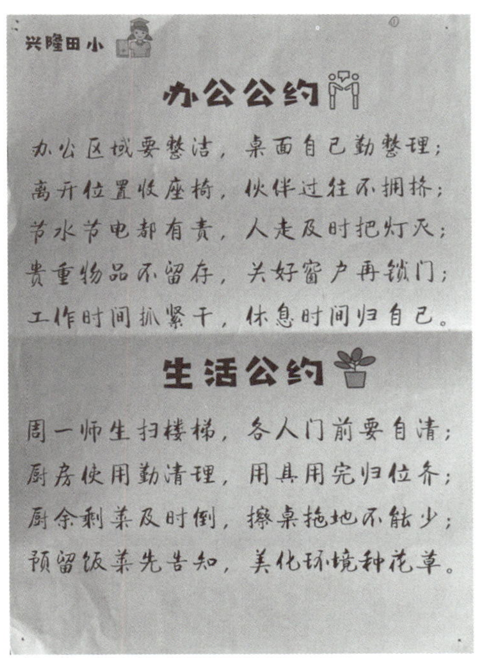

图6-7　兴隆田小教师的办公公约和生活公约

班级公约与学校公约。师生以班级为单位制定班级公约，然后全校讨论并制定校园公约。这些公约都是集体表决通过的，体现了民主和集中的原则。

每学期首日，教师们会分别进入各自授课的班级，与学生共同展开为期一天的班级公约深入讨论。讨论结束后，师生共同美化装饰并签署公约，随后将其醒目地张贴于教室内部。紧接着，各班会提炼班级公约中的核心内容，提交至学生会，以备其在后续的公共议事课上接受全体学生的审议与投票。例如，作业提交率低或违反班级公约等班级问题，将随时被纳入班会议程，通过集体讨论形成解决方案，并再次以公约形式明确下来，在班级张贴。

图6-8　2025年4月3日，兴隆田小公共议事课讨论学校是否继续养羊

兴隆田小校园公约

（2020年9月）

经对2017—2018学年、2018—2019学年、2019—2020学年学校公共议事课公投通过的《校园敬静净之约》《校园环境公约》及其他各个提案的汇总整理，现形成兴隆田小的校园公共约定。特此公布，望师生共同遵守。

第一章　校园之敬

第一条　学生见了老师要主动问好："老师好！"分别时说："老师，再见！"老师也要尊重学生，不打骂学生。

第二条　学生上下课时要集体起立，向老师行礼。起立为立正姿势，目视老师，老师还礼后再坐下。

第三条　课堂提问要先举手；回答问题要起立、站直，目光直视老师；发言态度要认真，发言完毕，经老师允许后再坐下。

第四条　学生不随意走进教师办公室、教师宿舍楼及厨房，遵守学校的相关约定。

第五条　在校园遇到客人来访，要主动招呼，说："老师好。"

第六条　如有客人参观教室，要主动向客人介绍班级情况。

第七条　与客人交谈时，注意倾听，态度真诚、自然，不随便插嘴，不东张西望等。分别时向客人道"再见"。

第八条　同学之间语言文明，互帮互助，不说脏话，不起外号，不做伤害他人之事。

第二章　校园之静

第九条　进入教学楼后，在走廊和楼梯自觉靠右侧行走，保持声音为2以下，安静不喧哗；不在楼道内逗留或追逐打闹；不在楼内进行任何体育活动。

第十条　课间休息，不在教室大声喧哗，不影响他人休息。

第十一条　排队时不拥挤、不推搡、不吵闹，安静有序。

第十二条　暮省时，安静、自觉跟随音乐放松身体，总结一天。

第十三条　进入图书馆、阅览室，声音为0。

第三章　校园之净

第十四条　各班轮值，每日在校门口进行入校礼仪检查，人人保持仪容仪表整洁。师生均穿着校服，不留长指甲；男生不留长发，女生头发梳理干净。

第十五条　早晨起床要洗脸刷牙，饭前便后勤洗双手；雨天不在泥水地玩耍，晴天不在地上摸爬滚打。

第十六条　值日生要每天打扫卫生，保持教室地面洁净；日常保持桌面、桌洞、桌椅、教室其他功能区内物品摆放整齐；放学时，再次整理后方可离开。

第十七条　每天清扫班级公共卫生区域，保证无垃圾，每周一次大扫除。

第十八条　在校园里不乱扔垃圾，见到垃圾弯弯腰，按照分类放到指定垃圾桶。对废旧物品要积极开动脑筋，变废为宝。

第十九条　爱护学校的花草树木，不随意攀爬、折摘花木，不践踏校园内的草坪绿地。

第二十条　进入阅览室、图书馆看书时，要保证手洗干净，鞋子无污物。

第二十一条　用完厕所及时冲洗；看到没有冲的坑位，主动冲洗。

第四章　其他

第二十二条　校园内禁止吸烟。

第二十三条　教师不得在教学区域内吃零食；住校生不可带指定食品外的零食，食用时间为下晚自习时。

第二十四条　每月3号为校园无塑料袋日，人人要为减少塑料对环境的影响而努力。

第二十五条　以上校园公约，全体师生均要共同遵守。

图6–9　兴隆田小校园公约

历年来兴隆田小公共议事课讨论的议题非常多，从生活、环境到课程都有。值得一提的是，有一些议题涉及对教师的约束，很有意思，我举几个例子：师生平等，学生不可以带零食去教学区域，教师也不可以；教师不可以随意占用体育课；校园禁烟，外来领导也不可以在校园抽烟；等等。

兴隆田小在制度管理方面坚持人本教育的理念，努力探索激发人性的善，培养学生的综合素质，促进师生之间的和谐与合作，打造自由、平等、民主的文化氛围。

对一所学校而言，校园是教育理念的直观呈现，课堂则是学生成长的舞台，文化是滋养生命的养分，制度则是保障这一切和谐运行的框架。这四者，如同四重奏中的四个声部，共同编织出学校教育的美妙乐章。若缺失了校园环境的培育，课堂便难以成为孩子成长与生命绽放的乐园；若课堂失去了其应有的活力与深度，教育文化就失去了生动的展现；而制度的不完善，则会让课堂与教育文化的发展失去坚实的支撑。校园、课堂、文化与制度恰似教育的“四重奏”，每个声部都有其独特的旋律与节奏，但只有当它们和谐共鸣时，才能奏出最动人的乐章。

第三部分

知行合一，吾心光明

在应试赛道上，城乡教育的差距正在拉大；

而在人本教育的道路上，二者均有待迈出勇敢的第一步。

——肖诗坚

兴隆田小师生在农场劳作（原图见第160页）

第七章　传播：乡土人本教育的实践推广

自2017年兴隆田小成立之时起，田字格便将其战略定位确定为研发基地与未来乡村教师的摇篮。经过两年在兴隆田小深入细致的教学实践探索后，2019年春季，田字格决定深化乡土人本教育理念的实施。这一深化不仅体现在持续加强兴隆田小自身课程体系的建设上，更体现在广泛听取乡村学校带有普遍性的实际需求上，着手研发可以在正安县更多乡村学校适用的乡土课资料。至此，田字格踏上了漫长的课程研发、迭代与优化之旅，为日后能更高效地服务于广大乡村地区奠定了坚实的基础。

田字格乡土人本教育推广经历了2019年“种子学校”项目、2020年“乡土村小”项目，以及2022年“贞丰N校”项目，至此田字格开启了“乡土N校”项目。

随着“乡土村小”和“贞丰N校”项目的逐渐推进，以及第二、第三所典范学校的成功建成，田字格的乡土人本教育逐步在贵州得到推广，与此同时，乡村教师培训也不断优化。

尤为值得一提的是，“吾乡吾土”丛书的出版，标志着乡土人本教育正式迈入了一个全新的传播与推广期，这是田字格教育理念迈向更广阔舞台的重要里程碑。

名词解释

种子学校（2019—2020年）：2019年春季学期，田字格公益开启“种子学校”项目，有四所种子学校。2020年，这四所种子学校被纳入“乡土村小”项目。

“乡土村小”项目（2020年至今）：全称为“农村小学教育质量提升计划”，是由中国发展研究基金会和田字格公益及地方教育局联合发起的教育项目。该项目于2020年8月正式在正安县启动，旨在将田字格自主研发的乡土课推广到更多乡村小学，并对乡村教师进行专业培训，从而提升当地的教育质量，激发乡村教育生态的活力。

“乡土N校”项目（2022年至今）：该项目包括“乡土村小”和“贞丰N校”两个子项目。“乡土N校”项目以县域为单位，将田字格公益的乡土课推广至更多乡村小学。在县级教育局的支持下，田字格公益通过走访、培训、组织教研活动和提供系统化的课程包等方式，为乡村教师赋能，进而提高乡村教育质量。

种子教师：田字格公益将在项目学校开展乡土课的教师统称为“种子教师”。

乡土教育家：参加过“乡土教育家”培训并实践乡村教育创新的乡村教师或校长被称作“乡土教育家”。

图7-1直观展现了典范学校、“乡土N校”项目与“乡土教育家”培训三者间的内在联系：典范学校作为乡土人本教育的创新研发与示范基地，“乡土N校”项目则扮演着乡土课程实践应用的关键角色。经过系统培训的乡村教师及校长，能够返回自己的学校，将所学教育理念及教学方法付诸实践，携手共创一个生机勃勃的乡村教育生态系统。

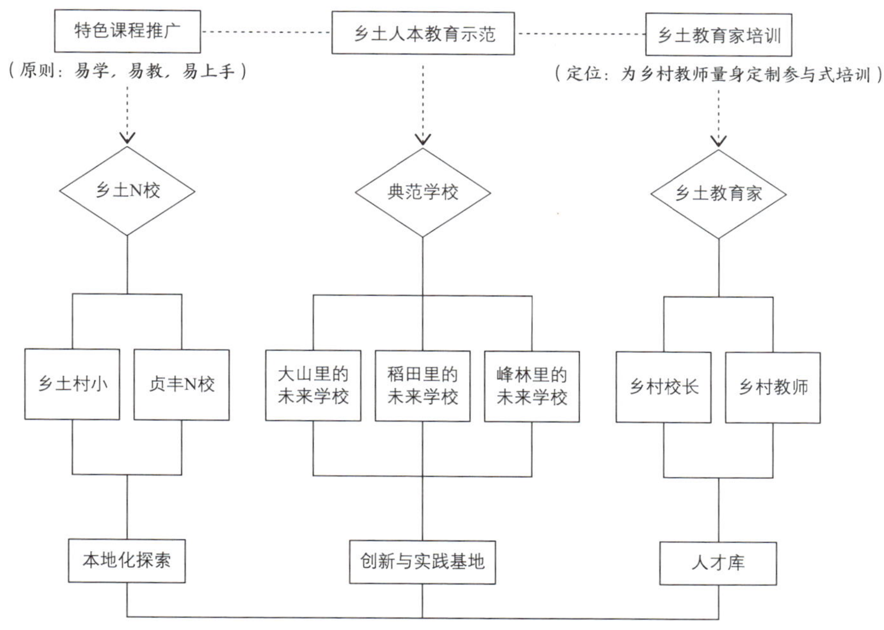

图7-1　乡土人本教育推广模式（2017—2024年）

一、从乡土课到乡土项目

（一）兴隆田小乡土课初具推广性[1]

兴隆田小从2017年秋季学期开始探索的“乡土人本主题课”，就是乡土课的前身，其中“大山·家·我的行动改善计划”主题计划及教案就是今日乡土课的1.0版本。

1　孔美老师为本章节撰写作出了贡献。

兴隆田小的乡土课形式有单班也有混龄，上课地点设在教室、校园或校外村庄、田野、村委会；内容涉及家庭、植物、动物、节气、节日、简单机械、磁、电等相关知识点；学习及活动丰富多彩，有诗歌创作、研学等；各种与真实场景结合的项目式学习也很多，如师生动手打造农场、建堆肥池、做鸡圈、改造百草园等。在“绿色能源在兴隆田小的应用”的主题学习中，学生亲手拆卸自行车并为它制作了木制底座、绕制线圈、安装磁铁等，完成了自行车发电装置的制作。

图7-2　兴隆田小师生在农场劳作

这些尝试让我们看到，乡土课让学生对学习充满兴趣，这既因为课程内容贴近孩子们的生活，是他们关心、想了解的人和事，也是他们有体验亦有话可说的人和事；也因为乡土课的教学方法和课堂形式多种多样，能在室内也能在室外，能让学生动脑又动手，能有创作也能有展示等。在这些有意义的学习中，学生的表达、创作、分享等多方面能力得到了锻炼和培养，孩子们更加自信，师生关系也变得更加友好融洽，乡土课得到了孩子们深深的喜爱。

兴隆田小乡土人本教育和乡土课的探索，不仅得到了正安县教育局和国内教育界专业人士的高度关注与肯定，也引起了乡村教育一线教师及校长的关注。一些乡村校长和教师纷纷向田字格表示，希望在自己的学校也能开展类似的课程，因为他们注意到乡土课的跨学科教学，能解决学校因缺乏师资开不了小三门（音乐、体育、美术）、做不了校本课程研发的困难。

为了回应正安县乡村教育需求，田字格经过调研及讨论明确了将课程惠及更多乡村学校老师和孩子的目标，提出了“让乡村孩子在家乡享有属于他们的好教育”的愿景，并确定了田字格乡土课课程包的开发原则：在保证乡土课核心内容和形式的前提下，让乡土课“低成本、易复制、可传播”，让乡村教师“易学、易教、易上手”。

（1）课程主题紧紧围绕学生生活：

课程内容跨学科，教学形式以小组合作为主，课堂形式跨越教室内外，动手动脑兼具表达和展示，提升孩子们的综合素养。经过调查，我们确定兴隆田小乡土课所选择的主题，在正安县具有一定的普遍性，课程可以在其他学校开展。

（2）开发课程资源：

兴隆田小实践课程均开发了教学环节清晰、内容详尽的教案，以及配套的学生任务单。这些精心开发的课程资源包能够显著减轻教师的工作负担，使得经过一定培训的有经验的教师能够顺利达成大部分教学目标，从而有效缓解村小专业教师匮乏的问题。

（3）提供全面的教师培训：

考虑到大多数乡村教师对于乡土课的理念及方法尚不了解，为了有效开展乡土课，田字格需为乡村教师提供充足的培训资源。在开学前，田字格团队对新教师进行乡土课的基础培训，内容涵盖乡土课的定义、学期教学计划的解读、课程与教案的重点难点分析，以及乡土课常用的教学方法等。学期中，田字格将定期走访学校，组织线下听课、评课等教学交流活动，同时在线上建立教师交流群，以便及时了解并解决开课教师遇到的困难和问题。学期末，举办课程总结活动，形式可以是课程分享展示的嘉年华，也可以是学生作品的展出、交流与评奖活动，以此促进教师间的经验分享与学生的成果展示。

（4）协助采购教具：

乡村学校班级小、学生人数较少，各学期教学主题多样，所需教具也各不相同，单独采购教具不仅耗时费力，成本也难以有效控制。如果田字格能够根据各校的具体课程需求，统一进行教具的集中采购与配备，将为教师的课堂教学提供坚实的支持和保障，学校也将大幅降低成本。

（5）持续优化教案、PPT 及学生任务单：

田字格的主题课依然在探索之中，需要不断优化，每次上完课均需要和地方老师进行教学反思，并根据反思调整教案。每学期也需要进行复盘，然后优化整体教学设计。

在确定了基本原则后，田字格坚定地迈出了推广兴隆田小乡土课的第一步。

（二）初尝试——乡土人本种子学校

2019 年 1 月，正安县的四所乡村小学——三把车小学、太平小学、朝阳小学及老城完小，经甄选成为田字格乡土课的种子学校，标志着田字格正式启动“种子学校”项目。这一举措意味着田字格的乡土课程不再局限于兴隆田小，而是开始在正安县以项目学校的形式广泛推广与实践。

当时，这四所学校都配有田字格支教老师，他们与本土教师一起合作开展乡土课的实践：在学校打造小型农场；按照培训时设计的大纲及兴隆田小的教案，四所小学的乡土老师需要二次开发乡土课教案并授课。为确保项目的顺利进行和持续改进，田字格还成立了“正安县田字格乡村教育中心”。孔美老师和段和平老师是乡村教育中心的最早一批成员，他们会每月定期走访学校，了解课程开展的真实情况，提供课程实施的现场指导。

到 2019 年秋季学期，田字格开始将兴隆田小经过实践检验和修订后的教案、学生任务单和 PPT 等教学资源直接打包分享给这四所学校。田字格提前一周把教学资源分享给项目学校老师，并与他们一起备课，等老师们上完课后，再和他们一起开展乡土课教研，分析存在的问题和改进措施，以保证项目学校教学进度和教师能顺利开展课程教学。

这种由田字格向项目学校直接提供完整乡土课教学资源的方式，减轻了本地教师的工作负担，提高了种子教师的教学热情，也为乡土课的成规模推广奠定了基础。

（三）“乡土村小”项目：意义深远的乡土教育推广

2020 年元旦期间，中国发展研究基金会儿童发展研究院项目主任张晓姗女士从北京来到兴隆田小，在全面考察兴隆田小及种子学校后，她对田字格的课程和孩子们的状态给予了高度评价，并就与田字格未来的合作可能性及方向进行了深入探讨。

2020 年秋，田字格、正安县教育局及中国发展研究基金会联合在正安县的 25 所村小启动“乡土村小”项目。“乡土村小”项目开展伊始，田字格就投入了大量人力和资源：

开学之初，田字格为项目学校提供完整的课程包——包括教师使用的教案和课件 PPT、学生使用的学生任务单，以及开展学期教学活动需要的彩色卡纸、彩笔、橡皮泥、剪刀、地图、镰刀、小锄头等各种教具；开展以体验为主的教师培训，让教师们深入了解并认识乡土课，学习小组合作等课堂形式，理解乡土课的设计思路和教学重难点，了解各种教具的使用。

学期中，项目人员会定期走访所有的项目学校，组织乡土课的教研活动，对种子教师的乡土课进行听课和评课，听取教师们的意见和建议，帮助教师们解决在教学过程中遇到的问题和困难；建立种子教师社群，为教师们提供日常的线上支持，及时回应教师们的问题，围绕大家普遍遇到的困难，及时开展线上专题研讨，组织共读《教室里的正面管教》等，以促进教师教育理念的转变，持续支持教师的成长，保证课程顺利开展。

学期末，田字格会依托兴隆田小举办的以“感恩·分享·欢庆”为主题的嘉年华活动，开展项目学校的乡土课总结交流活动，分享各校学生的学习成果，展示师生的良好风貌。

…………

在田字格的不懈努力下，项目初见成效：开展乡土课对项目学校、教师和学生都产生了积极影响。2020 年秋季学期，“乡土村小”项目在正安县 25 所村小成功试点，2021 年春季学期，项目覆盖了正安县 33 所村小。随后，该项目于 2022 年春季学期推广到毕节市七星关区的乡村小学，这意味着田字格自主研发的乡土课走出了正安县，覆盖了更多的村小。截止到 2024 年，“乡土村小”项目已经覆盖了毕节市七星关区的 29 所村级小学及 1 所乡镇中心学校。

图7-3　贵州省遵义市正安县土坪镇林溪小学的乡土课上，师生一起讨论

“乡土村小”项目在正安县的成功实施，亦对邻近的遵义市务川县产生了积极的影响。2023 年秋季学期，田字格乡土课走进务川县 11 所乡村小学，“乡土村小”项目自此在贵州遵义市正安县、务川县和毕节市七星关区三地同时开展。

截止到 2024 秋季学期，“乡土村小”项目已经覆盖了贵州省遵义市正安县、遵义市务川县和毕节市七星关区共 88 所村小，有 536 名种子教师参与项目中，超 1.5 万名学生受益。

“乡土村小”项目的顺利推进，离不开正安县教育局的大力支持。项目开展之初，正安县教育局出台了专门针对种子教师的政策（如设立项目教师专项表彰），建立项目督导机制，将项目管理纳入教育局统一督导，确保项目的质量与进度等。特别是 2022 年 11 月，在正安县教育局的授权下，“正安县乡土课程工作室”（以下简称“工作室”）成立了，工作室主持人由时任正安县教育局教研室主任的韦延海担任，成员和学员皆是田字格项目学校的优秀种子教师。

工作室成立后，每个月都会围绕乡土课开展示范课和专题研讨活动，研讨内容包括如何上好户外课、如何提升合作学习的效率等，活动开展地点均在项目学校。工作室的教师们还围绕“山之水”和“给垃圾找家”这两个主题自主开发课程。

工作室不仅是“乡土村小”项目在正安县推广开展两年半后的重要成果，也是一个本土化的自成长组织，更是目前全国唯一一个专注于乡土课程的工作室。工作室的成立，进一步提升了种子教师的教学能力和专业水平，标志着正安县在乡土教育发展上迈出了坚实的一步。

（四）“贞丰N校”项目——乡土教育种子的广泛撒播

2022 年春，田字格应邀与贵州省黔西南布依族苗族自治州贞丰县教育局展开战略合作，双方共同商议在 2022 年秋季学期将乡土课推广到贞丰县，项目命名为“贞丰 1+N 校”，其中“1”是指必克田小，“N”是指贞丰县其他上田字格乡土课的乡村学校（即“贞丰 N 校”项目），该项目直接惠及 19 所村级小学。

此时，田字格的乡土课经过“乡土村小”项目两年多的实践，已经形成了一套比较成熟的项目运营模式，包括确定项目学校、制作课程包、开展培训、走访、课程评比和学期末评估等。田字格把这些经验运用到了“贞丰N校”项目上，由此，“乡土村小”项目和“贞丰N校”项目共同构成了田字格的“乡土N校”项目。“乡土N校”项目成为田字格乡土人本教育的核心项目之一。

截止到2024年春季学期，“乡土N校”项目共覆盖了贵州省遵义市正安县、遵义市务川县、毕节市七星关区和黔西南布依族苗族自治州贞丰县共105所村小，约有680多名教师参与乡土课的教学，超2万名学生受益。

二、从种子教师到乡土教育家

自2019年田字格启动“种子学校”项目以来，经过“乡土村小”项目，进而发展到“乡土N校”项目，截至2023年冬季，田字格已为乡村教师组织了近百场的各类培训及工作坊。这些培训及工作坊主要聚焦于提升乡土课的教学质量与方法，同时也涵盖了“正面管教”与“以学生为中心”的教学理念。虽然内容丰富，但这些培训在系统性及深入性方面仍有待加强。

同时我们发现，虽然现有的教育系统为乡村教师提供了丰富的线上线下培训，并在一定程度上开阔了他们的视野，提升了乡村教师的专业技能和素养，但一些以“城市为导向”的培训远离了乡村教师的日常教学，未能以乡村教师为主体，这反而从某种程度上加重了乡村教师的教学负担，甚至让他们对自身的价值及教书育人的使命感到迷茫。

近年来，乡村教育的日渐衰退，不仅让我们对乡村及其教育体系的未来深感担忧，也加剧了我们要为乡村教育培养教育人才的紧迫感。乡村及乡村教育的衰败导致很多优秀的乡村教师流失，留下的教师面对繁重的工作及不确定的未来普遍幸福感不强、迷茫，甚至“躺平”心态严重。我曾多次走访乡村学校，常见一些四五十岁正值壮年就显得暮气沉沉的教师。于我看，他们年纪并不大，心态却已迟暮。那时我曾怀疑，乡村教师们是不是在以“迟暮之心”抗议他们被边缘化以及被“看不见”？

事实上，众多土生土长的乡村教师天然地与乡土和自然建立了深厚的联结。他们不仅深谙当地文化，而且大部分具有独特的技艺，更应该是家乡文化的守护者。他们的卓越之处，只有那些真正珍视乡土的人，才能够理解和欣赏，这些人拥有的独特才能和技艺也只有在合适的舞台才能得以充分展现。而在快速的都市化进程中，在以“城市为导向”的文化及教育环境中，乡村教师的生命意义及存在价值难以被看见，展示他们独有才华的舞台寥寥无几。

乡村教师的潜能和教育热情需要被激发，他们需要以更高更广阔的视野重新审视自身的生命价值和职业使命，也需要一个巨大的舞台展示他们独有的才华。只有当乡村教师领悟到自己的生命价值时，他们才能向孩子们提供充满活力的教育。AI时代迫切需要的创造力、想象力以及探索精神，无一不源于生命本身的动力和活力，无一不是当下教育所匮乏的。现在，不只是乡村孩子渴望得到富有生命力的教育，乡村教师同样急需一个满足他们特定需求的培训和支持体系。

有鉴于此，2024年春季，田字格推出“乡土教育家”研习营（即“乡土教育家”培训），旨在通过创新的培训模式，唤醒乡村教师和校长的内在自觉：先做人再育人，先立己再立人。教育的真谛源于对生活的领悟，这个道理既简单又深奥。人活明白了，教育自然就做好了。毕竟，教育始终是以人为本的事业。

如果将田字格在兴隆田小七年的探索视为田字格乡土人本教育的1.0版，那么，必克田小和峰林田小的实践则代表了田字格乡土人本教育实践的2.0版，因为这两所学校的主力运营者是本地教师。于是，我们有了开启乡土人本教育的3.0版本的设想：通过“乡土教育家”研习营，我们希望和有教育创新勇气及意愿的乡村教师和校长共同探索，共创、共享一个属于所有参与者的乡土人本教育模式——乡土教育家联盟，共同推动乡村教育创新。

在“乡土教育家”每期研习营的开营仪式上，参营老师们会收到一封我写的信。信中写道：

我们期许
我们举办的不是一场培训
而是一场生命的聚会
你、我，以及众多像我们一样怀揣教育梦想的同伴
在这共创美好的场域
暂时抛开报告、考核和评比
抛开各种担忧和烦恼
给自己和彼此一个机会
打开生命探索的大门

在当下
我们邀请您和我们一起走进
陌生又熟悉的世界
大胆探索，用勇气、接纳和真诚迎接自己和彼此

在当下
我们邀请您尽情打开自我
我们相约
当我们走出研习营
你我只记得那些
影响彼此的生命感受
不评判他人

我们明白
我们之所以能彼此敞开心扉

是因为我们知道
真诚是滋润心灵的沃土
我们都渴望通过生命的互动
绽放灿烂的花朵
在未来的几日
请鼓起勇气探索人生的未知领域
未知的内心旅程
未知的认识
未知的各种思想
它们都会扑面而来
请记得，开放和接纳
甚至拥抱
都是您汲取营养的最佳方式

未来的日子
我们让自己做自己
也让别人做自己
如此
我们就走上了回归教育本质的大道

每期研习营，我们都会引导教师们暂时放下手头繁杂的工作，抽出时间仰望乡野夜晚的星空，叩问自己：我为何而活？我的追求是什么？我生命的意义何在？

同时，我们也鼓励教师们勇敢面对教育中的诸多乱象，如厌学、抑郁、休学、唯分数论、功利主义、从众心理以及假大空等现象，并引导教师透过现象大胆深入地讨论教育根本性问题：孩子为什么要上学？人为什么要学习？教育的本质究竟是什么？

每期研习营结束，我看到教师们从拘谨、严肃、身体紧绷，甚至抵触到后来的踊跃发言、热情参与、大胆站起说出自己的观点。当我看到教师们走在乡间采访、进行田野调查如鱼得水的样子时，当我看到教师们兴奋不已、争先恐后登台为学生讲述山之故事的场景时，我深受感动。我相信，天地课堂，万物为师。乡土的就是人本的，也是未来的。当乡村教师创造出属于他们自己的教育模式及方法时，中国的乡村教育也就有希望了。

图7-4 “乡土教育家”研习营现场（2024年8月）

2024年，田字格共进行了六期“乡土教育家”研习营，均以“生而为人，学而为师，知行合一”为主题。每次结营分享会上，都有许多教师表达他们的感受：这次研习营与他们之前参加过的所有培训截然不同，不仅给他们的生命带来了启迪，还让他们对教育有了深刻的思考，也更新了他们对于乡土教育及乡村教师使命的理解。一位教师的话引起了我的共鸣，他说：“尽管很累，但我真的很享受。”

我必须承认，每次六天的沉浸式培训对我的体力、思维、现场反应及协调能力都是一次挑战。作为研习营的主策划、总导演以及主讲之一，每期研习营我都必须全程全情投入，未曾有片刻松懈，直至培训圆满结束。我必须讲，田家君令我骄傲，团队中的每个人都怀着满满的热爱与激情完成各项工作，团队协作度极高，各种默契补台，让每场培训都顺利完成。我也由衷感谢每一位参营教师，大家共同为研习营营造出一种氛围——开放、真诚、向上、充满生命的活力。

每天清晨八点半，我们和教师们准时以晨诵迎接日出；夜幕降临，我们在月光下相互感谢、相互鼓励，结束一天的培训。六天的研习营，我们共同经历了一系列密集、激烈且充满挑战的活动，有沉浸式的生命体验、深刻的教育思想讨论及教育理论的学习、乡村田野调查、项目式学习、专家讲座、戏剧体验和心理沙盘游戏、AI 相关内容的主题讲座，还完成了“把一座山变成一堂课”的教学任务。教师们学习了诸多新的思维方式，并将批判性思维运用到辩论赛中。辩题包括“心理脆弱是学生跳楼的主要原因”“小学阶段应鼓励教师对成绩进行排名”“乡村教育振兴的突破在于乡土教育”等。所有这一切，对于日常节奏较慢、外出培训机会不多、教学任务繁重的乡村教师来说，无疑是巨大的挑战与冲击。然而，让人欣慰的是，教师们不仅坚持了下来，还让我们目睹了他们如花朵般绽放的生命过程。每个人虽然口中说着累，但眼中却闪烁着光芒；他们虽然身体疲惫，内心却散发着向上的生命气息，实在令人欣喜。

图7-5 “乡土教育家”研习营教师在村庄调研（2024年4月）

我知道，六天的研习营，无论多么震撼，多么有活力，都不能一蹴而就地改变乡村教师和校长的理念和行动。教师们一回到教育现场，各种艰难、具体的问题便迎面而来。改变，不仅需要教师们拥有唐僧西天取经般的强大信念，还要有坚韧的毅力，见妖打妖，见怪打怪，一路向西。在那遥远艰辛的取经路上，唐僧若单凭一己之力，断难成就此番伟业，幸有孙悟空的智勇双全、猪八戒的忠诚辅佐以及沙和尚的默默奉献，才终达西天雷音寺。乡土人本教育的探索之旅，亦如这取经之路，既充满了未知与挑战，也蕴藏着无限机遇。在这条乡土教育的取经路上，每一位教育者都需怀着坚定的信念，秉持不屈不挠的毅力，勇往直前，追寻教育的真谛。

幸运的是，在这条不平凡且意义深远的道路上，教师们并非孤军奋战。不仅田字格愿成为教师们最坚实的后盾，还有众多志同道合的乡土教育家同行者，心中怀揣共同的信念，脚下汇聚着坚定的力量，彼此支持，相互激励，携手并肩，共同面对一切困难与挑战。我们坚信，只要心中有光，脚下有力，就一定能够跨越重重障碍，取得教育的“真经”，共同开创乡土教育的新篇章，让教育的温暖阳光洒在每一个乡村孩子的脸上。

兴隆田小的学生们（原图见第200页）

乡村教育的目标不是培养离开乡村的人，而是培养能在乡村找到未来的人。

——肖诗坚

第八章　启示：中国教育的未来

时光荏苒，自 2017 年我率团队驻扎兴隆田小以来，已悄然过去七年。在这段岁月里，兴隆田小不仅得到了教育系统内及社会各界的认可，更成了乡村教育探索的一面旗帜。与此同时，田字格在贵州省黔西南布依族苗族自治州也成功开办了另外 2 所典范学校，并同时在贵州省 5 个县市 100 多所学校开展了乡土课，惠及了 2 万多名学生。

然而，这区区 2 万多的数字在中国 2000 万乡村小学生[1]中显得微不足道，田字格的发展与成就并未能阻止乡村教育的逐步衰败。仅《中国乡村教育：数字·故事与未来》发布一年多后，西南地区就又有一大批村小消失，甚至有些县已经完全没有了村级小学，这无疑是令人痛心的事实。

城乡教育的差距在拉大吗？是的，当我们谈及城乡教育的差距时，无论是硬件投入、师资力量还是教学质量，城市教育正遥遥领先于乡村教育。然而，我们需要明确的是，城乡教育都吃力地跑在应试的赛道上，城市教育的遥遥领先也只是凸显在知识的学习与储备，以及高考的录取率上。

当我们拨开表象，深入探究城乡教育的本质时，我们不禁要问：城乡教育在教育本质，即"育人为本"的追求上，存在根本性的差异吗？我的回答斩钉截铁：不存在！

事实上，城市家长正面临着前所未有的教育压力，厌学、休学

1　参见教育部 2022 年统计数据。

现象在城市学校中屡见不鲜，而城市儿童的心理健康问题更是成为全社会亟待解决的新痛点。

这促使我们深刻反思：在漫长而曲折的回归人本、追求教育真谛的道路上，无论是坐拥丰富教育资源、看似光鲜亮丽的城市教育还是面临挑战、步履维艰的乡村教育，都仿佛被无形的枷锁束缚，戴着沉重的脚链蹒跚前行，未能以轻盈的步伐奔跑，更未能真正让儿童领略到教育本应带给他们的美好体验。

这一现状，不仅令人震惊，更催人警醒，提醒我们必须重新审视教育的方向，找回那份对教育本质的敬畏，让教育真正回归到以人为本、育人为本的初心与使命上来。

无论是在城市还是在乡村，我们的教育都应走在“回归人本”的道路上。回归人本意味着要摒弃过度应试与功利化的倾向，转而关注学生的全面发展与个性成长，为他们提供丰富多元的学习资源及自由探索的空间，让教育成为滋养心灵、启迪智慧的殿堂。

一、乡土人本教育带给乡村教育的启示

深入思考，正是在当前复杂的教育背景下，乡村教育恰恰有可能以一种意想不到的方式，展现出其无可替代的独特优势。这些优势植根于乡村丰富而多样的自然资源和乡土资源，这些资源犹如宝藏，等待着被开发，进而转化为生动、有趣、有价值、有意义的教育素材。同时，乡村相对宽松的教育环境，为乡村师生提供了一片广阔的探索天地，让他们能够大胆尝试、勇敢实践。以兴隆田小为例，尽管学校面临着资源匮乏、生源流失的严峻挑战，但是乡土人本教育使得兴隆田小师生关系、家校关系融洽。

学校焕发出生机与活力，不仅吸引了从本县县城、其他乡镇前来就读的学生，还吸引了来自外省的学生就读。

在探索乡土人本教育的道路上，混龄教学、主题式教学以及小班化教学等教学形式展现出了其在乡村学校的巨大潜力，值得推广并借鉴。尤为重要的是，这些适应乡村教育环境的教学模式并非田字格教育的独创，而是已经在国际乡村学校中得到了广泛的应用与验证。

（一）混龄教学：有效的共享学习方式[1]

混龄教学，即不同年龄段的学生在同一教室共同学习的教学模式，在国际上已被广泛认可和采用。针对兴隆田小的近 80 名学生，我们根据课程需要，采用多种混龄教学模式，有些课程按照高、中、低段混龄，有些课程则是全校混龄。混龄教学模式特别适用于人口稀少或资源有限的乡村地区，如德国和芬兰的乡村学校，通过混龄教学有效利用了有限的教师资源，同时也关注到了学生的个体差异和全面发展。

---

1 此小节部分内容参见如下四篇文章：

（1）Angela W. Little, “Learning and Teaching in Multigrade Settings” (programme and meeting document, UNESCO Digital Library, 2004), https://unesdoc.unesco.org/ark:/48223/pf0000146665；

（2）Robbert Smit, Eeva Kaisa Hyry-Beihammer, and Andrea Raggl, “Teaching and Learning in Small, Rural Schools in Four European Countries: Introduction and Synthesis of Mixed-/Multi-age Approaches,” *International Journal of Educational Research* 74 (April 2015): 97–103, https://www.researchGate.net/publication/275671571_Teaching_and_learning_in_small_rural_schools_in_four_European_countries_Introduction_and_synthesis_of_mixed-multi-age_approaches；

（3）Jaleah M. Sercola, “Navigating Multigrade Teaching in Rural Settings: Narratives of Elementary School Teachers,”*International Journal of Advanced Multidisciplinary Studies* 4, no. 6 (2024): 227–241, https://www.ijams-bbp.net/wp-content/uploads/2024/07/6-IJAMS-JUNE-2024-227-241.pdf；

（4）Linley Lloyd, “Multiage Classes: What Research Tells Us about Their Suitability for Rural Schools,” *Australian and International Journal of Rural Education* 12, no. 2 (2002): 2–14, https://journal.spera.asn.au/index.php/AIJRE/article/view/484。

在德国，混龄教学不仅在小学普遍实施，也在一些中学应用。德国乡村学校因人口稀少而普遍采取混龄编班，教学方法强调学生间的互动和合作，培养学生的领导能力和团队精神。在芬兰的乡村地区，尤其是一些小规模学校，也广泛实施混龄教学。这种模式下，教师采用灵活多样的教学方法，充分利用现有教学资源，促进学生的自主学习和个性化发展。

研究表明，混龄教学不仅提高了学生的社交能力和学业成绩，还提升了教师的教学效果。混龄教育让学生能够根据自身的学习需求接受定制化的教学，通过让高年级学生帮助中低年级的学生学习，促进共享学习的文化形成，从而提高整体学习效率。

在混龄教学中，学校要充分获得村庄的参与和支持。教师与当地村庄紧密合作，积极利用当地教学资源、乡土资源，创建一个包容性和支持性强的学习环境。这种合作关系强调了教育的社会化功能以及社区在教育资源配置中的重要作用。

（二）主题式教学：优化师资力量的有效方案[1]

本书用大量篇幅详细描写了乡土人本教育的主题式教学的场景，试图直观说明，通过跨学科整合教学内容，围绕中心主题展开，学生能够从多个学科视角理解和探讨同一问题。这种教学方式增强了学习的相关性，加深了学习的深度，鼓励学生将所学知识应用于解决现实问题，从而增强了学习的实用性和动机。

事实上，从师资配置角度而言，主题式教学也有助于整合师资。国际上，主题式教学在乡村学校中的应用已显示出多方面的教育优势，尤其是在资

1 此小节部分内容参见：Fund Manager of the Girls' Education Challenge, "Thematic Review: Teaching, Learning and Assessment" (March 2018), https://assets.publishing.service.gov.uk/government/uploads/system/uploads/attachment_data/file/730867/TR-Teaching-Learning-Assessment.pdf。

源有限的环境中。用这种跨学科的方式整合教学内容，强调学科间的联系，允许教师用更统一的方式教授多个科目，从而提高了教学效率并丰富了学习内容。例如，在一些发展中国家，教师采用主题式教学以提高学生的参与度和学习成效。这种方式不仅促进了学生的认知发展，还鼓励他们在实际情境中运用知识，解决问题。

（三）全科教师：适合乡村教育的角色

无论是混龄教学还是主题式教学，都对现有的教师角色提出了全新的挑战。

在实施混龄教学时，教师不再仅仅聚焦于某个年龄段或某个班级的学生，他们需要了解并掌握各个年龄段学生的特点和需求，同时，还要熟悉各个科目的教学内容，以便能够给予学生适用且有效的辅导。在这个过程中，教师的角色逐渐从传统的讲授者转变为辅导者、组织者和引导者。

在实施主题式教学时，教师面临的挑战则更为复杂。他们需要突破学科思维的束缚，摒弃对教学资源的狭隘认知，充分且灵活地利用包括乡土资源在内的本地资源，以此作为教学资源。同时，他们还需要灵活运用教学材料，创造性地调整课程内容，以适应学生的需求和背景。

国际上通常采用“全科教师”来应对乡村教育中出现的这些挑战。全科教师是指那些能够胜任多门学科教学任务，具备广泛知识背景和综合教学能力的教师。他们不仅精通某一学科，还能够将其他学科的知识融入教学中，为学生提供更全面、更综合的教育。

在一些国家，如澳大利亚和新西兰，乡村学校广泛采用全科教师模式，特别是在人口稀少的地区。通过配置全科教师，学校能够提供更加灵活和能回应学生需求的教学方案，有效缓解了师资不足带来的教育服务断层问题。

全科教师负责教授多个学科，他们通过整合不同学科的知识和教学方法，能够更高效地利用教学资源。在乡村学校，全科教师的存在不仅能减轻学校因师资短缺而承受的压力，还使得学科之间的知识更加连贯和互补。

然而，在今天的中国乡村学校，虽然一些教师也经常身兼数职，教授多门课程，但他们通常不进行学科融合。教师往往按照学科教材进行教学，缺乏跨学科的教学设计和活动。这种方式不仅降低了教师资源的使用效率，也不利于学生在综合的学习环境中发展多方面能力。

相比之下，全科教师能够通过跨学科教学，整合语文、数学、科学、美术等学科的教学计划和活动。他们可以根据学生的兴趣和需要设计课程，使学生在感兴趣的主题中发展个性化的学习路径。这种方法不仅有助于培养学生的自主学习能力和批判性思维，还能提高教师的教学效果和学生的学习成果。

我们知道，虽然全科教师作为一种新的教师角色，在应对混龄教学和主题教学挑战、提高教学资源利用效率和促进学生全面发展等方面具有显著优势，但是当下中国对这一领域的研究和实践成果不多。田字格在乡村教育领域所开展的一系列探索，均为改善乡村教育现状提供有力支持。对于那些尚未尝试过学科融合、对混龄教学和主题式教学不够了解的乡村教师来说，从“吾乡吾土”丛书入手，无疑是一个值得尝试的大胆举措。

这套丛书以细致入微的方式，引领教师逐步穿越主题、融合学科。小组教学和混龄教学等新型教学形式，为教师们开启了一扇通往教育创新的大门。它不仅仅是一套资料，更像是一位耐心的导师，手把手地指导教师如何运用这些新颖的教学形式。

乡村教师仅需遵循“吾乡吾土·引导手册”系列（共四册），细致备课并循序渐进地实施教学计划，通过一个学期的实践，便能对主题式教学、混龄教学及跨学科教学有初步的感受与理解。若经过持续一年的深入实践，这种体验将变得更为深刻；而若能在两年内坚持不懈地应用并优化这些教学形式，开课教师无疑将在乡村教育创新领域脱颖而出，成为乡村教育变革的引领者。更进一步，若这些乡村教师能再积极参与田字格提供的线上线下培训课程，将理论学习与实际教学紧密结合，边实践边学习，他们将能更加自如且熟练地驾驭这些原本看似高端复杂的教学形式，再将其在乡土课教学的方法迁移到其他学科，实现教学方法的跨领域应用。那么很快，他们所在的乡村学校的教育面貌会焕然一新。

在这个推动乡村教育变革的过程中，最关键的一步无疑是让乡村教师及校长们具备改变的勇气，并实现观念的突破。教师需要摒弃传统的以教材为中心的教学方式，转而以学生为中心，真正关注学生的个体差异和学习需求。这意味着教师需要大胆进行跨学科、跨年级的教学尝试，不再仅仅局限于课本和科目，而是要根据学生的实际情况规划教学。只有勇于跳出传统教学的框架，敢于尝试新的教学理念和方法，乡村教师及校长们才能真正踏上创新教育的征程。

在鼓励教师勇敢迈出改变步伐的同时，我也要呼吁：从国家层面来看，需要加强对全科教师的培养，并向乡村输送更多的全科教师。全科教师不仅要具备广泛的知识背景和综合教学能力，还要能够胜任多门学科的教学任务。同时，师范类高校等专门为乡村教育输送人才的培养基地，也应该注重培养教师的课程研发能力，使开发课程成为教师的基本能力，而不是少数人的优势。

更进一步，国家应该给予乡村教育更多的发展空间和支持。如为鼓励乡村学校开发校本课程，国家可以拨出专项资金，设立专题项目，并给予政策支持。这些政策可以包括放宽课程设置要求，不必强求乡村学校（特别是小学）开足开齐 12 门课程。除了语文和数学等基础科目，国家可以积极鼓励乡村学校开发适用于乡村学生、结合当地资源的特色课程或校本课程。这类课程不仅能够更好地满足乡村学生的实际需求，还能够促进乡村文化的传承和发展。

尽管田字格在乡村教育探索的征途上取得了一点点进展，但我们清醒地认识到，乡土人本教育并非中国乡村教育未来发展的唯一路径。

中国乡村教育想要在师资和资源不足的背景下实现突破和发展，需要借鉴国际经验，实现观念上的突破，实施混龄教学和主题式教学就是一个很好的尝试。同时，还需要加强全科教师的培养和社区与学校的合作，国家也要给予乡村教育特别的空间和支持。这些措施将共同推动乡村教育的持续发展，为乡村学生提供更优质的教育资源和学习环境。

（四）构建乡村教师的认同感

最后，我想从人本主义视角强调：突破乡村教育困境，除必要的技术与政策支持外，核心在于解决“人”的问题——即唤醒乡村教育的核心力量：乡村教师的生命力。根据我在乡村多年的实践观察，唤醒其生命力的关键在于认同感的构建，这需要从以下三个维度系统推进：

1. 价值认同：确立乡村教师的战略定位

乡村教师不是城市教育体系的“替补队员”，而是乡村振兴战略的关键支点。从国家发展全局看，他们承担着文化传承、人才培育的双重使命，其职业价值具有不可替代性，需通过政策宣导与社会共识塑造，让乡村教师的战略地位获得广泛认可——他们是乡村文明的守护者，更是城乡教育均衡发展的关键力量。

2. 文化认同：认同在地知识的内在价值

乡村教师拥有独特的“文化基因”：对山川地理的认知、对节气物候的把握、对乡土文化的理解，构成了民族文化宝库的重要组成部分。这种在地知识不应被视为“落后符号”，而应作为乡村教育的核心竞争力加以尊重与传承。建议将乡土知识纳入地方课程体系，通过田野调查、民俗传承等实践，让乡村教师成为文化自信的践行者，为乡村教育差异化发展奠定根基。

3. 专业认同：构建专属的职业发展通道

乡村教育的特殊性，要求建立有别于城市的教师评价体系与成长路径。田字格的“乡土教育家培训体系”等探索虽然尚不成熟，但其打造的“乡土特质 + 专业素养”双轨发展机制依然可以借鉴：既保留了乡村教师对本土文化的理解优势，又通过系统培训提升了其现代教育技能。这种“双向赋能”模式，既能增强职业尊严感，又能为乡村教育专业化发展提供制度保障。

当价值认同赋予职业意义，文化认同筑牢根基，专业认同指明方向，乡村教师的生命力才能真正被激活。这不仅是对“人”发展的尊重，更是破解乡村教育困境的破局之道——让每一位乡村教师都能成为照亮乡土未来的火种，在认同中实现自我价值与社会价值的共振。

二、乡土人本教育带给中国教育的启示

中国乡村教育的衰退并非孤立现象，它揭示了教育环境与模式改进的必要性。诸如混龄教学、主题式教学等适应中国乡村教育特点的方法，要在开放、以人为本、安全自由的教育生态环境中才能真正实现其价值。当前，我们的教育体系似乎已疾驰过远，以至于偏离了初衷，亟需我们回溯原点，深刻反思那些最朴素、最原始、最根本的教育命题：人为什么要学习？孩子为什么要上学？学生为什么不爱学习？孩子为什么不愿意去学校？教育的本质是什么？这些问题的答案，将指引我们重塑教育生态环境，让教育回归其应有的温暖与纯粹。

（一）人为什么要学习

长期以来，我们对“学习”的概念理解存在一定的局限性。我们常常将学习简单地等同于课堂上的读书、记笔记和完成作业，甚至以为学习只发生在学校这样一个特定的场所。然而，学习是一个更广泛的概念，它不仅包括知识的学习，还包括人类通过总结经验、反思实践、参与社会互动等多种方式获得知识、技能、价值观或行为规范的过程与经历。学习不仅仅发生在正式的教育环境中，也在非正式教育场景中悄然进行，如家庭、社区、网络平台和社交媒体等。正如杜威所提倡的“生活即教育”那样，学习与生活不可分割，是持续且无处不在的。

我们同样需要扩展对“知识”的理解。许多人认为，只有书本上的内容才算知识，而其他的实践经验或生活智慧不过是常识。然而，迈克尔·波兰尼（Michael Polanyi）在《个人知识：朝向后批判哲学》中指出：“We know more than we can tell.”[1]（我们知道的比我们能说的更多。）在这本书中，他进一步解释，知识不仅包括显性的理论和书面表达，还包括那些难以通过语言或文字直接传递，却深刻影响实践的隐性知识。隐性知识往往存在于个体的经验和技能中，如老工匠的精湛技艺、企业家的创业智慧、领导者在复杂情境中的决策能力等。这些知识虽然不易言传，却对实际生活起着至关重要的作用。

因此，学习与知识是紧密相连的。杜威的实用主义教育理论进一步提醒我们，知识的价值在于其在实际生活中的应用，只有与行动和经验结合，才能展现其真正的意义。学习和知识都需要根植于日常生活，并通过实践不断深化。

当我们清晰“学习”及“知识”的概念之后，我们便会理解下面几个观点：

1　参见［英］迈克尔·波兰尼，徐陶、许泽民译，陈维政校：《个人知识：朝向后批判哲学（重译本）》，上海人民出版社 2021 年版，第 7 页。

首先，学习是生命的本能之一。从我们出生的那一刻起，学习便融入了生命的每一步。婴儿学走路、学说话、学吃饭，这些看似简单的技能并非与生俱来，而是通过无数次探索和尝试获得的。这种学习并不来自外部的强制或考试压力，而是来源于人类内在的求知欲和对环境的适应能力。

从生物进化的角度来看，学习是生命适应环境、不断进化的基本机制。正如尤瓦尔·赫拉利（Yural Noah Harari）在《人类简史》中指出的，人类正是凭借卓越的学习能力，经历了认知革命、农业革命和科学革命，才逐渐确立了在地球上的主导地位。这种持续学习的能力，使人类能够不断适应环境的变化，发展复杂的社会结构，并创造出丰富的文化与技术。

因此，学习不仅仅是一种行为，更是生命与生俱来的本能。它奠定了人类应对挑战、追求进步的基础，也成为推动个体和社会不断发展的核心动力。

图8-1　兴隆田小的学生在观察树上的鸟巢

其次，学习是生存的需要。从生物进化的角度来看，学习是人类在生存竞争中脱颖而出的核心能力。相比其他物种，人类的生理条件并不占优势，但通过学习，人类掌握了适应环境、创造工具和语言的能力，并借助集体智慧应对复杂挑战。正如赫拉利在《人类简史》中所言，人类通过学习得以进行“规模化的合作”，这使得我们的祖先在食物链中逐步占据了顶端。[1]

在现代社会中，学习不仅是人类整体发展的动力，更是每个人适应生存环境的必然要求。社会的快速进步和技术的不断变革，使得不学习的人难以跟上时代的步伐，也难以应对生活中的复杂挑战。正如阿尔文·托夫勒（Alvin Toffler）在《第三次浪潮》中指出的，未来的文盲不再是不识字的人，而是那些不会学习、不会适应变化的人。[2]

对每个个体而言，学习不仅是生存的需求，更是实现自我价值和心理满足的关键。从马斯洛的需求层次理论来看，学习可以帮助人们获得安全感、建立社交联系、提升自尊，并最终实现自我价值。在竞争激烈的现代社会，学习已成为个体持续发展的根本途径，无论是掌握新技能、适应新技术，还是获取更高的社会地位，学习都贯穿其中。

然而，长期以来，我们对学习的意义与方法存在认知上的偏差。我们常用十年寒窗、学海无涯等词语将学习与苦难挂钩，这是因为忽视了学习的内在驱动力和乐趣。事实上，早在两千多年前，孔子就强调了学习的快乐。他在《论语》中指出：“学而时习之，不亦说乎。”这里的“习”，如杨伯峻先生在《论语译注》中所解释的，是指将所学用于实践。[3]若用现代通俗语言翻译，可以理解为：学到东西并得以应用，便能感到快乐。从教育学的视角来看，这句话的含义是：当学习变得有意义时，人们会享受学习的过程，甚至乐在其中。

孔子还提出了学习的三层境界：“知之者不如好之者，好之者不如乐

1　参见［以色列］尤瓦尔·赫拉利：《人类简史》，林俊宏译，中信出版社 2014 年版，第 24—25 页。

2　参见［美］阿尔文·托夫勒：《第三次浪潮》，朱志焱、潘琪、张焱译，生活·读书·新知三联书店 1984 年版，第 249—253 页。

3　参见杨伯峻：《论语译注》，第 1 页。

之者。”[1] 这表明，被动学习不如主动学习，而主动学习又不及热爱学习。从现代教育的角度看，这揭示了学习的动力来源：只有当学习者感受到意义，并产生发自内心的兴趣，才能真正享受学习，激发持久的热情。

（二）孩子为什么要上学

图8-2　田字格的支教老师接孩子去上学

1　参见杨伯峻：《论语译注》，第61页。

学习乃天性所驱，每个人自出生起便开始探索世界，积累知识与经验。然而，这种与生俱来的学习本能，是否意味着孩子无须进入学校便能获得全面的成长？显然不是。在现代社会，学校教育已成为孩子成长的重要组成部分，是对个体学习天性的延续与拓展。我在探访过众多学校之后发现，家长们送孩子到学校上学，不仅仅是因为法律或社会的要求，更是因为学校能够为孩子提供家庭环境难以完全满足的教育资源、成长机会和社交经验。

接下来，我将结合我的观察与研究，归纳出家长们选择让孩子步入校园学习的几大缘由。

第一，学校提供了系统化的学习环境。参访学校时，第一步基本都是考察学校的"硬实力"，包括环境和设施。上海著名的小学通常拥有优美的校园环境和专业的教学设施，有些除了有操场，还设有运动馆和小剧场。学校优质的教学环境显示出这些学校有条件及能力为学生提供广泛的分科训练，不仅涵盖语文、数学、英语、科学和体育等基础学科，还能提供更丰富的项目式学习等探索课程。

第二，学校拥有专业的教师团队。参观学校的第二步，当然是考察学校的"软实力"。招新会时，校长会介绍学校的教学理念及师资情况，一些名校还会展示学校培养出的杰出人才。在这个过程中，家长会感受到学校可以有专业的教师帮助学生达到国家教育标准，而这对没有受过专业训练的家长来说是难以实现的。现在，即使是受过高等教育的家长，独自完成孩子的教育任务也是一项艰巨的挑战。

第三，孩子可以在学校学习生活。在我看来，学校应该是个生动的小社会，在这里，孩子不仅可以学习如何解决问题、如何与他人相处，而且可以与外面的世界建立广泛的联结。当然，很多学校在这一点上做得很糟糕，正如杜威所说，我们在教育上的失败是因为我们"忽视了把学校作为社会生活的一种形式这个基本原则”[1]。

我参观过一些东南亚发展中国家的学校，虽然学校的硬件设施并不豪华，但孩子们可以在学校内自由地玩耍、交流。学校还设有大量的互动活动，如集体生活、农耕、社区服务、校园经营（如在开放日售卖手工艺品）等。通过这些活动，孩子学习社交规则，解决日常挑战，结交朋友。

第四，孩子可以在学校交友，形成团体意识及公民意识。教育的普及化使得上学成为一种普遍的社会行为，通过参与这一集体活动，个体能够获得群体归属感，增强社会认同。这也是我当年想上学并背着书包假装上学（小时候因身体原因，我不得不比其他孩子晚入学）以及儿子不愿意再转学的一个重要原因。孩子在学校的集体生活中学习友爱、尊重、平等、民主等重要的人格品质及基本公民素养。

第五，学校可以帮助学生“成为自己”。黄武雄先生在《学校在窗外》一书指出了学校存在的深层意义，他指出学校不仅是儿童与世界，不同时空经验、文化的交融地，更是一个让人通过与世界互动，认识自己在世界中的位置，从而审视自我、了解自我的重要场所。[2]也就是说，学校教育可以帮助孩子认识自己，最终成为自己。“帮助孩子成为自己”的学校通常很开放，很自由，学校既有学习、交流、玩耍的课堂与环境，又设有丰富的课程，还留给学生大量的自主学习及探索的时间。

在我的记忆中，大部分孩子在幼儿园阶段都对成为小学生、去学校上学充满向往。如果学校能够满足上述五个功能中的两三个基本功能，即提供系统化的学习环境、拥有专业的教师团队、孩子有在学校学习生活的机会，多数学生就不太可能对学校感到恐惧或厌恶。当然，如果学校还能进一步满足学生对社会互动的需求——玩耍和交友，并提供充分的自由空间和关怀，让学生“成为自己”，那么学校就会像磁铁一样吸引孩子前往。

---

1 ［美］约翰·杜威：《学校与社会·明日之学校》，赵祥麟、任钟印、吴志宏译，人民教育出版社 2005 年版，第 7 页。

2 参见黄武雄：《学校在窗外》，首都师范大学出版社 2009 年版，第 6 页。

然而，这些年教育领域的严酷现实，却将我对学校的那些美好回忆逐一摧毁。现在，孩子不仅对上学产生了抵触，就连对学习也失去了兴趣。

（三）学生为什么不爱学习

孔子在《论语》中曾点明学习的三层境界："知之者不如好之者，好之者不如乐之者。"然而，在当下的教育环境中，学生"知之者"占一定比例，"好之者"寥寥，而"乐之者"更是凤毛麟角。

究其原因，我认为是我们的学习内容、学习方式和学习过程，普遍存在着一种"三无现象"——无意义、无联结和无趣味。这"三无现象"让学习逐渐沦为一种工具、一个负担，甚至是一段煎熬。这是学习的重大危机，也是学生厌学的根源。

1. 学习无意义

在现代社会，学习已经被明显地功利化，它被简化成一个公式：学习 = 知识 = 考试 = 升学 = 好就业 = 成功人生。更有甚者，将这一公式进一步简化为"学习 = 成功"。这样的功利主义观念深深根植于家长和社会的意识中。

许多励志故事传递的都是单一价值观：读书考高分才能"光宗耀祖"，为家乡争光。那些未能考取名校的学生似乎失去了未来的希望，在社会的某些评价体系中，他们甚至被视为失败者。这种过于功利的学习观，直接导致了学习的虚无化。当努力学习不能确保进入 985、211，不能保障优渥的生活，更不能保证幸福的婚姻时，学习的意义便被大打折扣。

实际上，学习的本质意义远不止于功利目的。学习是一种让我们提升自己、富足精神，并获得内心愉悦的过程。然而，当这种意义被功利化的目标掩盖时，学习会以其独特的方式反击我们——我们的后代开始厌学、不读书、不思考，甚至辍学。直至某一天，我们不得不反思这一现象并为之付出代价。

2. 学习无联结

如今的学生仿佛生活在一个封闭的孤岛上。学校的大门紧闭，高高的围墙将学生与社会、家庭和自然隔绝。尤其在县城的学校，学生往往从初中开始就集中住宿。一些地区的学生每周才能回家一次，有的甚至半个月才回家一趟。这样的学习环境，带来的是长达六年的“与世隔绝”：初中三年和高中三年，学生于书堆中埋首苦读，远离生活和社会。

这样的学习缺乏与实际生活的联结，成为“脖子以上的学习”，既不能促进对知识的真正理解，也难以培养学生的实践能力。这与孔子所提倡的“学而时习之，不亦说乎”完全背离，反而更接近“学而时困之，时苦之，难以乐也”。

尽管我们在课程设置上有所尝试，如增加劳动课、综合实践课，甚至提出“减负”的口号，但在高考压力的强大驱动下，这些尝试在实际应用中成效甚微。学习若不能与个体经验和现实生活产生联结，便很难让学生感受到学习的真实价值。

3. 学习无趣味

学习的无意义和无联结，最终让教育陷入迷失状态。现在，多数学校依然依赖传统的教学方法，让学生通过死记硬背和机械刷题来提高成绩。当这种方式收效甚微时，许多学校选择延长学习时间、增加作业量来“弥补”，让学习进一步变得机械化、乏味化。

这种被动的学习方式极大地压抑了学生的好奇心与创造力。学习在学生眼中，不再是探索世界的有趣过程，而变成了枯燥的任务。随着学习的兴趣被消耗殆尽，学生便逐渐失去了主动学习的动力。

4. 改变“三无现象”，让学习回归本源

学习的“三无现象”——无意义、无联结、无趣味，是长期的功利主义教育观念和应试教育体系共同作用的结果。要改变这一现状，需要教育者和全社会的共同努力。

首先，我们需要重新认识学习的真正价值。学习不仅仅是获得分数和名利的工具，它更是让个体成长、精神丰盈和追求幸福的过程。

其次，我们要创造更加有意义的学习内容、更具联结性的学习方式和更具趣味性的学习环境。例如，让学生的学习与生活、社会以及未来发展紧密结合；通过多元化的课程设计和教学方法，激发学生的学习兴趣；培养学生的实践能力，鼓励他们在真实情境中探索和创造。

只有这样，才能让学生从心底重新爱上学习，真正体验到学习的乐趣和成就感。教育的终极目标，不是培养工具化的人，而是让每个学生成为热爱生活、富有好奇心和创造力的独立个体。

（四）孩子为什么不愿意去学校

如今，怀着热情、欢天喜地去上学的孩子越来越少了。厌学和休学的现象屡见不鲜，并且出现这些情绪的学生年龄越来越低。为什么曾经对学校满怀期待的孩子，在短短几年后就变得不愿上学？为什么一、二年级时，孩子们眼中还有光，但到了三、四年级，甚至小学毕业时，眼中的光却渐渐消失？

我认为，问题的根源在于两个方面：无自由和无尊重。

1. 学校无自由

阿尔伯特·爱因斯坦（Albert Einstein）曾说过，好奇心“这株脆弱的幼苗，除需要鼓励以外，主要需要自由；要是没有自由，它不可避免地会夭折”[1]。

当前许多学校最缺乏的，正是给予孩子基本的自由。这种自由的缺失不仅扼杀了孩子的好奇心，更限制了他们的成长空间，甚至对他们的生命成长造成了深远的影响。

曾有一位县城的高中生向我抱怨，他把自己的学校比作“监狱”，说学校里有铁丝网、防跳网，课程安排过于紧密，学生没有喘息的时间。他觉得自己被严格控制，没有自由去探索自己的兴趣，也没有空间去发展独立思考的能力。这样的环境下，学生如何能够健康成长？如果学生的时间、活动空间甚至思维方式都被控制，他们的心理必然会受到压抑。

陶行知先生早在 20 世纪 30 年代就提出了教育要“六大解放”——解放儿童的眼睛、嘴巴、双手、思想、时间和空间。陶行知先生于 1944 年发表的《小学教师与民主运动》[2]一文中强调，为了还给学生学习的基本自由，必须进行六大解放：

> 解放思想：使学生能够自由思考，培养独立思考和创新能力。
>
> 解放双手：让学生能够亲自动手实践，培养动手能力和创造力。
>
> 解放眼睛：鼓励学生观察世界，拓宽视野，增强感知能力。
>
> 解放嘴巴：让学生敢于表达自己的想法，培养表达能力和自信心。
>
> 解放空间：使学生能够走出课堂，接触大自然和社会，获得丰富的实践经验。

---

1 ［美］阿尔伯特·爱因斯坦：《爱因斯坦文集》（第一卷），许良英、范岱年编译，商务印书馆 1976 年版，第 8 页。

2 江苏省陶行知研究会、南京晓庄师范学校编：《陶行知文集》（下），江苏教育出版社 2008 年版，第 970—976 页。

解放时间：给予学生自主安排时间的自由，培养时间管理能力和自主学习能力。

然而，近百年过去了，我们真正解放了学生的什么？扪心自问，这些解放目标在今天的教育中仍未完全实现。

2. 学校无尊重

学生来学校，不仅是为了学习知识，也希望在学校这个由同伴和教师构成的环境中获得情绪价值，找到归属感，认识自我，并为未来定位。随着信息技术的普及，单纯的学习知识已经可以通过网络实现，但学校独有的价值在于能够满足学生的情感需求和成长需求。如果这些需求得不到满足，学生为什么还要来学校？

学生们期待学校给予他们理解、自由和尊重，他们渴望被师生接纳，渴望找到归属感，渴望实现自我价值。然而，许多学校却未能满足这些需求。学生内心的渴望得不到回应，教育便逐渐丧失吸引力。

3. 无自由与无尊重：压垮学生的最后稻草

如果学习中“无意义、无联结、无趣味”是导致厌学的主要因素，那么学校中普遍存在的“无自由与无尊重”，则成为压垮孩子的最后一根稻草。大多数家长对公立教育的严重依赖，进一步使教育中的“五无”问题成为令人担忧的社会焦点。

许多教师深受功利主义教育观的影响，为了追求教学效果和学生成绩，忽略了学生的学习动机、兴趣和个体差异。这种做法不仅让学生失去了学习的兴趣，还进一步增加了课堂的压力和枯燥感，最终形成了恶性循环。

4. 教育的本源：让孩子重新爱上学习

图8-3 兴隆田小的学生早晨在校园自由阅读

要解决这些问题，学校必须回归教育的本源。教育者和全社会需要共同努力，重新认识学习的价值，创造一个更加有意义、有联结、有趣味的学习环境。同时，学校还需要在日常教学中给予孩子更多的自由和尊重，让他们能够真正体验到学习的乐趣，找到成长的动力。

只有当自由与尊重重新成为教育的重要部分，学生才能从心底重新爱上学习，真正感受到学习的意义和成就感。正如蒙特梭利在其教育理念中强调的，自由是儿童全面发展所必需的要素之一，而教育的任务是在给予孩子自由的同时，激发他们独立思考和创造的能力。这种自由并非无序，而是建立在规则基础上的自主选择。只有在自由与教育相辅相成的环境中，孩子才能充分成长，飞向未来。

我始终强调，田字格的学校看似是因为拥有许多有趣而丰富的课程和明确的教育理念而得到孩子的喜爱，但真正让孩子喜欢学校的，是校园中弥漫的一种对儿童深切的尊重。以儿童为中心的尊重不仅仅体现在课程设计上，更渗透在学校的每一个细节中。尊重意味着信任和自由：孩子可以说想说的话，思考自己的问题，动手做自己感兴趣的创作；他们有机会表达自己的想法，有空间和时间去探索自己的兴趣。更重要的是，他们在一个充满自然、自由气息的环境中成长。这种尊重、信任和自由，是学校所有课程、文化和制度的底层逻辑，也是乡土人本教育的核心理念。我们用两个关键词概括这一核心：尊重、自由。

（五）教育的本质是什么

哈佛大学前校长杰里米·诺尔斯（Jeremy R. Knowles）曾在新生致辞中说过，教育，尤其是高等教育的目的就是培养学生“识别谁在胡说八道”[1]。我能够想象，听闻此言的现场听众一定会报以热烈的掌声和会心的笑声，因为此言说得生动、深刻，幽默又睿智。

还记得两年前，我参访一所位于西部的乡村学校，其年轻有为的校长以坚定而朴实的语言阐述了他对教育目的的理解：“教育，就是要让学生们取得好成绩，进入好学校，知识改变命运嘛。”他转而又沉痛地说：“都说教育卷，可是不卷不行啊！我们是用命在卷，在拼！现在卷，将来或许还有机会‘躺平’；现在不卷，未来可能连‘躺平’的机会都没有！”言毕，他的声音中透露出不易察觉的哽咽：“其实，我们都明白，咱们的孩子太难了！”

我在这扎心的话中感受到一种复杂难言的情绪：焦虑、哀愁，乃至极大不安的震颤——中国的教育正深陷于两难境地。一方面，我们满怀憧憬，渴望培养出全面发展、具备批判性思维、能够独立思考的个体，正如诺

1　转引自Dudley Herschbach, “Jeremy Randall Knowles,” *Proceedings of the American Philosophical Society* 161, no. 4 (2017): 341。

尔斯及中国教育部所不懈倡导的；另一方面，现实的沉重压力却如同巨石般压在教育体系甚至全社会的肩头，迫使它们不得不更多地聚焦于成绩与升学，从而在很大程度上忽视了对学生生命成长与长远发展的全面培养。

1. 谈教育目的就是谈价值观

教育目的的核心在于价值观的塑造。从古至今，无论中外，教育的每一次探讨与变革，实则都是对“培养何种人”这一根本问题的深入追寻。

爱因斯坦曾提到，教育就是一个人把在学校所学全部忘光之后剩下的东西[1]。当我们告别校园时，或许会逐渐淡忘书本上的知识，但那些触动心灵的经历——爱与恨的情感、对与错的抉择、欢笑与泪水的交织、批评与自责后的成长、骄傲与自信的塑造，都会深深镌刻在我们的灵魂深处。这些经历陪伴着我们的生命，引领我们找寻自我，影响我们与他人的相处之道，并塑造出我们的价值观与世界观。

诺尔斯的“不胡说八道论”以幽默风趣的语言，揭示了独立思考能力在现代教育体系中不可替代的核心价值。这种价值观鼓励学生在纷繁复杂的信息时代，保持敏锐的批判性思维，勇于探索未知，不为既有观念所束缚。而前文那位乡村小学校长的教育观，则反映了特定社会背景下，对稳定生活路径的普遍认同与追求。他朴实的想法中蕴含着对教育实用性的渴望与期待。

价值观是我们行为的指南针，它决定了我们认为什么是重要的、什么是对的。而教育，就是帮助每个人建立并坚定自己的价值观，无论这个人是想成为社会的栋梁，还是仅仅希望有一个更好的生活。

从教育社会学的视角来看，教育不仅承载着文明传承与社会进步的双

1 引自爱因斯坦《论教育》一文（1936 年），见［美］阿尔伯特 · 爱因斯坦：《爱因斯坦文集》（第三卷），许良英、范岱年编译，第 146 页。

重使命，还蕴含了传承与创新之间的微妙矛盾。一方面，教育需要引导个体形成并坚守符合时代要求的价值观，这是对既有文明成果的尊重与传承；另一方面，教育还承担激发个体的创新思维，使之成为推动社会向前发展的力量的使命。

因此，教育需要在尊重传统与鼓励创新之间保持一种微妙的张力。在保持张力的过程中，教育不仅塑造了个人，更创造了社会的未来。教育的目标，正是在这种个人、群体与社会之间的张力中寻求平衡与超越。

联合国教科文组织总干事奥德蕾·阿祖莱（Audrey Azoulay）在2019年8月12日的讲话中表示："教育不仅仅是为了获得文凭，教育事关学习，事关建设有利于青年人获得新技能和资格并为社会进步做出有意义贡献的系统。"[1] 阿祖莱明确指出，教育的长远目标是建立一个有利于年轻人作出有意义贡献的系统，而这一系统的建立需要以共同的价值体系为基础。

2. 教育追求的共同价值

自2006年起至2012年，剑桥大学教育学院历时六年，精心策划并执行了名为"Cambridge Primary Review（CPR）"的长远研究项目。该项目成果丰硕，其中最为核心的报告——《小学教育的目标与价值观：英格兰及其他国家》[2] 尤为引人注目。这份报告，回溯了从1965年至2006年这四十一年间，英格兰、苏格兰两地区和德国、新西兰、瑞典及荷兰四个西方国家在小学教育领域的探索与变迁。它不仅有强大的数据支撑，更有深刻的分析与洞察，让我们感受到各地区和国家在追求小学教育目标与价

1　见联合国数字图书馆收录的2019年教科文组织总干事奥德蕾·阿祖莱国际青年日致辞《变革教育》，文件代码DG/ME/ID/2019/27。（https://unesdoc.unesco.org/ark:/48223/pf0000369741_chi）

2　Maha Shuayb and Sharon O'Donnell, *Aims and Values in Primary Education: England and Other Countries* (Cambridge: The University of Cambridge, 2008).

值观上的共同追求与不懈努力。

报告中，有两大核心议题贯穿始终。一是如何明确界定小学教育的核心目标与价值观，二是探究这些目标与价值观如何随着时代的洪流而不断调整与演变。

细读这份报告，我可以清晰地感受到一个核心观点的浮现：尽管各地区和国家的教育体系、文化背景乃至社会制度千差万别，但在小学教育阶段所追求的目标与价值观上，却存在着显著的共性。这种共性超越了地域、民族、国家与文化的界限，体现了人类教育追求的普遍真理，同时也描绘了我们所要培养的学生的共同画像。报告显示，各地区和国家都认为小学教育应当致力于培养全面发展的个体，这意味着小学教育更应关注学生的社会、情感及道德层面的成长。

此外，各地区和国家还认为小学教育也承载着经济与社会目标的双重使命。它既要为学生未来的职业生涯打下坚实的基础，又要兼顾学生个人成长的需求，帮助学生发现自我，实现自我价值，让他们在追求梦想的道路上能够稳步前行。而这一切的基石，便是以儿童为中心的教学理念。

最后，公民教育的核心地位也在报告中得到了充分的体现。小学教育被赋予了培养学生公民意识与社会责任感的重要使命。通过教育，学生将学会理解并履行自己的社会职责，积极参与社会活动，成为具有全球视野与跨文化沟通能力的公民。

总之，《小学教育的目标与价值观：英格兰及其他国家》不仅为我们展示了西方小学教育的丰富实践，更让我们深刻认识到共同教育价值观的存在与意义。这些共同价值观包括尊重个体差异和价值、独立思考、合作、多元文化、全球视野以及公民责任，它们不仅是人类教育的宝贵财富，也是全球教育体系改革与发展的重要方向。

在我看来，积极而主动地追求这些共同价值，勇敢地张开双臂去拥抱它们，坚定不移地在教育实践中践行这些理念，将是引领中国教育走出“孩子们太难了”这一艰难困境的关键所在。因为教育的本质归根结底，是顺应并促进人的全面发展，因材施教，而这一点，正是跨越国界、种族与文化的人类共同追求，也是深深根植于中华民族血脉之中的教育思想。

3. 让我们的孩子不再那么难

如果我们承认，探讨教育的根本目的，实则是在探讨价值观的塑造，那么，一个稳固且一致的价值观体系，对于为我们的后代构筑一个安全而稳定的成长环境而言，其重要性是不言而喻的。试想，当成年人的价值观世界纷扰混乱，教育的方向在创新与守旧之间徘徊不定，那最终承受这份苦果的，不正是那些无辜的孩子们吗？

国家虽然在大力倡导全面育人的理念，但反观现实，我们扪心自问：

> 我们的教育，是否真正践行了“以人为本”？是否真正在培养德智体美劳全面发展的社会主义接班人？
>
> 我们的学校，是合作的乐园还是竞争的战场？加剧的竞争，是激发了人性的光辉，还是助长了恶意的蔓延？它建立的是人与人之间的信任与友爱，还是加深了人与人之间的隔阂与冷漠？
>
> 我们的教育，是启迪独立思考、培养批判精神的摇篮，还是灌输服从与权威的工厂？
>
> 我们的课程，是局限于单一文化的独白，还是汇聚多元文化的交响乐？我们是在不经意间灌输给孩子狭隘的偏见，还是在引导他们以开放的心态拥抱这个多彩的世界？我们是在滋养仇恨的土壤，还是在培育孩子们心中的包容与理解？
>
> 我们的教育实践，是引领孩子探索世界的钥匙，还是束缚他们思维的枷锁？
>
> …………

我们亟需全社会共同的深刻省思，因为养育后代是全社会不可推卸的责任，绝非教育一己之力所能成就。我们必须正视当前知与行、理念与实践之间的鸿沟。言行不一的乱象正编织成一张错综复杂的网，让年轻一代在迷茫中徘徊，甚至催生厌学、排斥学习等社会隐忧，其后果之严重，不容忽视。

如果说探讨教育目的即是探寻价值观之根，那么我们矢志不渝追求的，便是以人为本、以人为核心的终极价值体系。我们深信，教育远非单纯的知识灌输与道德说教，而是一场心灵的碰撞，是个体意识觉醒与探索的旅程，是身份认同与社会关系和谐共生的艺术。

如果说教育肩负的使命在于将社会主流价值观深植于未来世代的血脉之中，那么我们怀揣的愿景，便是一个诚信如金、正气凛然、善良遍地的美好社会景象。

而当我们承担起传递这份价值观的重任时，愿这些美德如同春日细雨，温柔而坚定地滋养着每一颗稚嫩、蓬勃的心灵，而非成为束缚个性的桎梏。我们憧憬通过教育的力量，让每个人都能在尊重与理解的温暖阳光下，自由地绽放真我，优雅地助力他人成长，共同编织生命之树常青的传奇，让智慧与美德在时间的长河中生生不息，绵延不绝。

图8-4　兴隆田小的学生们

三、理想：教育者的力量源泉

有人说，田字格的乡土人本教育理念过于理想化，与现实之间存在距离，实施起来困难重重。我承认，田字格目前也没有将乡土人本教育理念践行到完美的境界。然而，我始终坚信：教育，必须怀揣理想。教育者心中必须有一幅理想的教育蓝图，因为正是怀揣这幅蓝图，我们在面对现实的挑战时才能够有勇气和力量前行。这个蓝图不仅是目标，更是支持我们跨越现实阻碍的信念。

理想，是教育者的力量源泉，它让我们在简陋的教室里依然激情满怀；让我们在面对挑战时，依然坚守信念。教育者知道，只有怀着理想，才能将乡村变成孩子们心中最美的乐园。无论现实多么"骨感"，心中的理想必须是充满诗意且令人向往的。

中国乡村教育探索之路，山遥水远。在这片"吾乡吾土"的丰饶大地上，田字格不仅学会了对自然的敬畏、对生命的尊重，更明确了我们要矢志不渝地以"回归人本"的教育理念为指导实践，为孩子们铺就一条通往美好未来的快乐成长之路。

中国乡村教育探索之路，道阻且长。田字格在"吾乡吾土"中的探索从未停歇，脚步虽在泥土中蹒跚，却每一步都坚实有力。我们亲历中国乡村教育十余年的变革及衰落，既见证了教育赋予的力量，也深刻体会到其中带来的挑战。田字格在"吾乡吾土"的每一次勇敢探索，都是向未知世界的深情迈进；每一次深刻反思，都是对教育真谛的更深领悟。

在"吾乡吾土"的探索过程中，"学生画像"必须清晰地镌刻在我们的心中，因为在教育之路上，会发现某些学生正不知不觉地逐渐成长为我们理想中的样子：他们善良，友爱，有好奇心，勇于提问，敢于担当。看到这些学生的成长，作为教师会感到无比的幸福与满足。描绘"学生画像"的目的不仅仅是塑造学生，更是塑造教育者自身。我深信，要培养怎样的学生，我们就要成为怎样的老师。教育者自身的修为与榜样力量，是学生身心成长中最重要的启蒙教育。

在“吾乡吾土”的探索过程中，需始终坚持“知行合一”的理念。知是行之始，行是知之成。我们要先有清晰的认知，知道教育的方向与目标，这样才能更好地实践。知与行是相辅相成的，先知后行，行动反过来又能深化我们的认知。即使理想难以完全达成，但只要我们坚定信念，朝着目标不断前行，理想的蓝图终会成真。

知行合一，吾心光明。

历史资料

附 件

附件一 “大山梦工场”主题学期计划

这是田字格于2017年暑假期间，围绕“大山梦工场”主题进行集体备课之后，初步制定的中高年级2017年秋季学期主题计划大纲。在教学过程中，各年级的老师会根据学生的实际情况并结合国家课程标准，提前一周进行二次备课，确定本年级的单元计划（单元目标、单元资料、课时、主要环节等），并据此编写每日教案和准备PPT等。我们希望通过这份原始教学资料，让读者了解田字格初期，特别是五步教学法实施前是如何开展主题教学活动的。请注意，此资料属于教学原始记录，可能存在诸多不足之处，仅供了解田字格教学方法探索之用。欢迎各位提出宝贵意见，指出其中的不足。

“大山梦工场”主题之下分为六个次主题：从字源谈梦想、千人千梦、土地的梦想、植物的梦想、感恩大山、创编“我的乡土人本教材”。每个次主题再以单元划分，每个单元持续一至两周。每个单元之下，又分为若干日课程。

（一）第一次主题计划

1. 次主题名称

从字源谈梦想

2. 次主题持续时间和课时

2017 年 8 月 28 日—9 月 1 日　12 课时

3. 次主题目标

（1）学生能开始认识什么是“梦想”，掌握与梦想相关的字源、字词、成语、典故。

（2）学生学会使用 5W1H 分析故事、讲故事。

（3）学生写画出自己的梦想，勇敢表达自己的梦想。

4. 涵盖单元及主要活动

“第一单元　梦想初探”，主要内容及活动包括：写画“我的梦想”、梦想大讨论、字源中的“梦”“想”、观影《三克的梦想》、寻找书中梦想、我用 5W1H 写故事。

5. 参考资料

（1）文本：周恩来《为中华之崛起而读书》。

（2）视频：《三克的梦想》《仓颉造字》《故宫字源》《24 个字》。

（二）第二次主题计划

1. 次主题名称

千人千梦

2. 次主题持续时间和课时

2017 年 9 月 4 日—9 月 22 日　36 课时

3. 次主题目标

（1）学生学习访谈技巧，访谈村里能人巧匠的梦想。

（2）通过研学活动，学生学会自主管理、合作互助。

（3）学生能撰写一篇较为完整的访谈梦想报告。

（4）学生能说出几位名人和圣贤的梦想，并能认识到梦想的力量。

（5）学生能对了解到的梦想进行分类统计，并绘制“千人千梦”展板。

（6）通过制作梦想牌和挂梦想牌的活动，学生放飞自己的梦想。

4. 涵盖单元及主要活动

“第二单元　‘千人千梦’村中研学”“第三单元　名人梦想集”，主要内容及活动包括：研学、访谈村民聊梦想、撰写研学访谈报告、学习圣贤尹珍的梦想故事、探究名人梦想、千人千梦展示会、挂梦想牌。

5. 参考资料

（1）视频：《名人访谈录》《尹珍故里醉美正安》《马丁·路德·金演讲》。

（2）文本：《尹珍文化浅析》《是什么成就了尹珍》《哥白尼与天体运行论》《中国古代科学家和天文学家：张衡》。

（3）诗歌：余光中《乡愁》、陶渊明《归园田居》（其一）、《归园田居》（其三）、《饮酒》（其五）、杜甫《茅屋为秋风所破歌》。

（4）散文：范仲淹《岳阳楼记》。

（三）第三次主题计划

1. 次主题名称

土地的梦想

2. 次主题持续时间和课时

2017 年 9 月 25 日—10 月 13 日　24 课时

3. 次主题目标

（1）学生能掌握土地的文学和科学含义，以及与土地相关的成语、故事，欣赏与之相关的文学作品。

（2）学生学习测量土地，会计算土地的面积。

（3）学生能书写一份结构完整的《种植计划书》。

（3）通过邀请农民伯伯进课堂教学生翻地，学生能开展小组合作，完成翻地的任务。

（4）学生能用自己的话说出土地的梦想。

（5）学生共创《土地宣言》，将对土地的保护体现在日常的行动中。

4. 涵盖单元及主要活动

“第四单元　寻找土地的梦想”“第五单元　土地圆梦行动”，主要内容及活动包括：寻找土地的梦想、土地的神话之旅、土地测量小专家、我的《种植计划书》、我学农民伯伯来翻地、创作《土地宣言》。

5. 参考资料

（1）文本资料：艾青《我爱这土地》。

（2）绘本：《西雅图酋长的宣言》。

（四）第四次主题计划

1. 次主题名称

植物的梦想

2. 次主题持续时间和课时

2017 年 10 月 16 日—12 月 1 日　72 课时（一周机动课时）

3. 次主题目标

（1）学生能用自己的话陈述种子的梦想和白菜等常见植物的梦想。

（2）学生认识常见的种子，欣赏与之相关的文学作品。

（3）在农民伯伯的指导下，学生完成种植的任务，并学习如何计算种子发芽率。

（4）小组合作制作“种子库”和“种子名片”。

（5）学生掌握完成自然笔记的基本技能，并能坚持每周记录一次。

（6）学生认识植物的基本结构、生长周期、器官功能、所需营养元素等。

（7）通过学习，学生能说出农药化肥的利与弊。

（8）在教师的指导下，学生能开展关于农药化肥利弊的辩论赛活动。

（9）学生开展项目式学习，制作堆肥池，帮助植物生长。

（10）通过自主学习等方式，学生深入认识白菜的历史、价值，欣赏相关文学作品。

（11）学生开展项目式学习——售卖白菜，学习与之相关的各种技能（称重、吸引客人、计算、制作海报、吆喝和模拟买卖等）。

4. 涵盖单元及主要活动

“第六单元　种子的梦想”“第七单元　种子梦想启航”“第八单元　植物的梦想”“第九单元　助力植物圆梦”，主要内容及活动包括：农民伯伯教我播种、计算种子发芽率、制作种子名片、全校辩论赛（农药化肥利与弊）、全校共建堆肥池、《白菜的穿越》绘本创编、我是小小推销员。

5. 参考资料

（1）文本：《大白菜的前世今生》《闲话白菜》《详解土壤与植物病害的关系》《农药的利与弊》《一粒种子》《种子的胜利》。

（2）视频：《种子的旅行》、BBC（英国广播公司）纪录片《植物之歌》（第一集）、《英国科学短片：植物生长所需》《光合作用的小故事》《菜青虫》《虫虫特工队》。

（3）绘本：《乌鸦面包店》《乌鸦蔬果店》《安的种子》。

（4）书籍：《寂静的春天》。

（五）第五次主题计划

1. 次主题名称

感恩大山

2. 次主题持续时间

2017 年 12 月 4 日—12 月 15 日　24 课时

3. 次主题目标

（1）通过评选“白菜大王”“蔬菜创意大王”，制作植物拓染作品，开展美食品尝会等活动，学生能认识到大山是个宝库，给我们提供了日常生活中很多不可或缺的事物。

（2）年级组之间密切合作，全体学生以表演的形式呈现一学期的学习成果，并在此过程中提升团队合作能力、表达能力和自信心。

（3）通过感恩仪式，学生表达对大山馈赠的感恩。

4. 涵盖单元及主要活动

“第十单元　感恩大山的馈赠”，主要内容及活动包括：蔬菜创意大比拼、我学能人做拓染、与家人共享美食、兴隆“感恩 · 分享 · 欢庆”嘉年华。

5. 参考资料

文本：《大山的馈赠》《我爱这土地》《生命的泥土》

（六）第六次主题计划

1. 次主题名称

创编《我的乡土人本教材》

2. 次主题持续时间

2017 年 12 月 16 日—12 月 29 日　24 课时

3. 次主题目标

（1）通过创编《我的乡土人本教材》的形式，学生梳理学期所学。
（2）通过自评、小组评和年级组教师评，总结学期成长。

4. 涵盖单元及主要活动

“第十一单元　创编《我的乡土人本教材》”，主要内容及活动包括：创编“我的乡土人本教材”、《学期评估总结》。

附件二 《圣贤的奇幻之旅》剧本

第一幕：不一样的课堂

主要角色：尹珍、尹珍随从、同学 1、同学 2、同学 3、同学 4、小老师。

道具：PPT、服装、白板、板凳、“乡土人本”资料夹。

主要内容：小老师在给几位同学上课，同学们的琅琅读书声将沉睡的尹珍唤醒了。此时大家正好在学尹珍的故事，尹珍便走进教室，给同学们上了一节历史课，同学们也给尹珍上了一堂现代课。

幕起：PPT 背景为尹珍照片（提前给尹珍演员拍照），白板上有诗歌《我的家乡在正安》，小老师指着 PPT 上的诗歌，同学们坐在板凳上齐读。穿着汉服的尹珍此时躺在舞台的一角。

小老师：“这首诗歌是在描述哪位伟大的古人呢？”

同学们齐说：“尹——珍——”

小老师：“对，今天咱们就来……”

（此时尹珍睁开了眼睛，站了起来）尹珍疑惑地说：“谁在呼唤老夫？”

此时台上全部师生看向尹珍做惊讶状。

同学 1（反应过来，看了眼大屏幕）：“哇，是尹珍，和照片一样。”

所有台上师生反应过来，跑向尹珍，围着他。

此时 PPT 背景转为立人堂（正面）。

同学们都很好奇，难以置信地围着他。

同学 1 和同学 2 拽尹珍的长袍和筒靴，同学 3 摸尹珍的帽子，同学 4 摸尹珍的胡子。

同学 2：“您真的是尹珍吗？”

同学3：“您是穿越了吗？”

同学4：“您穿越到了您的家乡。您怎么穿越来的呢？”

尹珍：“穿越？家乡？”（他好像明白了点什么）他稍歪脑袋捋着胡子说：“娃们，老夫乃牂牁郡毋敛人尹道真也。请教现为何年？何朝？为什么你们在唤尹珍呢？”

附图2-1 “尹珍”向同学们介绍自己

同学1：“现在是在2017年的正安县，离您的朝代有两千年了。”

小老师：“国家刚刚开完党的十九大呢，特别提到要挖掘中华优秀传统文化蕴含的思想观念、人文精神。”

同学2：“您是我们贵州的文化奠基人，所以我们正在学习您的精神和故事。”

尹珍：“党的十九大？”

小老师（面带微笑）：“哦，简单来说，就是国家非常重要的一次会议。”

同学3：“那您肯定也不知道习近平喽？”

尹珍：“吾只懂习经。”

同学1：“习经？习什么经？”

尹珍：“学习五经。”

同学4（与台下观众互动）：“哈哈，咱们嘉宾肯定知道，是不是？”

嘉宾：“是。”

小老师：“习近平是我们国家目前的主席。”

尹珍做出还是有点困惑的样子。小老师和台下互动：“嘉宾们，你们说是不是？”

嘉宾：“是。”

尹珍：“原来如此！（此时PPT播放校园全景，尹珍环顾一周，感慨）两千多年了，家乡已经大不相同了？”

同学1：“哪里不同了？这里之前是什么样子的？”

尹珍：“两千年前生活在牂牁郡的人们还是以射猎为业，不知耕种，长幼无别，不知礼仪。”

同学2：“我知道，您当时外出求学八年，就是要立志学成回到家乡，改变家乡的落后面貌。”

尹珍：“但现在看到你们在美丽的学堂里上课，尊师重教，学堂外道路宽阔，校舍林立，真是变化甚大。”

同学3：“我还知道您建立的学堂——务本堂。”

尹珍：“嗯，不过这立人堂很像老夫的‘务本堂’。”（尹珍手指立人堂，此时PPT播放务本堂的图片）

同学2（很积极地说）：“我知道，我知道。务本堂的名字出自《论语》‘君子务本，本立而道生’。”

尹珍：“然也！”

同学4：“啊，您当时是到河南求学的吧？那岂不是很远？您用了多长时间？”

尹珍：“老夫当时不远千里求学只能借助脚、马车和船，舟车劳顿，从夏走到秋。”

同学1：“哈哈，我听嘉宾说，他们从上海北京过来，坐飞机还挺快的。咱们问问他们用了多长时间。”

同学2与嘉宾互动，问嘉宾来这里用了多少时间。

嘉宾：“用了六个小时。”

小老师：“哦，也就是三个时辰的时间。”

尹珍（不可思议状）：“老夫那时候若是有飞机就好了。”

同学2：“我们现在还有很多东西肯定和您的时代不一样，我们带您去看看吧。”

接着一位同学举牌子经过，牌子上写着“第二幕：开心农场”。

第二幕：开心农场

主要角色：尹珍、尹珍随从、小老师、同学1、同学2、小螳螂、一年级集体、二年级集体、三年级集体。

道具：PPT、昆虫道具、蔬菜道具、打击乐器。

主要内容：一年级《昆虫功夫舞》《虫儿的歌》，二年级《蔬菜进行曲》，三年级《蔬菜的营养》。

（一）螳臂当车

幕起：小老师和尹珍从右侧走上舞台，音乐响起。

小老师：“尹珍先生，您这边请！我们带您看我们的菜地去！（走两圈，背景放农场门口图片）到了！”

尹珍：“开心农场！哈哈，你们肯定很开心吧。咦，还有《土地宣言》呢！”

（尹珍起头，全校学生和声齐念《土地宣言》）

尹珍：“壮哉壮哉！老夫虽然不甚明白，但是深感震撼！”

小老师：“是呀。这都是我们同学自己写的。”（与此同时，做“请”的姿势请尹珍跨过农场的门）

同学1：“哎，请慢。尹珍先生，看您脚下是什么？”

一年级扮演小螳螂的同学出现，并蹲下。

尹珍：“哦，原来是螳螂。哈哈哈，螳臂当车，敬佩敬佩！”（双手作揖）

随从：“大人，您当年给晚辈讲过螳臂当车的典故呢！”

同学2：“咦，尹珍先生，这小螳螂像是有话要对您说呢！”

小螳螂：“要想进农场，先过我这关吧。别小瞧我哦，我和我的兄弟们可都是练过功夫的呢！兄弟们！上！”（扮演小昆虫的一年级同学上台，就位后，音乐起）

《昆虫功夫舞》即将表演，小昆虫们可以邀请尹珍和嘉宾上台一起表演。

小螳螂：“尹珍先生，我们的功夫舞怎么样？跳得不错吧？”

尹珍（气喘吁吁，撑着老腰）：“嗯，确实不错！就是老夫这把老腰不怎么样，受不住啦。”

小螳螂：“尹珍先生，这功夫，虽然您比不了，但您是大学问家，那我们来问您几个问题，猜猜谜语吧？”

尹珍："愿闻其详。"

一年级1队："什么虫儿嗡嗡嗡？"

尹珍："嗯，这个好猜。此乃蜜蜂。"

一年级2队："蜜蜂飞来嗡嗡嗡。"

一年级1队："什么虫儿提灯笼？"

尹珍："提灯笼？什么虫儿提灯笼呢？"（做思考状。邀请嘉宾回答）

嘉宾1回答。

一年级2队："萤火虫儿提灯笼。"

一年级1队："什么虫儿爱跳舞？"

尹珍："嗯，这个老夫知道。翩翩起舞，乃是蝴蝶，对吧？"

一年级2队："花儿蝴蝶爱跳舞。"

一年级1队："什么虫儿吃害虫？"

尹珍："这个？可难为老夫了。请教尔等能告知谜底？"（双手作揖）

嘉宾2回答。

一年级2队："蜻蜓最爱吃害虫。"

小螳螂："好吧。既然您都猜出来了，就走吧。"（做"请"的姿势）

（二）蔬菜

幕起：尹珍和小老师继续逛农场。

小老师："尹珍先生，您看，这就是我们每个年级种的蔬菜。您看您家乡有吃这种蔬菜的吗？"

尹珍："这蔬菜老夫自然认得，这是菘。"（手指着PPT的白菜）

小老师在一旁给学生翻译："菘就是指白菜。"（二年级扮演白菜的同学出场）

尹珍："莱菔。"（指着萝卜）

小老师："莱菔就是现在的萝卜。"（二年级扮演萝卜的同学出场）

“尹珍先生，您看，这些蔬菜怎么还活啦？”

二年级扮演蔬菜同学按顺序出场，表演歌舞《蔬菜进行曲》。

附图2-2 歌舞表演：《蔬菜进行曲》

最后二年级同学集体问：“今天您吃蔬菜了吗？”

台下同学：“吃啦！”

尹珍：“哈哈，这些蔬菜真可爱。”

小老师：“尹珍先生，您知道为什么吃蔬菜有力量吗？”

三年级上场，表演打击乐《蔬菜的营养》。

尹珍：“嗯，老夫明日要多吃些蔬菜！”

有一个同学拿着“第三幕：农之难”牌子出来。

第三幕：农之难

幕起：三年级表演完《蔬菜的营养》退场，尹珍和陪伴他的小老师、随从走上台来。

随从忍不住说：“哇，原来白菜和萝卜有这么多功效，怪不得两千年过去了，人们还在吃。”

尹珍则转向小老师，问起来：“此处甚佳，为何尔等言称‘不用农药，不施化肥’，这农药、化肥皆为何物？种地与其何干？”

小老师回：“先生，您可不知道，化肥、农药可都是现代才有的。请问您那时候农民都是如何让土地变得肥沃的呢？”

尹珍答：“吾乡农家皆用粪肥肥地啊。化肥究竟为何物？”

小老师：“先生，您看，化肥来自我介绍了——”

尹珍和小老师等全部人员退场到舞台一边。

四年级分别装扮成氮肥、钾肥、磷肥、复合肥化肥袋的四名同学手牵手伴随音乐出现在舞台中央。

氮肥同学（拍着胸脯自豪地）说：“氮肥我是农家宝，植物长叶离不了。”

钾肥同学（向前一步自豪地）说：“钾肥我是农家宝，开花结果少不了。”

磷肥同学（蹦蹦跳跳开心自豪地伸出大拇指）说：“磷肥我是农家宝，根茎强壮最需要。”

复合肥同学（高举双手自豪地）说：“各种营养我都有，我是复合农家宝。”

尹珍疑问：“如此听来，化肥皆为好物，何不用也？”

小老师：“先生，您再听——”

四名化肥袋同学分别说：

“化肥增产都夸好，多施滥用危害高，土地吸收太有限，随它了！”

“江河湖川满蓝藻，鱼虾蟹蚌活不了，土地板结不长苗，可怕了！”

“化肥工厂污染大，食物饲料水变糟，百姓健康顾不了，怎么办？”

说完，四人小步从舞台另一侧退场。

尹珍、小老师和随从上。

小老师转向尹珍问道："是啊，怎么办？先生，您说大自然到底喜欢啥？"

尹珍做思索状，慢慢回答："哦，大自然，自然是喜欢自然的东西吧。对化肥，老夫略略明白了，那农药又是怎么回事？"

小老师手一指："先生，请看——"

四年级三名扮演害虫的同学，手搭前人肩齐步上台，在台上转圈走动，边走边唱："我们是害虫，我们是害虫，最喜欢各种菜，最喜欢各种菜……"（声音渐小）

四年级一名同学装扮成打农药的农民，拿着喷雾器上台，说："害虫吃菜，伤害农民；庄稼减产，收入降低；农药帮忙，杀虫灭菌。"（农民拿起喷雾器对准害虫及其周边喷，台上的害虫倒下，台下的益虫也慢慢倒下）"瓜果蔬菜，丰收满意。哈哈，开心！"

农民转身一看，益虫也倒了。他挠挠头，做不解状："咦？怎么回事？"

台下四年级同学齐诵："杀虫灭菌，不辨友敌；益虫被害，害虫强劲；农药流失，污染大气；随雨渗地，污染水域；动物毙命，土壤板结；生态系统，面临危机；人类健康，频频告急……"

扮演农民的同学捂着肚子做不舒服状："哎哟。"（退场。其他害虫一起手牵手鞠躬退场）

尹珍和随从一起叹道："唉，农药，想说爱你不可行啊！"

小老师说："正是因为有这样那样的问题，我们农场的蔬菜才不施化肥，不打农药的。"

小老师转向观众："我很好奇，这将近两千年的时间过去，白菜可还是过去'菘'的味道？'萝卜'还是过去'莱菔'的味道吗？我有个主意，咱们可以把农场的蔬菜送给尹珍先生，请他回去品尝一下，告诉我们，好不好？"

同学们大声回答："好！"

小老师送上农场新摘的一捆白菜和萝卜。

尹珍接过并表示感谢。随从立马抢过来，捧到鼻前使劲闻起来。

小老师说道："来，二位请随我继续参观我们的学校吧。"

有一个同学举"第四幕：垃圾桶机器人"牌子出来。

第四幕：垃圾桶机器人

主要角色：尹珍、随从、同学2、小老师、扮作垃圾桶机器人的四名演员（可回收垃圾桶万昌兴、厨余垃圾桶陈凤兰、有害垃圾桶陈梦浪、其他垃圾桶王正宇）。

地点：校园垃圾桶旁。

道具：可套在人身上的道具垃圾桶、背景PPT（校园图片）。

小老师："尹珍先生，我们再带您参观一下我们的校园吧。这边请。"

小老师左手前摊示意引导，尹珍抚须微笑点头，迈步向前。一行人在舞台上走几步，停在舞台中间，小老师指着某处做介绍状，尹珍及其他学生做倾听状。无声。

同学2上台，装在兜里擦鼻涕的纸巾掉到地上，并无意踩了一脚。

小老师讲解完，一行人打算到另一个地方。转身，尹珍看到小老师后面地上有张白晃晃的纸巾，不禁走向前捡了起来，递到小老师面前。

尹珍（微笑着说）："此乃尔之帕子？吾观此物既轻又白，定价值不菲！"

小老师（定睛一看，尴尬地说）："这是垃圾纸！"

同学2（赶忙抢过）："这是我不小心掉的垃圾，我马上去扔掉。"（作势往舞台一侧走去扔垃圾）

尹珍（连忙阻止并疑惑地问）："慢，吾看此物甚好，为何谓之垃圾又为何弃之？"

同学2（连忙解释）："尹珍先生，这个不是手帕，是废纸，还很脏！

要扔到垃圾桶里。”

小老师：“对的，尹珍先生，您那时候的废旧之物、污秽之物，现在都被称为垃圾。”

尹珍（理解状）：“噢。”（抚须点头）

同学 2（非常积极地说）：“对了，尹珍先生，我带您去看看我们的分类垃圾桶吧。”

尹珍：“感谢。”

同学 2：“请。”

四个扮演垃圾桶机器人的演员依次上台，面向观众站在舞台的一侧。

尹珍（惊奇地说）：“此物甚是奇特，（用手点着垃圾桶，非常疑惑的语气）为何长得特别像人？上面还有字、画？”

小老师（和几位同学对看一眼，笑着说）：“它们还会自己说话呢。”（手朝前虚空一点）

几个机器人都用机器人音，并都加上一个动作。

可回收垃圾桶（坚定地问好）：“我是可回收垃圾桶。”

厨余垃圾桶：“大家好，我是厨余垃圾桶。”

有害垃圾桶：“大家好，我是有害垃圾桶。”

其他垃圾桶（用带有贵州话口音的普通话问好）：“我是其他垃圾桶。”

四人合：“我们是来自未来的高科技机器人。”

附图2-3　四个“垃圾桶机器人”

尹珍（吓一跳）：“来自未来？机器人？”

小老师（自豪地说）：“嗯，这是之前一位来自未来的客人送给我们的。”

同学2（兴奋地说）：“我们都特别喜欢它们。”

随从：“我觉得你们这个朝代有点好玩，会说话的东西很多啊。”

尹珍：“他们除了会说话，还有何特别之处？”

可回收垃圾桶（站出来，斩钉截铁地说）：“不符合要求的垃圾，拒收！”

（其他两个垃圾桶）合：“拒收！”（同时右手掌前伸上举做拒绝的动作）

尹珍（非常惊奇地看着他们）：“确实神奇！”

随从：“我想请教嘉宾们，何为可回收垃圾？”

嘉宾回答。

同学2：“非常对，具体来听听它们怎么说？”

四人跳一段简单的机器人舞，然后一人说一句话，加上简单的动作。

可回收垃圾桶："废纸、玻璃、金属和布料，统统扔到我这里。"

厨余垃圾桶："菜叶、菜梗、剩饭和果皮，堆肥、喂猪作用大。"

有害垃圾垃圾桶："有毒物质重金属，影响人类危害大。"

其他垃圾垃圾桶："塑料垃圾难处理，希望人类少用它。"

四人合："我们都是环保小卫士，美丽环境靠大家！"

尹珍（摸着胡子，欣慰地点头）："如此看来，垃圾分类好处多。"

同学2："环境问题是全球性问题，现在，地球上很多地方都存在着严重的污染现象，影响着人们的生存环境。为了让我们生活的这个世界更美好，让我们一起——"

舞台上演员齐诵："从我做起，从点滴做起，爱护环境，保护环境！"

PPT 播放一些农药、化肥、垃圾污染的图片。

与此同时，全校一同唱《地球的孩子》。

附件三　兴隆田小2018年课表

附表3-1　2018年春季学期兴隆田小课表

<table>
<tr><th rowspan="2">时间</th><th colspan="6">周一</th></tr>
<tr><th>一年级</th><th>二年级</th><th>三年级</th><th>四年级</th><th>五年级</th><th>六年级</th></tr>
<tr><td>8:00—8:05</td><td colspan="6">晨礼</td></tr>
<tr><td>8:05—8:15</td><td colspan="6">read aloud（英文晨诵）</td></tr>
<tr><td>8:15—8:35</td><td colspan="6">晨诵（中文）</td></tr>
<tr><td>8:40—9:20</td><td>自主学习/辅导</td><td colspan="2">数学</td><td colspan="2">英语</td><td rowspan="2">语文</td></tr>
<tr><td>9:30—10:10</td><td colspan="2" rowspan="4">乡土人本课</td><td>英语</td><td colspan="2" rowspan="3">乡土人本课</td></tr>
<tr><td>10:20—11:00</td><td>体育</td><td rowspan="3">数学</td></tr>
<tr><td>11:10—11:20</td><td>自主时间</td></tr>
<tr><td>11:25—12:05</td><td>班会</td><td colspan="2">数学</td></tr>
<tr><td>12:05—13:30</td><td colspan="6">午餐＋打扫校园公共卫生</td></tr>
<tr><td>13:30—14:00</td><td colspan="2">班会</td><td colspan="2">自主时间</td><td>阅读</td><td>自主时间</td></tr>
<tr><td>14:00—14:40</td><td>数学</td><td>自主学习/辅导</td><td rowspan="2">乡土人本课</td><td>体育</td><td>数学</td><td>乡土人本课</td></tr>
<tr><td>14:50—15:30</td><td colspan="2">体育</td><td>班会</td><td colspan="2">音乐</td></tr>
<tr><td>15:30—15:40</td><td colspan="6">暮省＋告别（走读生放学）</td></tr>
<tr><td>15:50—16:30</td><td colspan="2">告别（走读生放学）</td><td colspan="2">自主时间</td><td>计算机</td><td>乡土人本课</td></tr>
<tr><td>16:30—17:00</td><td colspan="6">体育锻炼（住校生）</td></tr>
</table>

续表

<table>
<tr><th rowspan="2">时间</th><th colspan="6">周二</th></tr>
<tr><th>一年级</th><th>二年级</th><th>三年级</th><th>四年级</th><th>五年级</th><th>六年级</th></tr>
<tr><td>8:00—8:05</td><td colspan="6">晨礼</td></tr>
<tr><td>8:05—8:15</td><td colspan="6">read aloud（英文晨诵）</td></tr>
<tr><td>8:15—8:35</td><td colspan="6">晨诵（中文）</td></tr>
<tr><td>8:40—9:20</td><td>数学</td><td>自主学习/辅导</td><td rowspan="2">乡土人本课</td><td colspan="3">数学</td></tr>
<tr><td>9:30—10:10</td><td colspan="2" rowspan="3">乡土人本课</td><td>数学</td><td rowspan="3">乡土人本课</td><td>数学</td></tr>
<tr><td>10:20—11:00</td><td>数学</td><td rowspan="2">乡土人本课</td><td>语文</td></tr>
<tr><td>11:10—11:20</td><td>自主时间</td><td>自主时间</td></tr>
<tr><td>11:25—12:05</td><td colspan="2">快乐课间</td><td colspan="4">学校公共事务课</td></tr>
<tr><td>12:05—13:30</td><td colspan="6">午餐＋打扫校园公共卫生</td></tr>
<tr><td>13:30—14:00</td><td colspan="2">公共议事课</td><td colspan="4">自主时间</td></tr>
<tr><td>14:00—14:40</td><td colspan="2" rowspan="2">听故事</td><td>乡土人本课</td><td colspan="2">英语</td><td>语文</td></tr>
<tr><td>14:50—15:30</td><td colspan="2">硬笔书法</td><td>班会</td><td>英语</td></tr>
<tr><td>15:30—15:40</td><td colspan="6">暮省＋告别（走读生放学）</td></tr>
<tr><td>15:50—16:30</td><td colspan="2">—</td><td colspan="2">音乐</td><td>阅读</td><td>计算机</td></tr>
<tr><td>16:30—17:00</td><td colspan="6">体育锻炼（住校生）</td></tr>
</table>

续表

<table>
<tr><th rowspan="2">时间</th><th colspan="6">周三</th></tr>
<tr><th>一年级</th><th>二年级</th><th>三年级</th><th>四年级</th><th>五年级</th><th>六年级</th></tr>
<tr><td>8:00—8:05</td><td colspan="6">晨礼</td></tr>
<tr><td>8:05—8:15</td><td colspan="6">read aloud（英文晨诵）</td></tr>
<tr><td>8:15—8:35</td><td colspan="6">晨诵（中文）</td></tr>
<tr><td>8:40—9:20</td><td>自主学习/辅导</td><td colspan="2">数学</td><td rowspan="4">乡土人本课</td><td rowspan="2">数学</td><td rowspan="2">语文</td></tr>
<tr><td>9:30—10:10</td><td>数学</td><td>自主学习/辅导</td><td>数学</td></tr>
<tr><td>10:20—11:00</td><td colspan="2" rowspan="2">乡土人本课</td><td rowspan="3">乡土人本课</td><td rowspan="3">乡土人本课</td><td>英语</td></tr>
<tr><td>11:10—11:20</td><td rowspan="2">语文</td></tr>
<tr><td>11:25—12:05</td><td colspan="2">快乐课间</td><td>数学</td></tr>
<tr><td>12:05—13:30</td><td colspan="6">午餐＋打扫校园公共卫生</td></tr>
<tr><td>13:30—14:00</td><td colspan="2">自由阅读</td><td colspan="4">自主时间</td></tr>
<tr><td>14:00—14:40</td><td colspan="6" rowspan="2">劳作（14:00—15:00）、全校体育锻炼（15:00—15:30）</td></tr>
<tr><td>14:50—15:30</td></tr>
<tr><td>15:30—15:40</td><td colspan="6">暮省＋告别（走读生放学）</td></tr>
<tr><td>15:50—16:30</td><td colspan="6" rowspan="2">教师教研（15:40—　）</td></tr>
<tr><td>16:30—17:00</td></tr>
</table>

续表

<table>
<tr><th rowspan="2">时间</th><th colspan="6">周四</th></tr>
<tr><th>一年级</th><th>二年级</th><th>三年级</th><th>四年级</th><th>五年级</th><th>六年级</th></tr>
<tr><td>8:00—8:05</td><td colspan="6">晨礼</td></tr>
<tr><td>8:05—8:15</td><td colspan="6">read aloud（英文晨诵）</td></tr>
<tr><td>8:15—8:35</td><td colspan="6">晨诵（中文）</td></tr>
<tr><td>8:40—9:20</td><td>自主学习/辅导</td><td>数学</td><td>英语</td><td colspan="3">数学</td></tr>
<tr><td>9:30—10:10</td><td colspan="2" rowspan="3">乡土人本课</td><td>计算机</td><td colspan="2" rowspan="3">乡土人本课</td><td>数学</td></tr>
<tr><td>10:20—11:00</td><td>数学</td><td>语文</td></tr>
<tr><td>11:10—11:20</td><td>自主时间</td><td>自主时间</td></tr>
<tr><td>11:25—12:05</td><td colspan="2">快乐课间</td><td colspan="4">选修课</td></tr>
<tr><td>12:05—13:30</td><td colspan="6">午餐+打扫校园公共卫生</td></tr>
<tr><td>13:30—14:00</td><td colspan="2">自由阅读</td><td colspan="4">自主时间</td></tr>
<tr><td>14:00—14:40</td><td>数学</td><td>自主学习/辅导</td><td rowspan="2">乡土人本课</td><td>计算机</td><td colspan="2">英语</td></tr>
<tr><td>14:50—15:30</td><td colspan="2">主题/音乐/故事</td><td>英语</td><td>计算机</td><td>乡土人本课</td></tr>
<tr><td>15:30—15:40</td><td colspan="6">暮省+告别（走读生放学）</td></tr>
<tr><td>15:50—16:30</td><td colspan="2">告别（走读生放学）</td><td colspan="4">乡土人本课</td></tr>
<tr><td>16:30—17:00</td><td colspan="6">体育锻炼（住校生）</td></tr>
</table>

续表

<table>
<tr><th rowspan="2">时间</th><th colspan="6">周五</th></tr>
<tr><th>一年级</th><th>二年级</th><th>三年级</th><th>四年级</th><th>五年级</th><th>六年级</th></tr>
<tr><td>8:00—8:05</td><td colspan="6">晨礼</td></tr>
<tr><td>8:05—8:15</td><td colspan="6">read aloud（英文晨诵）</td></tr>
<tr><td>8:15—8:35</td><td colspan="6">晨诵（中文）</td></tr>
<tr><td>8:40—9:20</td><td>自主学习/辅导</td><td colspan="2">数学</td><td colspan="2">英语</td><td rowspan="2">语文</td></tr>
<tr><td>9:30—10:10</td><td colspan="3" rowspan="3">乡土人本课</td><td>数学</td><td rowspan="3">乡土人本课</td></tr>
<tr><td>10:20—11:00</td><td rowspan="2">乡土人本课</td><td>数学</td></tr>
<tr><td>11:10—11:20</td><td>自主时间</td></tr>
<tr><td>11:25—12:05</td><td colspan="6">全校展示</td></tr>
<tr><td>12:05—13:30</td><td colspan="6">午餐＋打扫校园公共卫生</td></tr>
<tr><td>13:30—14:00</td><td colspan="2">自由阅读</td><td colspan="4">自主时间</td></tr>
<tr><td>14:00—14:40</td><td colspan="2">数学（单周）自主学习/辅导（双周）</td><td>英语</td><td rowspan="2">乡土人本课</td><td>数学</td><td>英语</td></tr>
<tr><td>14:50—15:30</td><td colspan="2">一班一好物展示</td><td>自由阅读</td><td colspan="2">体育</td></tr>
<tr><td>15:30—15:40</td><td colspan="6">暮省＋告别（走读生放学）</td></tr>
<tr><td>15:50—16:30</td><td colspan="6" rowspan="2">—</td></tr>
<tr><td>16:30—17:00</td></tr>
</table>

注：1. 全校展示是兴隆大舞台的前身。

2. 自主时间：教师和学生可自主安排课程。

附表3-2　2018年秋季学期兴隆田小课表

<table>
<tr><th rowspan="2">时间</th><th colspan="6">周一</th></tr>
<tr><th>一年级</th><th>二年级</th><th>三年级</th><th>四年级</th><th>五年级</th><th>六年级</th></tr>
<tr><td>8:00—8:05</td><td colspan="6">晨礼</td></tr>
<tr><td>8:05—8:15</td><td colspan="6" rowspan="2">升旗</td></tr>
<tr><td>8:15—8:35</td></tr>
<tr><td>8:40—9:20</td><td colspan="2" rowspan="2">语文</td><td>数学</td><td>英语</td><td rowspan="2">语文</td><td>语文</td></tr>
<tr><td>9:30—10:10</td><td>英语</td><td>数学</td><td>计算机</td></tr>
<tr><td>10:15—10:30</td><td colspan="6">体操</td></tr>
<tr><td>10:35—11:15</td><td colspan="2">数学</td><td colspan="2" rowspan="2">语文</td><td colspan="2">数学</td></tr>
<tr><td>11:25—12:05</td><td colspan="2">大课间</td><td colspan="2">体育</td></tr>
<tr><td>12:05—13:30</td><td colspan="6">午餐＋打扫校园公共卫生</td></tr>
<tr><td>13:30—14:00</td><td colspan="6">阅读</td></tr>
<tr><td>14:00—14:40</td><td colspan="6" rowspan="2">乡土课</td></tr>
<tr><td>14:50—15:30</td></tr>
<tr><td>15:30—15:40</td><td colspan="6">暮省＋告别（走读生放学）</td></tr>
<tr><td>15:50—16:30</td><td colspan="2">—</td><td colspan="4">自主时间</td></tr>
</table>

续表

<table>
<tr><th rowspan="2">时间</th><th colspan="6">周二</th></tr>
<tr><th>一年级</th><th>二年级</th><th>三年级</th><th>四年级</th><th>五年级</th><th>六年级</th></tr>
<tr><td>8:00—8:05</td><td colspan="6">晨礼</td></tr>
<tr><td>8:05—8:15</td><td colspan="6">read aloud（英文晨诵）</td></tr>
<tr><td>8:15—8:35</td><td colspan="6">晨诵（中文）</td></tr>
<tr><td>8:40—9:20</td><td colspan="2">语文</td><td colspan="2">数学</td><td>阅读</td><td rowspan="2">语文</td></tr>
<tr><td>9:30—10:10</td><td colspan="2">数学</td><td colspan="2">体育</td><td>英语</td></tr>
<tr><td>10:15—10:30</td><td colspan="6">体操</td></tr>
<tr><td>10:35—11:15</td><td colspan="2">体育</td><td colspan="2">语文</td><td colspan="2">数学</td></tr>
<tr><td>11:25—12:05</td><td colspan="6">公共议事课</td></tr>
<tr><td>12:05—13:30</td><td colspan="6">午餐＋打扫校园公共卫生</td></tr>
<tr><td>13:30—14:00</td><td colspan="6">阅读</td></tr>
<tr><td>14:00—14:40</td><td colspan="6" rowspan="2">乡土课</td></tr>
<tr><td>14:50—15:30</td></tr>
<tr><td>15:30—15:40</td><td colspan="6">暮省＋告别（走读生放学）</td></tr>
<tr><td>15:50—16:30</td><td colspan="2">—</td><td colspan="4">选修课</td></tr>
</table>

续表

<table>
<tr><th rowspan="2">时间</th><th colspan="6">周三</th></tr>
<tr><th>一年级</th><th>二年级</th><th>三年级</th><th>四年级</th><th>五年级</th><th>六年级</th></tr>
<tr><td>8:00—8:05</td><td colspan="6">晨礼</td></tr>
<tr><td>8:05—8:15</td><td colspan="6">read aloud（英文晨诵）</td></tr>
<tr><td>8:15—8:35</td><td colspan="6">晨诵（中文）</td></tr>
<tr><td>8:40—9:20</td><td colspan="2" rowspan="2">语文</td><td colspan="2" rowspan="2">数学</td><td colspan="2">数学</td></tr>
<tr><td>9:30—10:10</td><td>语文</td><td>英语</td></tr>
<tr><td>10:15—10:30</td><td colspan="6">体操</td></tr>
<tr><td>10:35—11:15</td><td colspan="2">数学</td><td colspan="2" rowspan="2">语文</td><td>计算机</td><td>语文</td></tr>
<tr><td>11:25—12:05</td><td colspan="2">大课间</td><td colspan="2">体育</td></tr>
<tr><td>12:05—13:30</td><td colspan="6">午餐＋打扫校园公共卫生</td></tr>
<tr><td>13:30—14:00</td><td colspan="6">阅读</td></tr>
<tr><td>14:00—14:40</td><td colspan="2">自主时间</td><td colspan="3">书法</td><td>英语</td></tr>
<tr><td>14:50—15:30</td><td colspan="6">农场课</td></tr>
<tr><td>15:30—15:40</td><td colspan="6">暮省＋告别（走读生放学）</td></tr>
<tr><td>15:50—16:30</td><td colspan="2">—</td><td colspan="4">自主时间</td></tr>
</table>

续表

<table>
<tr><th rowspan="2">时间</th><th colspan="6">周四</th></tr>
<tr><th>一年级</th><th>二年级</th><th>三年级</th><th>四年级</th><th>五年级</th><th>六年级</th></tr>
<tr><td>8:00—8:05</td><td colspan="6">晨礼</td></tr>
<tr><td>8:05—8:15</td><td colspan="6">read aloud（英文晨诵）</td></tr>
<tr><td>8:15—8:35</td><td colspan="6">晨诵（中文）</td></tr>
<tr><td>8:40—9:20</td><td colspan="2">语文</td><td colspan="2" rowspan="2">语文</td><td rowspan="2">语文</td><td>数学</td></tr>
<tr><td>9:30—10:10</td><td colspan="2">数学</td><td>语文</td></tr>
<tr><td>10:15—10:30</td><td colspan="6">体操</td></tr>
<tr><td>10:35—11:15</td><td colspan="2">一班一好物展示</td><td colspan="2">体育</td><td>数学</td><td>语文</td></tr>
<tr><td>11:25—12:05</td><td colspan="2">体育</td><td colspan="4">班会</td></tr>
<tr><td>12:05—13:30</td><td colspan="6">午餐 + 打扫校园公共卫生</td></tr>
<tr><td>13:30—14:00</td><td colspan="6">阅读</td></tr>
<tr><td>14:00—14:40</td><td colspan="2" rowspan="2">人本主题课</td><td colspan="4" rowspan="2">生命研究课（单周）/
人本主题课（双周）</td></tr>
<tr><td>14:50—15:30</td></tr>
<tr><td>15:30—15:40</td><td colspan="6">暮省 + 告别（走读生放学）</td></tr>
<tr><td>15:50—16:30</td><td colspan="2">—</td><td colspan="4">一班一好物展示</td></tr>
</table>

续表

时间	周五					
	一年级	二年级	三年级	四年级	五年级	六年级
8:00—8:05	晨礼					
8:05—8:15	read aloud（英文晨诵）					
8:15—8:35	晨诵（中文）					
8:40—9:20	语文		数学		语文	数学
9:30—10:10	数学		计算机	英语		语文
10:15—10:30	体操					
10:35—11:15	班会		英语	计算机	数学	英语
11:25—12:05	兴隆大舞台					
12:05—13:30	午餐＋打扫校园公共卫生					
13:30—14:00	阅读					
14:00—14:40	乡土课					
14:50—15:30						
15:30—15:40	暮省＋告别（走读生放学）					
15:50—16:30	—		自主时间			

附件四　公共议事课：成就孩子成为“主人”[1]

谁不想主宰自己的生活呢？即便是小孩子。学生们总是希望了解、参与甚至主导校园生活的诸多方面，因为学校是他们学习和生活的主场域，他们是学校的真正主体。一校之长是最有可能帮助孩子在童年就成为自己生活主宰的那个人。

公共议事课被我称为兴隆田小的“校长课”。这个课每周一次，校长邀请全校师生共同参与、共同决策学校的大小事务。四年前，兴隆村的孩子和大多数村的小孩子一样，对校园各类事务无话语权，也不会公开、当众表达自己的想法，不懂如何倾听，不知道讨论事项是有流程可依、有规则可循的。如今，兴隆田小的公共议事课基本是由高年级的学生自主主持，班级或个人提出提案，师生有礼有序地辩论表达，并通过表决的形式来决策学校的各项事务。学生们发现校园学习生活中存在的问题的能力，讨论分享的能力、对议事流程的尊重态度、当众表达的勇气及礼仪，都常常令我赞叹不已并为之骄傲。

1　本文于2021年4月8日在作者个人公众号“诗坚”发布，略有修改。

附图4-1　兴隆田小的公共议事课

新的学期，我希望兴隆师生能将“议事”的能力及本领进一步提高为“参政”能力，师生对校园公共事务的参与程度要明显地从有“话语权”上升到有“管理权”。公共议事课要进一步激发师生的参与热情，并提高学生的策划及执行能力。

（一）找到孩子的关切点

公共议事课最关键的是：校长要带着全体师生找到他们当下最关注的点及最需要解决的问题。

2021 年 3 月 2 日上午，本学期的首次公共议事课即将开课，我决定还是请学生主持来收集大家关心的议题。六年级的任杰和四年级的王娴雅分别担任过两学期和一学期的公共议事课主持人，可谓是“老手”了。当日，我利用 20 分钟的大课间，跟他们简单交代了一下这节课的目的及流程，他们就欣然领会，自己利用课间讨论主持词并练习串词了。

开课了，两位主持人微笑上台，他们先带领大家合唱兴隆田小的《敬静净之歌》，再带领大家齐诵《公共议事课规则》，又以问答的形式与全校师生回顾了上学期公共议事课的主要内容。最后，他们布置了当堂小作业：请大家写出本学期希望在公共议事课上讨论的议题。

很快，一节课的时间过去了。主持人收到了十六张小纸条，上面的议题从“住校生可以在晚饭后与老师一起外出散步”到“希望只有周一穿校服”等，其中要求学校多办活动的议题最多，占了五条。

下课后，我对着收集来的十余个议题思考：如何才能将公共议事课从“议政”上升到“参政”层面，让师生从有话语权、有决策权到有管理权及执行权？

我想起曾经和丁丁老师学习过“OST（Open Space Technology，开放空间技术）会议形式”，这是一种基于开放、公开和责任原则，邀请所有与会人员策划、参与、执行的活动形式。“开放”就是议题开放、形式自定；“公开”就是过程透明；“责任”就是提案人不仅出点子，还要有“可行性方案”，并最终坚持将方案落地执行。我决定引入这个新的活动形式，让兴隆田小师生进一步主导校园决策与活动。

（二）今天，全校一起玩OST

2021年3月9日，我和“学校教师管理委员会”（以下简称“校管委”）的老师共同负责本学期第二次公共议事课的主持。

在学生主持人完成基本流程的主持后，我上台一一回应了上周同学们提出的十余个议题，总结说：“因为上周公共议事课上很多同学提出希望学校多办活动，所以呢，今天我们全校就一起玩 OST。”

“啥是 OST？”有学生问道。

我拿了一张事先准备好的表格解释：“这是一种叫‘开放空间技术’的活动形式，简单讲就是今天到场的任何人都有权发起、组织全校性活动，但是，请听好活动规则：任何人都可以成为提案召集人，不论是教师还是学生；提案召集人也是该活动的策划人，同时也必须是未来活动的执行人之一；提案包括：详细名称、详细方案、时间、组织人、内容、申请资金支持（预算）；首次提案需要获得至少十位师生的签名支持；你们有二十五分钟的时间发起议题、讨论及游说；本次提案集中于学校活动议题。”

紧接着，我邀请校管委老师和学生会主席共同上台，再次说明 OST 的具体操作，并明确表示：今天成功获得十人签名的提案，将有机会在下次公共议事课上与校管委和学生会就时间、资金等事项进行公开讨论，最后以表决的形式将提案活动写入兴隆田小校历，成为本学期学校的“法定”活动。

校管委老师的话音未落，就有学生举手问：“随便提什么活动都可以吗？”

我说：“当然，只要你获得十人以上签名就行。”

我环视了一下会场，确认没有人提问后说：“没问题了？那么大家有二十五分钟的时间自由选题，自由组队。开始！”

现场约有五秒的安静，然后就听到有人说：“有人想和我一起办运动会吗？”

立刻有人回应：“我，我……”

马雨老师事先在立人堂的四边及角落布置好了六套桌椅，以方便师生撰写提案、张贴议题，中间留出较大空间以方便大家用“脚”投票——不发起提案的师生可以在中间流动听取提案人的宣讲。

很快，全校师生像水一样在立人堂里流动起来。有些同学快速跑过来领取表格，有些同学则犹豫不决。领到表格的一些学生很兴奋地大声说出自己的想法招揽围观，一些学生则找到椅子坐下来安静思考自己的方案，也有学生三三两两地围着桌子低声交流，更有一些学生在立人堂里来回溜达，这里听听，那里看看。大多数老师都积极加入了学生们的“小圈子”，热情地帮助出主意。

不到五分钟，十张事先准备好的表格都被领走了，马老师不得不跑回办公室多打了五张表格。四年级王娴雅这边最热闹，围着十几个人，他们在讨论“兴隆运动会”，最后他们召集到十八人签名。

附图4-2　提案人王娴雅与召集来的同学讨论运动会方案

五年级的王超是去年从其他乡镇转来的学生，他最大的兴趣爱好就是绘画。上学期数学课上他不认真听讲，数学书及作业本上常有他的“画作”，其中不乏表达认为数学课无趣、无聊的漫画，搞得老师哭笑不得。他显然认识到自己的“机会”来了，立刻拉上伙伴宋佳霖一起提出要举办“绘画大赛”，并很快得到了教美术的胡飞鸿老师及学过国画的张建伟校长的支持。

六年级陈林杰依然记得三年前兴隆田小举办过的一场村小校际乒乓球赛，那一次兴隆田小惨败，名落孙山。对此，陈同学耿耿于怀。他拉来四年级的陈威助阵，两人大声说：“我们学校一定要再办一次乒乓球比赛，我们先自己比，挑出最强的选手，再跟其他学校比。”在他的组织下，几个学生写出活动方案“办一场乒乓球比赛”，得到了宋宪平老师的支持……

我在现场巡视时，听到一位同学说想办“《王者荣耀》大赛”，我心里有点担心。我笑着对这位同学说："你这个提案对学校很有挑战啊……"但是，我的担心多余了，这个小组后面压根儿没能收集到十人的支持。

三年级的陈思同提出了"夏令营"的方案，方案虽不成熟，却得到了三四位老师的响应，只是到讨论结束还未集齐十人签名。

二十五分钟到了，师生们依旧在热烈地讨论，欲罢不能。我不得不宣布加时七分钟。

七分钟后，师生在集体倒计时"5，4，3，2，1，请集中站中间！"的喊声中迅速集中在一起。人群开始安静，一些小组还想小声拉票，被其他同学制止了。

主持人邀请获得十人以上签名的活动发起人一一上台分享，共有五个小组的学生代表激动地上台分享了自己的初步提案。

趣味运动会。发起人：一、二年级学生。

乒乓球大赛。发起人：六年级陈林杰和四年级陈威。

六一运动会。发起人：四年级王娴雅等。

绘画大赛。发起人：五年级王超、宋佳霖和胡飞鸿老师等。

舞蹈课。发起人：张晨玉老师等。

一些同学举手表示要提问，我遗憾地提醒大家下课时间到了，下一次公共议事课将给大家交流的时间。

主持人正要宣布今天的活动到此结束时，陈思同打断说："请问，我现在获得了十人签名，可以上台分享吗？"

主持人看向我。我问小陈同学："你集齐了十人签名吗？"

小陈同学得意地扬了扬手里的表。我说："那就按照规则来，有请！"

大家鼓掌欢迎。

陈思同拿着话筒，有点紧张："我们就想在学校前面的小树林里办个夏令营，一个小时就行。"

有同学笑了："那不叫夏令营，叫户外活动。"

陈思同愣了一下，笑道："好吧，就叫户外活动。"同学们掌声鼓励。

至此，"OST 校园活动征集"结束了。师生一边兴奋地讨论刚刚的提案，一边加快了脚下的步伐，因为饭点到了。

（三）对话校管委

校管委是今年新成立的学校管理机构，是实现学校共同管理并淡化我这个校长角色的重要机构。校管委由三位年轻且“资深”的教师组成：年轻有为的地方校长张健伟，连续四年主带兴隆田小乡土课研发及教研的孔美老师，带领的两届毕业班均取得优异成绩又挑了学校管理大梁的段和平老师。

“OST校园活动征集”后，校管委开会认真审阅了六份提案，找来“乒乓球大赛”“趣味运动会”“六一运动会”三个小组的提案人，共同商讨是否可以将三个运动小组的活动合并在一起，举办一场全校性的大型运动会。舞蹈课因为需要较多排练，被规划在嘉年华活动中。这样，征集的六个活动方案合并为三个方案，同时三个运动活动的提案人依然是活动策划人。校管委的提议被提案人接受了。

2021年3月16日的公共议事课上，校管委委员孔美老师公布了与提案人的讨论结果，并列举了活动可能的举办日期。提案的学生一一上台，就一些细节询问校管委，比如，能给出哪个时段做活动？课时如何安排？经费如何解决？……孔老师一一回答，并就每一个提案给出详细的建议及回应，如“夏令营”可以改名为“丛林生存”以更符合活动内容，并要求给出户外活动的安全预案；建议“绘画大赛”集中一个主题进行，以便制定评比规则；建议运动会的时间在六一儿童节，学校可以调课给出一整天的时间举办，等等。

为了让各个提案小组能在短时间内写出详细方案，校管委给出了细化方案的详细要求，并请三个小组的负责师生当堂利用二十分钟时间组织大家撰写方案。

一节课的时间很快过去了。各个小组意犹未尽，他们决定课下继续讨论，为下节课的投票做好准备。

（四）请给我投票

2021 年 3 月 23 日的公共议事课进入全校投票环节。兴隆田小师生对于投票流程已非常熟悉：提案人陈述方案→师生就提案提问→提案人回答→举手投票。

这次课的主持人依旧由任杰和王娴雅担任。我又是利用二十分钟的大课间将三个提案的方案交给了他俩，并提醒主持人在活动现场可以更积极地回应、鼓励发言人。我们预设了几个情境进行练习：发言人结束发言后，主持人要主动给予掌声鼓励；发言人跑题了，主持人可以打断并拉回议题等。他们很快掌握，自己写了串词并排练。

第四节课的铃声响起，同学们安静入场，主持人微笑上台。任杰说："今天，我们将对三个校园活动的方案进行投票。在投票前，请大家先唱《敬静净之歌》。"然后王娴雅组织大家诵读了议事规则。校园活动的宣讲及投票就开始了。

第一个进行宣讲及投票的活动是"'自然 · 乡土 · 未来'绘画大赛"，孩子们自主选择了以此作为绘画比赛的主题。宣讲人是宋佳霖同学和胡飞鸿老师，他们的计划很详细，有预选、展览和评比细则，连颁奖日期——六一儿童节都选好了，他们还提出了需要 100 元的活动预算。最后，胡飞鸿老师很有感染力地动员大家："请大家投票给我们，一起参加活动！"

同学们反响热烈，提了很多问题：绘画的形式、纸张要求、参赛作品数量等。宋佳霖同学和胡飞鸿老师一一解释和回应，主持人来回递话筒，忙得不亦乐乎。大约十来分钟后，问题逐渐变少了，主持人再三询问是否还有问题后，宣布进入全体投票环节："请支持这个活动的师生举手，1，2，3……"陈威同学开始在黑板上记录数字。

主持人："请不支持的师生举手，1，2，3……"

主持人最后宣布：“‘绘画大赛’有 41 票支持，9 票反对，我宣布本提案通过！”此时，全校师生热烈鼓掌，小宋和小王同学还发出了“耶”的欢呼声。

第二个进行宣讲及投票的活动是“丛林探险”，负责人陈思同同学和唐康老师进行了宣讲。陈思同拿起话筒说：“我们想在学校面前的小树林举办一个丛林探险活动，同时让大家学习一下野外求生、寻找食物、急救、包扎等技能。”接着，喜欢美食的唐康老师补充道：“现在正值正安县的春季，户外有很多植物可以食用，大家可以一起野餐，做美食。”

之后有同学提问道：“那出校门的话，安全问题怎么办？”

唐康老师回答道：“我们可以在出门之前就做一些安全知识培训，并且会准备好相应的安全预案。”

“活动时间多长？”

“2 小时吧，我们可以利用公共议事课和中午的午餐时间举办。”

“在哪里？”

“学校前面的小树林。”

陈思同同学和唐康老师对方案进行了详细介绍，同学们也表现出了想要参与活动的热情。出乎我意料的是，本活动在投票环节仅赢得了 30 人的支持。按照规则，若支持人数未达到参会人数的一半，则提案不能通过。当主持人宣布“本提案未通过时”，唐康老师和陈思同同学遗憾地摇了摇头。会后我了解到，同学们觉得这个活动时间太短，不如学校的研学有意思，所以支持率低。

“六一运动会”活动的表决通过没有任何悬念。这是最被孩子们期待的活动了，此方案得到 55 票的支持。通过时，大家都献上了热烈的掌声。

至此，经过一起玩 OST、对话校管委、全校投票等环节，孩子们在这 3 次公共议事课上，不仅完整地实践了他们参与学校管理的方式，也成功地将“六一运动会”和“‘自然·乡土·未来’绘画大赛”正式写入兴隆田小校历。期待他们进一步策划与主持活动时的精彩表现。

附图4-3 提案人答疑

（五）从小练习成为学习、生活和思想的主人

孩子蹒跚学步是为了有朝一日能在世界上自由奔跑，孩子牙牙学语是为了长大可自由表达自己的思想。同样地，人类之所以在学校中投入如此漫长的时间接受教育，是因为希望不在校后可以自主学习，自由生活。

因此，教育者肩负着从小培养孩子成为自己主人的重任，这包括培养学习、生活和思考的能力，以使他们步入社会时，能够成为自己命运和世界的主人。学校是学生“练习”成为自己主人的最好场域，教师需要把课堂还给学生，校长则应该把校园还给学生。

公共议事课也是校长实践“生活即教育”这一理念的课堂，这门功课对校长而言就是努力实现“将生活课程化”及“将课程生活化”的目标。这个过程中，校长扮演着至关重要的角色：他们要构建情境，搭建舞台，给予孩子充分的信任，并在必要时提供必要的帮助，让孩子在实践中成长，学会成为自己的主人。

在最终投票日，我留意到一、二年级有几个年幼的孩子，在整个过程中表现出浓浓的兴趣和好奇。他们饶有兴趣地观察着周围哥哥姐姐们的举动，在投票时刻，更是模仿着大哥哥大姐姐的样子，小手时而举起，时而放下。从他们的表情中，我察觉到他们或许并未全然理解提案的内涵及投票的意义，更多的是将“举手”“放手”的动作视为一场趣味横生的游戏。而这正是教育的美妙之处——让孩子们在轻松愉悦、充满趣味性的活动中自然学习，让他们在开放自由、充满尊重与信任的环境中成自然生长。唯此，真正的教育才能发生。

成长、教育以及成为生活的主人，均需要时间，需要持续练习。

最后感谢马雨老师为公共议事课做了详细的课堂实录，并提供了精彩照片。

附件五　第三方评估：《田字格兴隆实验小学评估报告》（节选）

《田字格兴隆实验小学评估报告》是由北京七悦社会公益服务中心[1]于2023年11月发布的评估报告。原报告有“整体探索的脉络与性质”“外观成效评价”“田字格运作体系分析”“完善成长脉络的勾勒”“向贞丰推广时的额外任务”共五部分，另有一篇附录“玉儿老师的探索案例”。由于篇幅原因，本书仅摘录前两个部分。

以下为报告的前两个部分。

第一部分　整体探索的脉络与性质

（一）一份全校展开的小学教育新体系

田字格兴隆实验小学（以下简称“兴隆实验小学”）是研究团队在十余年的评估经历中见到的唯一一个以整个学校为单元的教育体制改革。其改革的核心目标在于：瞄准一种试图摆脱应试教育的束缚；尊重孩子自身成长脉络，追求孩子在整个生活、学习和成长体系中以打开自我的方式实现全方位发展的教育体系。

1　北京七悦社会公益服务中心（简称“七悦”）是由北京师范大学社会公益研究中心师生发起，于2013年在北京市民政局登记注册，致力于通过提供专业的研究、评估、咨询和培训服务，促进公益领域的发展。

（二）田字格历经的三个发展台阶

上海浦东新区田字格志愿服务社（以下简称“田字格”）在教育体制改革上历经了三个阶段，也可以将其看作是三个发展台阶。

第一，支教阶段。田字格最初的公益行动起源于“边远地区学校缺少教师”的发现，因而以支教者的身份进入乡村小学开展支教。

第二，从支教走向系统化的教学机制改革。这是当前在兴隆实验小学所形成的较为稳定的教育发展模式的基础，其想要解决的不仅仅是师资缺乏的问题，而是教育目标到底是什么的问题。由此开始将自身努力的方向瞄准为：让孩子们系统化地打开自己，进入知识与技能学习、人格发展和社会嵌入的整体性发展体系之中。

第三，开始与国家教育系统的轨道吻合起来。由此也得到了体制内力量更高程度的支持，以及对自身探索更高程度的要求。至此，行动的目标点开始转到：用自身的实质性做法，做出教育行政部门所要求的外表的应试教育成绩，从而实现表里的双赢。该阶段的行动探索不仅包含兴隆实验小学，也包含贞丰必克实验小学，即打造乡村教育的示范校。

（三）每一级台阶都意味着挑战的升级

从第一级台阶到第三级台阶，每上升一级台阶，都意味着一次质变，同时对田字格整体行动体系能力的挑战都是一次新的升级。

在支教阶段，只需带着自己的教学经验和爱学生的品质进入即可。而在以整体学校为单元进行系统化教学机制改革的阶段，老师需要对教学规律有深度的和整体性把握的能力，以及使用新型教学方法来支持学生综合性发展的技术能力。简而言之，专业能力的提升是第二级台阶的关键挑战。

当步入第三级台阶，一个新的局面出现：如何将自身探索出的实质性成果转化为体制内所关注的那些代表成功教育的相关指标上（最典型的是学习成绩），从而在很大程度上解决了人的成长与发展的问题，又因显现出一份可观的考试成绩而被作为旁观者的政府和社会所认同、接受。故该阶段的挑战是：专业能力成长的过程中，会迎来外界对自己的高期待、对发展速度的高要求等，追求短期效应与面子工程的压力会重新出现。

（四）从第一级台阶走向第三级台阶的看点

田字格的教育探索在从第一级台阶走向第三级台阶的完整过程中，呈现出以下四大令人好奇的看点。

第一，田字格的行动起点是支教的理念，进而转化为追求孩子获得全面发展的理念。这份理念很纯粹也很彻底，但一旦落实起来，则需要转化为技术能力，即需要能将理念落地的专业性。那么在田字格的运作体系中，专业能力发展起来了吗?

第二，专业能力从开始到成熟需要厚重、持续地积累，而不是在简短尝试和探索后就可以成熟固化的成分。专业能力在积累的过程中也有着相应的成长规律，需要将蕴含其中的特定脉络呈现出来。那么，这个脉络是什么样的？田字格在运作体系的探索中是否遵循了这一脉络?

第三，研究团队当下梳理了教育类公益领域的整体发展格局，其中一个核心发现便是：那些具有引领性的教育类公益组织，当它们自身的运作体系达到一定的成熟度（通常是２／３的成熟度）后，容易出现将自身的运作模式标准化、流程化、形式化进而加以推动复制化、规模化的趋势。从外表上看，这样一种趋势开始将自己的探索成果向外推广并普遍运用，但倘若进入实质，所存在的很大风险便是：做法的精髓逐渐被丢弃、遗忘、忽视，最终只保留了一份纯粹的外形。即失去了最初的探索和创造精神，失去了最初的开放性和包容性。然而，田字格正好也符合上述所提到的组织类型，那么他们是否面临着同样的考验？又是如何应对的?

第四，尤其在进入到第三级台阶之后，政府及社会对田字格、对兴隆实验小学的过多、过高期待，都容易促使田字格往更大规模推广的路径迈进，拔苗助长的风险开始加剧。在这些外在作用力的驱使下，田字格又是怎样看待和应对的？是否能够坚守自身的发展脉络务实地探索出长期效益之道，而非堕入短期效应的泥淖呢？

第二部分　外观成效评价

在对内部运转机制展开深度分析之前，先从基本的外部角度呈现出田字格在近几年教育体制改革探索中所取得的成效。

（一）运转体系有序展开

2012 年，田字格开启了公益探索行动，定位于招募短期志愿者去往贵州省的乡村小学开展快乐支教；在捕捉到“师资缺乏很突出，尤其是缺乏除主课外的其他课程教授老师”的现状后，田字格先后于 2013、2014 年做出接力支教（支教时长超过一年）、项目支教（在有完整语数外老师的学校内匹配一位阅读课志愿者 + 一位特色课志愿者 + 自身编写的阅读课、特色课教材）的调整与迭代。随着田字格开始向阅读课、特色课等创新课程实践，其初步积累并生成一幅包含理念、校园环境、课程体系、教学方式等在内的乡村教育图景，在和教育局达成合作共识的基础上于 2016 年底正式成立田字格兴隆实验小学，自此进入以“立足乡土，敬爱自然，回归人本，走向未来”为核心理念的乡土人本教育之路。

乡土人本教育体系的展开，起始于“一到五年级不用考试，用自己的教材进行授课”的做法，其核心在于尽最大可能抛开应试教育、为学而学的功利性目标；而回归到尊重儿童发展规律，实现儿童打开自我、全面成长与发展的实质性目标。其具体表现为：

第一，在课程设置上，形成“1+5课程模式”，其中“1”为基础课程，“5”为特色课程，基础课程服务于特色课程。即在兴隆实验小学中，学生不仅能够习得基础性的知识和基本的生存技能，还能难得地借助乡土课、生命课、农耕课、校园议事课、日修课、大舞台等特色课程来获得与家乡、生命、自然、公共事务、内在自我、外部环境等主体互动、对话和接触的机会。人的成长与发展得到综合性的滋养。

第二，原本体制内规定的相关课程（对应当前课程体系中的“基础课”）的教学方式发生改变。不仅注重让儿童在课堂中获得更多的关注、平等、尊重与愉悦，同时追求儿童内在学习动机的打开与增长。即在语数外等传统课程之中，大多数老师都摆脱了师授型的教学风格，甚至有个别老师已经带领学生进入到快乐学习的轨道，师生互动、小组讨论、探究式学习逐渐成为课堂的核心成分。研究团队据实地调研发现，张老师的英语课堂在充分利用各种游戏元素营造出轻松、有趣、有吸引力的氛围基础上，根据不同学生的兴趣爱好分层地制定学习目标及英语作业。一是起到了充分激发课堂内人与人之间互动与交往的效果，二是激活了学生学习英语的积极性与主动性。

第三，教育场域从教室内的课堂扩展至校园里的丰富性、集体性活动，以追求营造出“校园和家一样”的感觉。为了实现这一目标，兴隆实验小学通过一系列行动安排赋予学生主人感。在正式制度层面，每个学生都要参与打扫公共场所、打理农场、校园规划和规则制定等公共事务之中，每个学生都有机会加入学生会、大舞台、嘉年华等公共平台之中；在非正式制度层面，学校的一切公共设施在课余时间均向所有学生开放，研究团队在实地调研期间观察到，自由、开心、尽情地玩耍是课间的常态，有在操场肆意奔跑的、有在走廊飞纸飞机的、有在沙坑堆沙塑的、有在百草园玩跷跷板的、有在古建筑风雨廊踢球的、有在眺望校园外自然风景的……更为令人惊奇的是，部分同学在周末也会步行至校园玩耍或学习，有些已经步入初中的学子会从县城赶回来参加学校周末所开展的集体活动。

第四，教育场域从校园内延伸至校园外，即搭建了与家乡人文、社会、自然、地理等人事物连接、互动与学习的通道，让知识体系在更广泛的方面扎下根来，让儿童的自我扎根到更深层次的生长土壤中。田字格对兴隆实验小学的构想是“为乡村学子办‘有根’的教育”，格外注重学生对学校外的自然环境、生命体的亲密接触与深入感知，故学生外出调研和实地研学的机会很多，包括到村庄观察房屋结构、了解某一个家庭或家族的族谱、采访村庄中的能人或有故事的老人、到附近的山林近距离认识动植物、亲历种植及收获农作物与农产品的完整过程等。而最终的产出来自学生自己动手及创造，例如搭建一种稳定的房屋结构、制作一本属于自己家族的族谱、形成一篇有结论有思考的访谈报告、集体撰写一本校园植物图册、做对种子生长与成熟记录的手册。其所带来的效果，一是将知识、人事物、自然与生命体有机融合起来，让学生自我打开、发展人格的同时对周围的各种存在生发敬畏之心；二是让学生对知识的掌握和运用逐渐内化。以下呈现一线调研过程中两组学生的描述。“刚上农耕课的时候，会觉得有点脏，但是越来越喜欢，尤其是当你刚踩进泥土的时候，你会感觉到冰冰的，但越往里踩，你越能感受到大地的温暖。”“你为什么要把这只蚂蚁从树上拿到地下呢？”“因为在科学课上学到过，如果树上的虫子过多，会对这棵树有伤害。”“那你为什么没有选择将这只蚂蚁踩死而是轻轻地将其拿起放下？”“因为它也是一个生命，我们同样不能伤害它。”

（二）应试教育的成绩

应试教育成绩属于人的成长与发展的一个侧面。兴隆实验小学成立之初，并没有将其作为追求的既定目标，而定位在促进儿童的综合成长与发展上。根据研究团队对教育类公益项目评估的经验可得，一旦教育走向追求并落实儿童的成长与发展的轨道，其理想状态是身处其中的儿童不仅能够实现打开自我、人格良好发展的深层次效果，而且对学习的主导性和知识的掌控感越发增强，应试教育成绩也会随之呈现出平稳或上升的趋势。

就兴隆实验小学的现状来看，一到五年级的学生课程弱化考试并减少应试成绩的比重，六年级学生则进入传授应试技能并增加考点训练比重的轨道。可喜的是，从结果端来看，当前的六年级学生能够较好地适应应试教育，绝大多数科目的平均分处于全县排名的靠前位置。尽管还未呈现出明显的上升趋势，但乡土人本教育体系还在进展之中，仍然有着突破的潜力。附表 5-1 呈现了 2021 年[1]兴隆实验小学六年级各科期末考试平均分于全县的排名。

附表5-1　2021年兴隆实验小学六年级各科期末考试平均分于全县的排名

科目	语文	数学	英语	科学	美术	道德与法治	信息技术	音乐
排名	4/85	26/85	5/85	1/85	2/85	1/85	3/85	7/85

六年级进入应试轨道的设置是为了更好地与初中教育模式进行衔接，因此对乡土人本教育体系在应试教育成绩上的效果描述还需关注学生进入初中的状态。调研团队实地走访招收兴隆实验小学毕业学生最多的一所初中学校，且与该校校长、八位[2]在读七年级学生做访谈。汇总信息后可知，学生在新班级融入、教学方式和师生互动模式上整体不存在不适应的困难，在自身学习节奏和学业成绩上有着较好的主导性和掌控感。据校长现场打印的期末考试排名情况，评估团队可知："七年级目前总共有 800 多名学生，来自兴隆的有 8 位，排名最好的在 30 多名，还有在 80 多名的，排名位于 200—300 之间的比较多，最差的在 600 多名；九年级一共有 5 名来自兴隆的学生，最好的排 80 多名，除 1 名学生上高中比较难以外，其他 4 名学生至少可以上普高。"

1　由于疫情原因，2022 年的期末考试并未进行。

2　该学校有 5 名处于九年级的兴隆毕业学生，但由于学业紧张，我们并未对其进行访谈，但对 8 位处于七年级下学期的兴隆毕业学生全部进行了访谈。

（三）获得体制内教育主管部门的认可

从 2016 年正式成立兴隆实验小学并探索乡土人本教育体系，到 2020 年逐步在不同县域内走向复制化、规模化推广道路，田字格的每一步行动都以与政府合作的方式来展开，都获得了来自体制内教育主管部门的认可。

第一，正安县教育局自合作伊始就高度认同兴隆实验小学的办学理念，除必须开设体制内课程的要求以外，给予田字格充分自主权 + 资源 + 政策空间等支持性条件。例如，可自主招生、可开设自行研发的一套乡土人本课程、不干涉人事权和财务权。

第二，2022 年初，田字格与贞丰县教育局达成合作共识，乡土人本教育体系由正安县移植到贞丰县，并开始了 2.0 版本的探索，以着手打造一所具有民族（布依族）特色的县域典范学校——田字格必克实验小学。2022 年 3 月，新型的教育体系正式在必克实验小学落地并运转开来。

第三，在打造示范学校的同时，田字格联合正安县、贞丰县政府及教育局于整体县域范围内推广“1+N”模式。“1”是指兴隆实验小学、必克实验小学两所具有标杆性的示范学校；“N”是指将乡土人本课程中的乡土课、日修课经研发迭代后推广至两个县域的多所小学，以促进和改善县域整体的教育生态。截至目前，正安县有 18 所、贞丰县有 7 所小学被纳入“1+N”体系之中。在对相关老师进行培训、参与式学习、研讨等陪伴与支持的前提下，乡土课、日修课两门特色课程逐渐在这些学校的课堂中开展起来。

（四）社会层面的认可

在乡村教育创新领域六七年的深耕，不仅赢得了体制内相关政府部门的信任与认可，也收获了社会层面的广泛好评。这主要体现在当地县域范围内越来越多的家长愿意把自己的孩子送到兴隆实验小学来学习，这些孩子既来自学校所在地附近的大多数家庭，也来自数十个在县城居住的家庭，甚至还有从大都市前往至此的家庭。

研究团队结合实地走访和深度访谈的信息可知，直接看到招生公告、口口相传是家长们了解学校情况的主要渠道，将孩子送来求学的初衷有着共性：除看重孩子的考试成绩以外，还看重孩子综合能力的发展，如社会责任感、公共精神、独立自我、良好的人品等。

然而，随着学校知名度的扩大、报名家庭的增多，田字格仍未选择大规模招生而是继续坚持小班教学（每班学生不超过 20 人），对报名学生采取先面试、再选择的录取模式，重点关注家长是否认同本校的教育理念及方式；针对非兴隆本村的低年级学生（一、二年级），还需对其生活自理能力进行考核。

（五）媒体的传播

家长主动选择将子女送往兴隆实验小学就读是社会层面对乡土人本教育体系认可的一种体现。当前，越来越多的媒体也向这所学校和它的教育理念、教育模式及体系投来关注，在全社会范围内形成了传播与影响。包括但不限于央视新闻频道《新闻调查》特辑《乡土立人》、人民政协网专访《肖诗坚创造“有根”的乡村教育》、凤凰卫视专访《名人面对面：对话肖诗坚》、中国教育新闻网《肖诗坚：让乡村教育从泥土中长出来》、人民日报出版社正式出版肖诗坚著作《大山里的未来学校》。

除媒体报道以外，兴隆实验小学这一涵盖系统化教育变革的学校也荣获了教育界的部分奖项，如 2019 年《亲子天下》颁发的“教育创新 100”奖，2020 年《新校长》杂志颁发的“2020 全球基础教育风向标学校 TOP100”奖，创始校长受邀参与中国教育三十人论坛 2023 年教育跨年演讲。

后　记

本书定名为《吾乡吾土的探索与实践》，顾名思义，“吾乡吾土”表达了我们对这片土地的深情眷恋与热爱，而“探索与实践”则意味着我们仍需不断努力，才能走得更远。

在此，我衷心感谢在这段探索旅程中遇到的每一位导师，正是有了他们无私的帮助和坚定的支持，我与田字格才能在乡村教育的道路上少走许多弯路。

钱理群教授如同我前行道路上的一盏明灯。2016 年，当我在是否扎根乡村的问题上犹豫不决时，是他那句“广阔天地大有作为”的话语，坚定了我投身乡村小学教育的决心。此后，每当我陷入重大困惑之中，钱老总是及时伸出援手，给予我宝贵的指导。这一次，他又欣然为本书撰写序言，并亲自与我分享：“如果不能大有作为，也要小有作为，但绝不可无所作为，因为这是我们作为知识分子的良知。”这一点自我们初次见面起，他就有所提及，早已成为我人生的座右铭。钱老无疑是智慧与良知的完美结合。

杨东平教授则是我教育公益事业道路上的重要引路人之一，我对他满怀敬仰。每次拜读他的文章，聆听他的讲座，或跟随他进行参访，我都能从他儒雅的外表与言谈中，深刻感受到一位中国知识分子对中国未来发展的深切关怀与独到见解。

俞敏洪师兄是我的北大前辈以及田字格的理事，他不仅谦逊有礼，更展现出极强的社会责任感。当我向他发出写序的邀请时，他只是告知我很忙，但是依然在两天后就发来了他为本书撰写的序。彼时我才得知他正身处云南怒江，忙着“俞你同行”的直播，每天只能休息三四个小时。这份深情厚谊，令我无比感动。

郑新蓉教授自 2017 年在北大参加“田字格乡村教育研讨会”以来，

便以豪爽之态表示要亲临兴隆田小探访。此后，她不仅多次到访贵州，还亲自走入田字格的三所典范学校，作为讲师为田字格的项目教师做培训。在我办学遇到困难向她求助时，她总是耐心倾听，悉心指导，从不推脱。此次她担任本丛书的指导，为本丛书提供了宝贵的指导建议。

刘云杉教授，堪称女中豪杰，她的著作文采飞扬，启迪心灵。与她交往，总能在自然、舒适和松弛的谈话间，从她充满美感又触动人心的话语中获得深刻启发。

孙兆霞教授则是我长期以来在贵州的坚实后盾。当我提出希望由贵州的出版社出版“吾乡吾土”丛书时，她积极牵线孔学堂书局，使这次出版得以成为一次公益合作，意义非凡。

陶传进教授在过去三年中，一直跟踪田字格的探索实践并给予指导及建议。张晓姗女士则既是项目的支持者，也是田字格的志愿者。在此一并感谢他们对田字格的支持。

这些“名人”和“专家”之所以愿意为本书慷慨写序及推荐，是因为我们都怀着相同的信念与追求——为中国乡村教育的未来而奔走呼吁。他们不仅表现出中国知识分子的良知，更以实际行动表达了对中国乡村教育的深切关怀。

我也想借此机会感谢一批批田家君伙伴们、一线教师们、可爱的孩子们，以及田字格的理事监事、顾问、“田杆”（单次捐赠金额在 500 元以上的捐赠人）、月捐人、义工们的坚守与努力。你们的无私奉献，是田字格前行的坚实力量。同时，也感谢中国发展研究基金会、北京新东方公益基金会、北京联想公益基金会、乐天慈善等合作伙伴，以及贵州各地政府与教育局的鼎力支持。正是有了你们的陪伴与帮助，田字格才能坚定前行。

我还要特此感谢吕英敏和向春蕾对本书的精心校对，他们确保了本书的表达准确及流畅。

2023 年以来，人工智能大语言模型的崛起，让我深切感受到科技的力量。AI 技术正悄然改变我们的生活，教育领域也迎来了深刻变革。孩子们可以轻松获取全球知识，视野和认知边界大大拓宽。然而，这也引发了我们的思考：在人工智能和数字化教育盛行的今天，乡土教育是否还能保持其地位？我坚信，人性与生命的光辉是AI无法替代的。乡土教育不仅传承地方文化，更培养孩子们对家乡、文化和自然的认同与尊重。它让孩子们与自然亲密接触，培养其对环境和生命的敬畏与责任感，这是任何科技都无法替代的。

《吾乡吾土的探索与实践》是田字格多年探索与实践的结晶，旨在寻找一条回归本源、扎根乡土的乡村教育路径。乡村教育探索之路虽坎坷不平，田字格的探索之心却从未动摇，“虽千万人，吾往矣”。

我们坚信，乡村教育应立足乡土，而未来教育的终极目标是回归人本。人本教育才是教育的真正灵魂，虽然现代科技日益精进，但它始终应当围绕以人为本的崇高教育目标服务，成为我们探索未知、拓宽视野的工具，而不能取代人与人之间温馨的纽带、思想的激荡以及智慧的交融。

“路漫漫其修远兮，吾将上下而求索。”

肖诗坚

2024年11月11日